本书获武汉大学金融研究中心资助

武汉大学金融学博士文库

金融系统的福利经济分析

The Welfare Economy Analysis of Financial Systems

■ 胡志强 著

武汉大学出版社

图书在版编目(CIP)数据

金融系统的福利经济分析/胡志强著. —武汉:武汉大学出版社,2005.9
武汉大学金融学博士文库
ISBN 7-307-04646-6

Ⅰ.金… Ⅱ.胡… Ⅲ.金融—福利经济学—研究—中国
Ⅳ.F832

中国版本图书馆 CIP 数据核字(2005)第 075805 号

责任编辑:沈建英　　责任校对:黄添生　　版式设计:支笛

出版发行:武汉大学出版社　(430072　武昌　珞珈山)
　　　　　(电子邮件:wdp4@whu.edu.cn　网址:www.wdp.com.cn)
印刷:湖北恒泰印务有限公司
开本:880×1230　1/32　印张:11.375　字数:260 千字
版次:2005 年 9 月第 1 版　　2005 年 9 月第 1 次印刷
ISBN 7-307-04646-6/F·928　　　定价:18.00 元

版权所有,不得翻印;凡购买我社的图书,如有缺页、倒页、脱页等质量问题,请与当地图书销售部门联系调换。

武汉大学"金融学博士文库"编委会名单

(按姓氏笔画为序)

叶永刚　卢汉林　田　玲　江　春

刘思跃　李　琼　何国华　张东祥

赵何敏　胡炳志　黄　宪　潘　敏

魏华林

总　序

20世纪末期以来,随着信息技术的快速发展及其在金融领域的广泛应用,国际金融市场上金融创新层出不穷,金融管制日益放松,全球金融体系发生了深刻的变化:传统的以商业银行为主体的金融中介机构在全球金融体系中的地位相对下降,经济主体的金融活动越来越趋向于市场化,资本市场在金融体系中的地位和作用迅速提高。与此同时,现代经济学理论也发生了根本性的变化:传统的以完全竞争为前提的市场均衡理论逐渐被不完全竞争下的市场均衡理论所取代,信息经济学、交易费用经济学、博弈论、代理理论、契约理论等经济学理论和研究方法获得了快速的发展。

金融活动的市场化和金融体系的变化,经济学理论和研究方法的发展及其在金融学理论研究中的广泛应用,改变了传统金融理论的分析范式和框架,丰富和发展了现代金融理论的内容:一方面,不同经济主体在不确定性条件下如何进行跨期的最优资源配置决策的研究日益成为现代金融学理论探讨的主题,资产定价、公司金融、有效市场、行为金融、银行管理和风险管理等成为现代金融理论最为核心的内容,金融理论的研究日益市场化和微观化;另一方面,以经济主体投融资行为决策为主要研究内容的微观金融理论的发展也对传统的宏观金融理论提出了挑战,货币经济理论、汇率理论、金融中介理论、金融监管理论以及金融与经济发展等宏观金融理论在吸收现代微观金融理论新的研究成果和研究方法的基础上，也取得了长足的发展。

我国的经济及金融正处于巨大变革的重要历史时期，实践的变革和发展需要理论的指导，并为理论研究提供动力和源泉。本着学习、吸收和借鉴现代金融学研究成果和研究方法的态度和勇于探索、严谨求实的精神，在武汉大学出版社的支持下，我们金融学学科团队编辑和出版了这套丛书，以期能够为我国金融学理论研究和改革实践的创新及发展有所裨益。

武汉大学金融学有着悠久的历史。中华人民共和国成立前后，以留学归国的杨端六教授（伦敦大学）、李崇淮教授（耶鲁大学）和周新民教授（哥伦比亚大学）等为首的一批学者在当时国内金融学界具有较高的学术地位。1952年，受中国人民银行总行委托开办的银行专修科专业标志着武汉大学金融学科的正式创建。改革开放后，武汉大学是国内综合性大学中最早恢复金融学科的重点大学之一。在中国银行总行的支持下，武汉大学于1983年开办了"国际金融"专业，随后又相继开办了"货币银行学"、"保险学"、"投资经济"等专业，从而形成了完整的金融学科群，并迅速恢复了在国内学术界的影响力。这一时期，周新民教授是国内欧洲货币体系及国际收支问题研究领域的权威学者，李崇淮教授在20世纪80年代初提出"黄金非货币化"的观点和论述，在国内学术界产生了巨大的影响，并成为这一学派的代表人物。

从20世纪80年代起至今，武汉大学金融学科中的中青年学者迅速成长，经过长期不懈的努力，本学科已形成了一支具有"群体优势、团队优势、学历优势、年龄优势"的学科团队。在制度金融理论、金融中介理论和银行管理、金融工程、国际金融、公司金融、金融市场及保险理论和保险精算等方面构建了较为完整的学术梯队,形成了稳定的学术方向,取得了一系列在国内学术界较有影响的学术成果。迄今为止,本学科共承担国家自然科学基金及国家社会科学基金项目数十项,并多次荣获全国普通高校人文社会科学优秀科研成果奖、全国普通高等学校优秀教材奖、国家级教学奖以及湖北省社会科学优秀成果奖。

目前,武汉大学金融学科共设有金融学、金融工程、数理金融和保险学四个本科专业,拥有金融学、金融工程硕士学位和金融学博士学位授予权,2003年被湖北省批准为省级重点学科。为进一步凝练学术方向、整合学术队伍、建设创新学术团队,经武汉大学批准,2004年通过整合校内外学术资源,我们组建了"武汉大学金融研究院",作为武汉大学人文社会科学重点研究基地,进行金融理论的创新和应用研究以及高级学术人才的培养。

本套丛书的作者均为本学科中最近几年在国内外获得金融学博士学位的年轻学者,其选题来源于他们的博士论文。在丛书的编辑过程中,作者们对其博士论文作了大量的修改和补充,力求反映其研究领域相关研究的最新发展趋势和自己的最新研究成果。尽管每位作者在其各自的研究领域中都做出了艰辛的努力,但我们深知,其研究成果中的不足也是在所难免的。正因为如此,我们希望他们能够在其各自的研究领域继续大胆探索,勇于创新,以此推动我国金融学理论研究的发展。我们也希望该丛书能抛砖引玉,以期有更多的学者加入到我们的学术团队之中,并不断关心、支持和推动武汉大学金融学科的发展。

武汉大学"金融学博士文库"编委会

内容摘要

金融系统定义为金融资源的一整套配置方式,通过金融系统,家庭储蓄流向企业部门,在企业之间配置资源。家庭通过金融系统平滑消费波动,分担风险;企业能够平滑跨期支出,寻求融资的方式。金融系统在履行功能时,同时要求效率性与稳定性,并减少波动性与脆弱性,一个好的金融系统应该具备上述功能。

然而,当我们审视不同国家金融系统时,发现实现金融系统功能时,不同国家具有不一样的金融系统,最广义的范围可以划分为以资本市场为导向的金融系统和以银行中介为导向的金融系统两大类;每一种金融系统又可以分为发达的市场导向型与不发达的市场导向型,发达的中介导向型与不发达的中介导向型。我们如何评判这些金融系统呢?(1)发达的以资本市场为导向的国家,比如美国与英国,或发达的以中介为导向的国家,比如法国与德国,都获了一个长期的 GDP 增长,而且具有大致相当的资源配置效率,因此从金融系统对经济增长的作用上,似乎这两种金融系统都发挥了其功能。(2)按经典金融经济学的理论,认为资本市场是最理想的资源配置方式,如果满足阿罗-德布鲁范式的条件,金融中介就无存在的必要。然而,现实中没有新古典经济学中假设的完美的资本市场,交易成本、不对称信息、逆向选择以及不完备法律与政治因素存在,使现实中的资本市场偏离新古典的模式。基于上述的原因,金融中介为克服市场的摩擦和信息障碍发挥了功能。(3)以资本市场为导向的金融系统与以金融中介为导向的金融系统在履行功能时,有何不同呢?资本市场能够解决跨域的风险分担问题,金融中介能解决跨时的风险平滑问题,企业的融资要解决不确定条件下观点多样化的融资决策问题,不同的产业,比如新兴产业与成熟产业观点多样化程度不一样,它们就会选择是向市场融资还是向中介融资。显而易见,不同的风险偏好使投资者作出不同的选择,或者同时要求风险分担和跨期平滑,则市场与中介都是必要的;而不同产业的信息传递与风险特征,决定了企业的不同融资方式。(4)金融系统发挥功能时,稳定性与脆弱性如何评价,不同的金融系统其稳定性与脆弱性的特征如何?一味追求金融系统的稳定性是好的选择吗?其最优状况如何权衡?

我们已经认识到,不同金融系统的存在有其必然性,因为它们履行金融系统的功能时具有不同的特征,尽管它们的模式有相当大的差别。那么,不同的国家,又是如何形成或者演化成了目前的金融系统模式呢?本书试图要解决的问题是:目前学术界对金融系统演化是如何解释的,这些解释的合理性与不足在什么地方?本书是否能提出一种金融系统演化与模式的解释呢?

在系统解读与研究了现有金融系统与比较金融系统文献以后,笔者发现,福利经济学中的一般均衡原理与帕累托最优理论可以更好地解释金融系统的演化。如果福利经济学理论能解释现有金融系统存在的原因,那么也就能推断出金融系统未来的演化趋势,同时也能够寻求改进一国金融系统福利水平的途径——寻求更高水平的帕累托最优。因此,以下就是本书要论证和回答的三个问题:

1. 为什么要用福利经济学,而不是其他的理论来解释不同金融系统存在与演化的原因?

2. 用金融系统的福利分析原理,分析经济福利如何影响着不同金融系统模式的选择,均衡的福利特征是什么?

3. 将福利经济学原理,运用到中国金融系统的研究中,能否对中国金融系统当前的特点给出合理的解释;中国金融系统是否有不同于标准金融系统的特征,其福利解释与帕累托改进的途径是什么?

法律与金融是近期解释金融系统的一个重要理论,以 LLSV 为代表的研究从公司治理开始,对上市公司所有权集中度到资本市场深度和广度,获得外部融资的途径存在的差异进行了研究,这些差异的一个共同解释就是投资者保护。而投资者保护的差异又由于法律起源不一样,法律执行不一样。LLSV 的创新之处在于相比传统的以市场为导向和以银行为导向,法律是一个更为有效的视角,或者说在解释各国金融系统的选择时,法律方面找到了因果关系。然而,相同的法律起源的国家,在过去的 20 世纪的历史中,其金融系统的模式并非一成不变的,而出现了"逆转",这又是什么原因呢?以 Roe 为代表的政治经济学家从政治因素的原因来解释了金融系统的结构变化,金融系统发展模式的转化。政治的因素体现在金融垄断者的优势,在金融发展与金融抑制之间进行权衡,导致了对资本市场的开放与封闭。而政治因素作为金融系统推动力和决定因素的最直接原因是:经济社会的福利以及帕累托改进。因此,可以这样认为,福利经济的概念可以解释法律与政治因素的原因,从而确立福利分析作为贯穿全书的线索是其逻辑的必然,同时,也是一种更宽泛的提炼。

如果我们把着眼点放到金融系统的福利分析,那么重要的问题是不同的金融系统是否会给经济的福利造成极大的差异呢?或者它们只是形式的不同而履行了相同的功能?这里引出的问题是福利经济与金融系统的关系问题。本书从三个方面对金融系统的福利进行了分析。

个人或家庭作为资金供给方,如何在市场与中介之间配置资产,他们作出资产选择的原因是什么?从一般均衡原理出发,研究或有证券、阿罗证券以及阿罗-德布鲁范式(ADM),然后研究资本市场对 ADM 的偏离,研究资本市场的跨域风险分担功能和中介的跨期风险平滑功能对个人福利的影响,找出资产配置的内在原因。

另一方面,企业作为金融系统中获得资金的一方,在作出融资决策时的福利经济分析是前一个问题的逻辑必然。企业从市场、中介以及自我融资的结构构成了资源配置的形式,而不同的融资方式影响到了企业的福利,这种影响是由于不同的金融系统中价格在传递信息方面扮演着不同的角色,金融系统不同,参与公司治理的方式不同,因而也影响了企业的福利。市场与中介在融资上的最大差异则体现在新技术与成熟产业的融资上,最优福利的原则导致了融资方式的选择。

进一步研究金融系统的福利,除了从个人与企业的福利方面研究以外,还必须研究金融系统的稳定性与脆弱性对金融系统福利的影响。金融中介的竞争程度会影响盈利能力;竞争程度越高,利润下降,鼓励了冒险,从而损害了金融系统的稳定性与福利,因此,最优福利要求"适度"的竞争。同时,流动性冲击所引起的资产价格波动以及对金融系统造成的影响,定义为金融系统的脆弱性,不同的均衡条件具有不同的福利影响,本书分析了这些均衡。

研究市场导向型与中介导向型的金融系统福利不是本书的全部目的,我们必须运用金融系统理论研究中国金融系统的福利。改革开放二十多年来,中国一直在改进、发展和构建其金融系统,以支持经济持续、高速与稳定的增长。中国一直致力于发展资本市场的融资,提高银行的效率与竞争力,达到改善风险分担、提高资源配置效率与金融系统稳定性的目的。本书从实证的角度对中国金融系统中的投资者选择、企业融资与治理以及稳定性与脆弱性特征进行了研究,对中国金融系统模式的缘由进行了福利经济学解释。结论是:在现有的制度、经济背景下,中国金融系统沿着一条"次优"的路径进行演化,不论是发展资本市场或者是改善银行效率都以提高金融系统的福利水平为原则,中国不应照搬任何一种标准的金融系统模式,而是应该在充分考虑了内部环境与外部环境变化,从而在改变了均衡的背景下,寻求更高水平的帕累托最优。

关键词:金融系统　福利分析　中国实证

Abstract

Financial system is defined as a whole set of ways to allocate financial resources. Financial systems direct the flow of the deposit of household sectors to the firms and allocate resources among firms. On the one hand, financial systems enable the household sector to smooth the consumption fluctuations and to share the risks. On the other hand, financial systems make it possible for firms to smooth their intertemporal expenditures and to find different ways of financing. A financial system requires efficiency, stability and the reduction of fluctuation and fragility. The above functions make a good financial system.

However, when we review the financial systems of different countries, we find that different countries have different financial systems that carry out their functions. In the broadest sense, we may classify financial systems into two broad categories: capital market-oriented and intermediation-oriented. Each category of financial systems can be sub-divided into developed ones and underdeveloped ones. How do we evaluate these financial systems? Firstly, developed capital market-oriented nations as the U.S. and the U.K. or the developed intermediation-oriented nations as France and Germany enjoy a long-term GDP growth. Further more they have an approximate efficiency of resource allocation. So, as for the role of financial systems on economic growth, these two categories of financial systems seem to function well. Secondly, according to classic finance economics theorems, it is hold that capital market is the ideal way of resource allocation. If the conditions of Arrow-Debreu-Mackenzie model are satisfied, financial intermediation will not exist. However, in reality we haven't a perfect capital market assumed in the neoclassic economics, we have transaction cost, asymmetric information, adverse selection and incomplete legal and political factors, which make the capital market in reality deviate from the one assumed in neoclassic economics. As a result, financial intermediation helps to overcome the obstacles of market dysfunction and incomplete information. Thirdly, when carrying out their functions, what are the differences between capital market-oriented financial systems and financial intermediation-oriented financial systems? Their ways of risk sharing are different. Capital market can solve the problems of interregion risk sharing and financial intermediation can solve the problems of intertemporal risk smoothing. The finance of firms must solve financial decision problems under the condition of the diversification of views caused by uncertainty. Different industries, for example, the emerging industry and established industry, have different degrees of diversification of views. They must choose whether to finance through capital market or finance through intermediations. It's obvious that investors with different risk preference choose differently. Or the investors may demand risk sharing and intertemporal smoothing at the same time, so the capital market and financial intermediation are both necessary. The characteristics of information transformation and risks of different industries decide the different ways of the finance of the firms. Fourthly, how to evaluate the stability and fragility of financial systems when they function? What are the characteristics of the stability and fragility of different financial systems? Is it a good choice to achieve the stability of a financial system only? How to judge an optimal solution?

We find that different financial systems are justified to exist because when they function they have different characteristics, though they vary a lot. Then, how the current financial systems formed and developed in different nations? The problem that the dissertation tries to solve is as follows: how do the current academics explain the evolution of the financial systems? What are the rationality and flaws of these explanations? Can this dissertation propose an explanation of the evolutions of the financial systems and their types?

After a systematic review of current literature on financial systems and capering financial systems, the author find that the general equilibrium theorem of welfare economics and the Pareto optimality theorems can better explain the evolution of the financial systems. If welfare economics theorems can explain the cause of the existence of the current financial systems, they can also deduct the future evolution trend of the financial systems and can find the path to improve the level of a nation's welfare financial systems—to search a higher level of Pareto optimality. So, the followings are the three questions that the dissertation aims to answer and argue:

1. Why do we use welfare economics but not other theorem to explain the cause of the existence and evolution of different financial systems?

2. The welfare analysis principle of financial systems. How does economic welfare influence the choice of different types of financial systems? What are the welfare characteristics when in equilibrium?

3. When applying welfare economics theorem to research China's financial systems, can we achieve a rational explanation of the current characteristics of China's financial systems? Does the financial system in China differ from the standard financial systems? What is the welfare explanation and the path for the Pareto improvement?

Recently, laws and finance are important theories in explaining financial systems. Represented by LLSV, the research begins with the corporate governance and extends to the concentrated ownership of the listed companies and the intensity and extensity of the capital market. They find that the path for external finance varies a lot, which is commonly explained by the protection of investors. The variation of investor protection is due to the different legal origin and implementation. The innovation of LLSV lies in its effective legal perspective compared with the traditional capital market-oriented and bank-oriented perspective. Or when explaining the choice of financial systems by different countries, laws provide a cause and effect relationship. However, the types of financial systems in the nations with the same law origin, in the past 20th century, do not stay constant; on the contrary, it reversed. why? Roe, as a representative of political economists, explains the structural change and the transfer of the types of the development of financial system using the political variants. The political variant is the advantage enjoyed by institutions with financial monopoly. They trade off among financial development and financial control, which results in the opening and close of the capital market. The most direct cause for the political variant as the driving force and decisive factors for financial systems is as follow: an economy's welfare and its Pareto improvement. So, we may hold that the concept of welfare economy can include the legal and political explanation, thus establishing the welfare analysis as the controlling clues of the dissertation is a logical solution, which is also justified by extensive refinement.

If we focus on the welfare analysis of the financial systems, then the important question is whether different financial systems cause great difference of the welfare of different economies? Or they are just different in their forms and have the same function? The questions introduced here is the relationship between welfare of an economy and financial systems. The dissertation analyzes the welfare of the financial systems from three perspectives.

How does household sector, as the supplier of the funds, allocate their assets between capital market and financial intermediation? What is the cause for their choices of different assets? Star-ting with the general equilibrium theorem, the dissertation researchs the contingency securities, Arrow security, and Arrow-Debreu-Mackenzie paradigm(ADM), and then researchs the deviation of the capital market from the ADM, the influence of function of the interregion risk sharing of the capital market and the intertemporal risk sharing of the financial intermediation on the welfare of the household sector to find the internal cause for assets allocation.

On the other hand, the welfare analysis of the firms, as the demander of the funds, when making financial decisions, is justified by the logic of the former questions. The structure of firms' finance using capital market, financial intermediation and self-finance constructs the forms of assets allocation. Different ways of financing influence the welfare of firms, which is caused by the different roles played by different financial systems in information releasing. The difference of the financial systems leads to different ways in participating in corporate governance, which influences the welfare of the firms. The greatest difference between capital market and financial intermediation lies in the current financing of the hi-tech and established industry; and the principle of optimization of the welfare leads to the choice of the ways of financing.

If doing further researching on the welfare of the financial systems, besides researching the welfare from the perspective of household sector and firms, we must research the influence of the stability and fragility of financial systems on the system's welfare. The degree of the competition among financial intermediates may influence the profitability: if the degree of competition is too high, the profit will decline, which will encourage risk taking and result in the harm of the stability and the welfare of the financial systems. So, the optimal welfare requires adequate competition. The fragility of financial systems is defined as the assets price fluctuation caused by the liquidity shock and their influence on the financial system. Different equilibrium conditions have dif-ferent influence on the welfare. The dissertation analyzed these equilibriums.

To research the welfare of the standard market-oriented and intermediation-oriented types of financial systems is not the sole aim of the dissertation. We must use financial systems theorems to research the welfare of China's financial system. China keeps improving, developing and constructing its financial system to support a sustainable, speedy and stable growth in the twenty years after reform and open policy was adopted. China always keeps developing the finance of the capital market and promoting the efficiency and the competitiveness of the banks to improve the risk sharing and promote the efficiency of the resource allocation and the stability of its financial system. The dissertation researches positively the investors choice, firm finance and governance and the stability and fragility of China's financial system. The dissertation also explains the cause of the type of china's financial system from the welfare economics perspective. The conclusion is as follows: under the current institution and economic background, China's financial system follows a second best path of evolution. The principal guiding both the development of the capital market and the improvement of bank's efficiency is to improve the welfare level of the financial system. China shouldn't copy any of a standard type of financial system; on the contrary, it should take the change of external and internal environment into thorough consideration to search a higher Pareto optimality under the background of a changed equilibrium.

Key Words: Financial Systems; Welfare Analysis; China's Positive improve the police level of the financial system. China should: 1) recovery of a gradded trust column tax system not the country. 2) should take the change of external and internal environment into thorough consideration to search a proper monetary, under the background of a changed environment.

Key Words: Financial development, Welfare Analysis, China's Police

目 录

第一章 导 论 …………………………………………… 1
  1.1 论题的意义 …………………………………………… 1
  1.2 研究假设与研究范畴 ………………………………… 6
    1.2.1 研究假设 ………………………………………… 6
    1.2.2 研究范畴的界定 ………………………………… 7
  1.3 本书力图创新之处与研究方法 …………………… 11
  1.4 结构与内容安排 …………………………………… 13

第二章 金融系统的理论发展与福利经济分析框架 …… 16
  2.1 金融系统的起源与模式概述 ……………………… 17
    2.1.1 金融系统的起源 ………………………………… 17
    2.1.2 市场主导与银行主导的金融系统 ……………… 20
    2.1.3 金融系统的跨国比较 …………………………… 23
  2.2 金融系统的法律解释与福利含义 ………………… 32
    2.2.1 金融系统的投资者保护理论 …………………… 33
    2.2.2 投资者保护的福利经济含义 …………………… 37
    2.2.3 金融系统法律解释的质疑 ……………………… 42
  2.3 金融系统的政治经济学解释与福利含义 ………… 45
    2.3.1 金融系统演进的历史:20世纪回顾 …………… 47

2.3.2 影响金融系统的政治因素 …………………… 48
   2.3.3 资本结构的政治根源与福利经济含义 ………… 54
   2.3.4 金融系统政治经济学解释的局限 ……………… 60
 2.4 金融系统的福利经济理论：一般均衡分析 ………… 62
   2.4.1 阿罗-德布鲁模型 ………………………………… 63
   2.4.2 不完全市场的均衡与福利改进 ………………… 78
   2.4.3 金融中介对金融系统的福利影响 ……………… 83

第三章 金融系统中的个人福利分析 ………………………… 96
 3.1 金融系统中的个人福利比较 ………………………… 97
 3.2 风险分担与跨期平滑：Allen-Gale 模型 …………… 101
   3.2.1 风险分担模型 …………………………………… 102
   3.2.2 风险的跨期平滑模型 …………………………… 110
   3.2.3 跨期平滑的福利分析 …………………………… 111
 3.3 复杂金融系统的福利改进 …………………………… 114

第四章 金融系统中的企业福利分析 ………………………… 117
 4.1 企业资源配置的福利比较 …………………………… 118
   4.1.1 资本预算的基本方法 …………………………… 119
   4.1.2 Pareto 最优：市场主导型金融系统视角 ……… 120
   4.1.3 Pareto 最优：银行主导型金融系统视角 ……… 125
 4.2 不同金融系统公司治理的福利比较 ………………… 127
   4.2.1 公司治理与委托-代理的关系 …………………… 128
   4.2.2 企业中的委托-代理关系 ………………………… 131
   4.2.3 股权融资下委托-代理关系与最优福利 ………… 132
   4.2.4 不同金融系统下公司治理的福利比较 ………… 139
 4.3 高新技术融资：不同金融系统的比较 ……………… 144

4.3.1　高新技术的特征 …………………………… 145
　　4.3.2　不同金融系统下高新技术融资的差异 ………… 148

第五章　金融系统稳定性的福利分析 …………… 153
5.1　金融系统竞争与稳定的福利分析 ………………… 153
　　5.1.1　金融稳定的成本与福利 ………………………… 154
　　5.1.2　金融系统竞争和金融危机模型 ………………… 157
5.2　金融系统流动性冲击对福利的影响 ……………… 166
　　5.2.1　流动性与金融脆弱性 …………………………… 166
　　5.2.2　流动性冲击与资产价格模型 …………………… 168
　　5.2.3　均衡的福利分析 ………………………………… 172

第六章　金融系统中的个人福利：
　　　　 中国投资者选择的实证研究 ……………… 177
6.1　引　　言 …………………………………………… 177
6.2　实证分析 …………………………………………… 181
　　6.2.1　数据取得与变量描述 …………………………… 181
　　6.2.2　回归分析 ………………………………………… 186
6.3　实证结论的进一步分析 …………………………… 200
　　6.3.1　我国资本市场不发达特征分析 ………………… 203
　　6.3.2　我国银行系统的风险配置 ……………………… 211

第七章　中国金融系统中企业融资与
　　　　 公司治理的实证研究 ……………………… 216
7.1　中国企业融资来源实证描述 ……………………… 217
7.2　中国公司治理特点及福利分析 …………………… 224
　　7.2.1　股权结构与企业福利的实证研究 ……………… 225

7.2.2　监事会制度与股东福利 …………………………… 231
　　　7.2.3　独立董事制度对企业福利的改进 ………………… 234
　　　7.2.4　企业的福利计划与激励机制 ……………………… 236
　7.3　公开上市融资：新技术产业与成熟产业的实证检验
　　　　………………………………………………………………… 238
　　　7.3.1　首次公开上市融资的影响因素 …………………… 239
　　　7.3.2　研究样本与变量选取 ……………………………… 243
　　　7.3.3　模型构造与模型检验 ……………………………… 245
　　　7.3.4　小　　结 …………………………………………… 257

第八章　中国金融系统稳定性的最优福利解释 ……… 259
　8.1　引　　言 ……………………………………………………… 259
　8.2　中国金融系统稳定性测评 …………………………………… 262
　　　8.2.1　中国金融系统稳定性测度 ………………………… 262
　　　8.2.2　原因探讨 …………………………………………… 272
　8.3　中国金融系统稳定的福利解释 ……………………………… 277
　　　8.3.1　中国的特征与悖论 ………………………………… 277
　　　8.3.2　对悖论的解释 ……………………………………… 278
　8.4　中国金融系统稳定性的趋势分析 …………………………… 285
　　　8.4.1　国有银行产权改革 ………………………………… 286
　　　8.4.2　家庭的投资选择多样化 …………………………… 286
　　　8.4.3　资本市场与货币市场的互动 ……………………… 288
　　　8.4.4　对外开放的冲击 …………………………………… 289
　　　8.4.5　利率自由化对竞争与冒险的影响 ………………… 292

第九章　结论与政策建议 ……………………………………… 294
　9.1　结　　论 ……………………………………………………… 294

目　录

  9.1.1 已有的法律解释和政治经济学解释的不完善之处 ··· 296
  9.1.2 法律解释与政治解释的根本都是福利经济解释 …… 296
  9.1.3 中介与市场的共存能达到个人福利的帕累托改进 ··· 297
  9.1.4 企业资源配置的最优福利 ·························· 298
  9.1.5 金融系统稳定性的福利分析 ······················ 299
 9.2 政策建议 ··· 300
  9.2.1 提高个人福利的重点在于改善个人资产配置水平 ··· 300
  9.2.2 企业资源配置的福利改进在于多元融资 ··········· 301
  9.2.3 金融系统的稳定主要在于银行稳定 ··············· 303
  9.2.4 中国金融系统的改革之路 ························· 306

参考文献 ··· 308
附　　表 ··· 322
后　　记 ··· 334

第一章

导　论

1.1　论题的意义

在现代经济中，金融系统对资源配置而言是至关重要的，通过金融系统，家庭储蓄流向企业部门，并在企业之间配置资金。家庭能够通过金融系统平滑跨期消费，企业则能够平滑跨期支出；金融系统使家庭和企业能够分担风险，使收益获得稳定，减少波动。从最广义的概念上来讲，金融系统都具备这些功能。

然而，当我们审视不同国家的金融系统时，会发现实现这些功能时，不同国家具有不一样的金融系统，即使不是存在完全不同的金融系统，至少可以区分为以资本市场为导向的金融系统和以金融中介为导向的金融系统，那么这些金融系统是如何实现金融系统的功能的呢？不同的金融系统有什么样的特征？或者金融系统在演化过程中有何规律，哪些因素决定了金融系统的演进？什么原因决定金融系统以及金融系统如何演化是本书要研究的主题。

许多人认为市场是配置资源的理想机制,特别是资本市场是金融系统中最重要的资源配置市场,这在某些国家,比如美国和英国可能是正确的观念,然而从全球的范围来看,这一观念就不完全正确,有些国家有发展良好的股票市场,而有些国家没有或者发展缓慢。在大多数国家里,股票市场是不重要的,资本市场中最重要的是政府或企业的债务市场,企业从银行等金融中介中获得主要的资金来源;许多国家,包括美国和英国,内源融资是企业主要的融资来源,内源融资远比通过资本市场和银行的外源融资重要。现实中没有新古典经济所假设的完美的资本市场,交易成本、不对称信息、逆向选择以及不完全法律等因素的存在,使现实中的资本市场偏离新古典的模式。基于上述的原因,金融系统中的中介则为克服市场的摩擦和信息障碍发挥功能,从这一角度来说,金融中介是为了家庭与企业更好地利用市场,进行资源配置,中介变成必须的。由此我们可以得出如下推论:资本市场是长期资本配置的最优方式的模式可能是不全面的,除非市场完全符合新古典经济学假设,而且与实践中的资源配置方式不吻合。因此,不同金融系统以资本市场为导向的或以金融中介为导向的标准特征,资本市场与金融中介的相互关系,以及功能的发挥需要重新理解。

当我们区分金融系统时,把现有的各国金融系统划分为资本市场为导向的金融系统和银行为导向的金融系统(金融中介导向),以及介于二者之间的金融系统,随着前苏联、东欧国家的经济转轨,出现了转轨国家的金融系统,转轨国家有新的特点,也可以归纳为资本市场导向型或金融中介导向型中的一种。当我们评价金融系统时,经常以股票交易的大小、交易成本的高低、衍生工具市场的发达程度以及通过资本市场融资转变的日益普遍为标志。另一类则没有发达的股票市场以及大量的金融创新,衍生工具市场虽然存在,但交易很少,而金融中介特别是银行提供主要的资金供给,赞同市场导向的人认为像美国这样的金融系统是先进的。

从经济增长的角度看,以银行为导向金融系统的国家,比如法国一直是一个非常成功的国家,法国人均 GDP 与美国差不多,如果考虑到劳动生产力,法国的劳动生产力要高于美国,如果说法国的金融系统落后于美国的金融系统,就不能解释法国取得的与美国相当的人均 GDP 的原因。同时,也有相当的国家居于这两个国家极端情形的中间,比如日本。它们的特点有或大或小的差别,但有一点是一样的——所有这些国家都是比较富裕的国家。这表明所有这些不同的金融系统在资源的有效配置方面发挥了功能,实际的运作比现有的理论要更复杂一些,因此可以这样认为:资本市场与金融中介导向的金融系统各自具有优势与劣势。那么这些优势和劣势表现在哪些方面?

具备优势的金融系统应具备有效的法律体系,良好的会计标准、透明的金融制度、有效的资本市场以及运行良好的银行,以上是金融系统运行良好的必要条件,但不是充分条件,即使是必要条件也是不完整的。具备了这些特征的金融系统并不能证明它的效率和稳定性。以资本市场为导向的美国,最近接连发生了安然、世通公司的欺诈事件,这本质上是信息不对称引起,十几年以来,日本的资本市场碰到了最长的熊市,而日本的银行系统聚集了巨额的不良资产,这说明日本的金融系统中,风险的分担出了问题，造成了金融风险的集中暴露。这说明有许多还没有完全弄清的问题，影响和决定着金融系统的运行。

在现实中，也存在缺乏金融系统运作良好的必要条件，但经济取得了巨大成就的国家，比如中国，按照传统的理论，中国的金融系统也许有许多问题，但实际上中国在过去的二十几年里取得了较快的经济增长，而与之相对应的是许多具备了好的金融系统的新兴国家，却没有取得中国那样的经济增长，其金融系统也是运行较差的。如何理解并解释中国金融系统的运行？中国的金融系统是否有某种替代机制，在稳定和风险中进行权衡？这些都是值得探讨的问题。特别重要的是中国现有的金融系统是否能支持经济进一步地高速增长，中国现有的金融系统是否隐含着较大的金融风险，这更值得去深入研究。

在现有研究金融系统的文献中，最具代表性的是以 Allen 与 Gale[①] 所进行的比较金融系统的研究。他们以市场为导向和中介为导向两种模式为对象，进行了全方位的比较，涉及现代金融理论中的许多重要方面，并且得出了若干重要的结论：(1) 与银行等金融中介相比，资本市场在风险分担方面并没有必然优势，片面强调金融的市场化是错误的；(2) 银行业竞争可能不利于资源配置，一味强调竞争并非是好的政策，金融危机是坏事也是好事，硬性消除金融危机不利于风险分担；(3) 市场与中介是互补的，而不是替代，在风险分担、不同产业的融资方面各有特点；(4)

---

① Allen 与 Gale 在 2000 年以前的研究成果集中体现在《比较金融系统》(中国人民大学出版社，2000 年版) 一书中，核心的观点集中在四个方面。

金融系统的发展过程中，投资者的参与成本变得非常重要。这些结论无疑对研究现代金融系统具有重大的启发。接下来的问题是，在 Allen 与 Gale 进行的金融系统全方位比较中，有哪些重要的线索呢？作者研读了 Allen 与 Gale 从 20 世纪 80 年代至 2004 年的重要文献，在 1986 年的一篇文章中①，Allen 用了福利比较的概念，而在比较金融系统文献中，福利分析是一根最主要的线索。同时，在比较金融系统的研究中，广泛采用一般均衡的研究方法，分析金融系统的最优福利问题。可以这样认为，福利研究是最重要的线索和评判金融系统的依据之一。

如果把视野扩展到更广泛一些的金融系统研究，在解释金融系统形成、演化以及模式决定问题方面，又有法律与投资者保护、政治因素的解释，以 Levine、LLSV 与 Roe 为代表的学者则从法律与金融、政治与金融对金融系统进行了解释，上述解释进一步丰富了现代金融系统理论，其特点是从金融系统以外的法律与政治因素对其演化进行了解释，但不足之处是如果以法律或者政治作为主要线索，则缺乏持久、前后一致的解释力，这是本书选择以福利经济作为研究金融系统的另一个重要原因。

联系到中国的实际，中国的金融系统与以市场为导向和以中介为导向的国家存在着很大的差异，而且简单复制发达国家的金融系统，对中国而言，并非最佳。从法律、金融以及一般均衡原理的角度看，中国有自己的独特之处，

---

① 见《A welfare comparison of intermediaries and financial markets in Germany and the US》，F. Allen, D. Gale，《European Economic Review》39 (1995), pp. 179-209.

尽管法律、投资者保护与金融系统还很落后，资本市场与银行的效率还很低，但中国却是世界上发展速度最快的经济实体，并且存在许多高效的非正规融资渠道和治理机制，它们是如何履行金融系统功能的？如何按福利原则作出选择，这种选择又是如何影响金融系统的决定？进一步讲，中国金融系统稳定性与脆弱性的特征如何？对上述问题的研究也就回答了中国金融系统改革的最有利的途径是什么？福利分析是合理的解释吗？这是本书选题的意义所在以及要回答的问题。

中国的金融系统在经过了二十几年的改革以后，目前正处于一个关键的阶段，决定着中国金融系统以何种方式演变。这一演变结果不是人们事先设计的产物，而是各种力量相互冲突与协调的结果，我们必须对不同导向的金融系统演变过程的特征，决定的因素有一个深入的了解，当考虑中国特殊的金融系统时，更应该找出其中的一般规律。

1.2 研究假设与研究范畴

1.2.1 研究假设

尽管现存的金融系统各不相同，我们可以大致分为两大类，因此关键的问题是理解经济中资本市场与金融中介的作用，而从经济理论的角度讲，市场被放在经济现象研究的中心位置，在所有已经完整刻画的市场模型中，只有完全竞争的市场结构代表了资源的理想配置，在福利经济学上是最优的。在考虑金融系统时，自然而然地把金融系统符合完全竞争的程度或偏离程度作为研究的起点，然后研究是哪些因素使实际的金融系统偏离了阿罗-德布鲁-麦卡锡模式（Arrow-Debreu-Mackenzie，ADM），然后金融系统又是如何来克服的。过去的三十几年以来，经济理论、金融经济学理论在下面几个方面也是取得重要进展的领域：（1）所有者与管理者之间的委托-代理关系，金融中介与其产品在消费者之间产生的激励机制；（2）在资本市场上，存在着广泛的信息不对称以及道德风险与逆向选择；（3）交易成本或参与成本使理想的市场模型在现实中几乎不存在；（4）长期的金融合约关系或金融中介的存在使市场缺乏完全竞争。这些问题对于金融系统而言至关重要，人们可以认为 ADM 模型是研究金融系统的出发点，并从这一假设出发，分析金融系统在不同环境下，在资源配置方式、企业融资手段、信息处理、风险分担方面所起的不同作用，以及演化的决定因素。

1.2.2 研究范畴的界定

首先是金融系统中资本市场的界定。资本市场是与商品市场、劳动市场相并列的长期资金交易与投资形成的市场。从金融学的角度讲，它是指一年期以上的中长期资金市场与证券市场，包括股票市场、债券市场、基金市场以及以这些现货市场为主体形成的衍生工具市场，它是与货币市场和一年期以下短期信贷市场相对应的概念。随着金融工程的创新，资本市场与货币市场之间的界限变得越来越小，区分它们也越来越模糊。同时，资本本身的内涵也在变动之中，人们一度将资本等同于货币，或将其定义为资本品，能带来收入的财货或能创造剩余价值的价值。随着知识经济的兴起，资本的概念进一步延伸，资本以无形的形式体现出来,网络经济更是将资本从实物扩大到金融资本和虚拟资本的范畴。本书所指的资本市场主要是指股票市场、债券市场、基金市场以及与此有关的衍生工具市场。显然,资本市场的上述划分自然包括了融资方式:既包括股权融资,也包含债权融资。

由于资本市场在金融系统中的地位,本书研究资本市场的立足点是把资本市场纳入金融系统中,从金融系统的功能发挥方面研究资本市场,研究资本市场在金融系统中的资源配置功能、风险分担功能以及对金融系统稳定性的影响。

金融中介定义为"从事金融活动和证券交易的专门经济部门",这一定义涵盖了现实经济中的各种金融机构,包括银行、保险公司、证券机构、各种基金,从最广义的概念来讲,甚至包括资本市场(Allen,Santomero,1999)。国内对金融中介的研究最早是张杰教授(2001)所作的开创性研究,并对现代金融中介理论进行了系统的介绍。

对金融中介的界定除了对金融中介的机构进行界定以外,还必须对金融中介的经济活动进行界定,即金融的交易是通过机构还是通过资本市场来完成的。这引申出两个主要的方面:个人投资与企业融资。个人可以把钱存入存款类金融中介比如商业银行,或投资于共同基金以及购买保险,而上述金融活动是通过中介而不是直接投资于资本市场。从企业的融资角度来讲,中介融资意味着金融交易是通过某种金融中介、商业银行或财务公司间接完成的,这与借贷双方通过资本市场发行股票或债券直接融资是相对应的。因此,金融中介为个人或企业主要提供的是间接投资和间接融资的经济活动。

第一章 导　论

金融系统（Financial Systems）按 Allen & Gale 的定义，由资本市场与金融中介构成。周业安（2001）教授把 Financial Systems 翻译为金融系统而不是翻译为金融体系，而此前朱武祥（2000）教授则翻译为金融体系，因此金融系统与金融体系在某些场合是相通的。然而，金融系统是最近比较流行的译法，并特指资本市场、金融中介以及它们履行和承担金融功能的特定系统；而金融体系的含义更宽泛一些，由金融市场、金融机构和支付清算体系组成（何问陶，2003；白钦先，1997）。这些细微差别的区分有助于我们准确认识金融系统及其功能发挥。

由于各国的金融系统具有不同的模式标准，依据资本市场与金融中介（主要是银行）在金融系统中发挥作用的大小，分为市场主导型和银行（中介）主导型，一般认为美国和英国属于资本市场主导型，而法国和日本属于银行主导型。而金融系统的研究主要从研究资本市场、金融中介及其他经济主体的微观行为着手，详细剖析资本市场、金融中介在金融系统中起的作用，主要是对经济增长的促进作用、融资与治理机制、信息传递、风险分担与资源配置机制，这些构成了金融系统研究的核心。与此同时，以拉·波塔、洛佩兹·德·西拉内斯、施莱弗和维什尼（La Porta, Lopez-de-Silanes, Andrei Shleifer and Robert Vishny）为代表的经济学家研究了法律起源对融资方式、公司治理的影响，从金融系统的起源与演化的角度研究金融系统。而罗伊（Mark J. Roe）、拉詹（Raghuram G. Rajan）与津加莱斯（Luigi Zingales）则从公司财务的政治根源以及金融发展中资本市场与金融中介哪一个起主导作用的历史演变，讨论金融系统选择、演化和决定因素。我国学者唐寿宁、王晋斌（2002）则把投资者的选择纳入决定金融系统形成与演化的主要决定因素。

中国学者对金融系统的范畴界定并不是一致的，特别是在发展与构建未来的中国金融系统问题上更是如此，因为如何构建一个现代金融系统取决于对金融系统的认识。刘鸿儒（2001）认为，成熟的资本市场是成熟的市场经济的标志之一，换言之，成熟的资本市场是现代金融系统的必要条件，但他并未论及金融中介。吴晓求则明确提出了"资本市场核心论"或"资本市场中心论"（2000，2001，2002），即中国需要构建一个以发达资本市场为核心，包括健全商业银行体系在内的完整意义上的金融系统。他认为，金融系统改革和发展的基本动力来自于资本市场的成长，资本市场在现代金融系统中的核心地位正在形成；只有资本市场的持续发展才能从根本上调整和改革现有的金融系统；其核心是资本市场中心论。何问陶、田晔（2003）认为"资本市场中心论"的观点值得商榷，虽然他们不否认资本市场的重要性，但一个国家的金融系统的形成与演进不仅有经济、政治背景，也有历史、文化与法律的因素，一个金融系统的形成是由各种力量博弈的结果。谈儒勇（1999）的实证分析表明，中国的金融中介与经济增长之间有显著的正相关关系，而资本市场发展与经济增长之间有不显著的负相关关系，说明我国资本市场对经济增长的作用是极其有限的。李广众（2002）的研究显示，股票市场对经济增长的作用不明显，同时对资本积累有不利的作用。综上所述，不同国家、不同经济发展阶段，资本市场与金融中介的地位、作用各不相同，金融系统的界定有助于下面的分析。

1.3 本书力图创新之处与研究方法

本书将选题确定为金融系统的福利经济分析，旨在从金融系统的功能出发，从资本市场的局限性引出金融中介存在的必要性，在克服委托-代理、不完全市场、交易成本以及信息不对称问题的作用，以审视金融系统作为起点，探讨不同的金融系统符合或偏离完全竞争市场的程度，更好地理解市场失灵的可能性和金融中介在帮助市场达到新古典理论所描述的潜在能力时的作用，试图解释不同金融系统模式的长处与不足，这样的取舍对我们理解金融系统、改善其绩效与设计至关重要。因此以新古典模式作为研究的起点，把福利经济分析作为贯穿始终的逻辑是第一个创新点。

第二个创新点是，综合了政治、法律与投资者保护的最新成果，并把这些成果用于解释金融系统演化过程中这些因素是如何起作用的，而在此以前，国内在这方面没有系统的研究，或者是没有通过独立的线索进行研究。把上述解释金融系统的理论进行梳理，用来系统解释金融系统的演化在国内是一种新的尝试，并把解释金融系统模式的原因扩展到了金融与经济以外的层面进行更深入的分析，而不是简单重述上述经典文献。

第三个创新点是，研究金融系统的福利分析，按投资者、融资者以及金融系统的稳定性的次序展开，从投资者的选择出发，分析风险分担对个人或家庭福利的影响；投资者选择进一步地影响了企业的融资，因此企业的福利分析便是前者逻辑的延伸，而企业福利的研究主要集中在资源配置的效率上,包括总体上企业的资金来源、公司治理以及不同产业的融资特点;最后回到金融系统本身的稳定与脆弱性的福利分析,这样构成一个前后一致的线索。

本书研究金融系统的福利分析,从这一论题所涵盖的内容看,决定了本书的研究方法,既有理论研究与比较,又有严密的数学模式推导,同时还有针对中国的实证分析。因此,本书的研究方法具有以下几个特点。

1. 从理论上对金融系统的演化与模式决定进行分析。虽然法律与金融、政治与金融以及一般均衡理论与金融的文献浩如烟海,但并不直接解释金融系统的演化,因此要把上述文献进行解读与梳理,提炼出对金融系统的解释因素。同时,在用福利经济理论分析金融系统之前,从一般均衡理论的基本原理入手,通过严格的数学推论,建立一般均衡理论与金融系统的联系,为后面对金融系统进行福利分析构建平台。

2. 在理论上对金融系统进行了福利分析以后,对中国金融系统从福利经济的角度进行了实证检验。(1) 在方法上采用随机的问卷调查,在收回问卷以后进行数据处理,然后进行统计学上的回归分析,找出自变量与解释变量之间的关系,验证投资者选择与风险分担的关系,进而分析对投资者福利的影响。(2) 通过对资本市场上上市公司的抽样调查,对不同产业的融资绩效的实证分析,公司治理的福利分析,研究企业的福利。(3) 作者通过对 20 世纪 90 年代以来中国金融系统的历史统计数据的处理,分析了中国金融稳定性问题。

3. 在对中国金融系统福利进行实证分析的同时,把理论与中国实际或者特征进行了比较,进一步分析了产生这些结果的原因,从而为中国金融系统的改革与发展提供一点政策建议。通过对中国金融系统的实证研究,可以解释银行的坏账,资本市场的持续低速,主要原因是风险分担和资源配置方面的问题,也试图解释居民存款为何持续增长的原因。

4. 通过对金融系统演化的一般规律的解释与功能的分析,为中国金融系统的构建提供了理论的平台与逻辑的推论。作者定位中国的金融系统是由以银行为导向的金融系统向资本市场与金融中介(银行)结合的金融系统转变,其间又贯穿转轨经济与经济金融欠发达相伴随。因此构建中国的金融系统必须考虑中国金融系统演进的历史以及对它的约束条件,理解在演进、构建中的矛盾冲突。构建金融系统的功能主要要解决各利益主体的风险分担与提高资源配置效益,提高金融系统福利,寻求更优的帕累托均衡。

1.4 结构与内容安排

全书共分导论,第二章至第八章,结论。在本书的划分上又可以分为三大部分。第一部分包括第一章导论与第二章,第一章提出金融系统福利分析选题的背景、研究的意义以及本书的研究方法与创新之处;第二章从金融系统划分与模式解释入手,评价了法律、政治与福利经济对金融系统演化的解释。第二部分进入到金融系统的福利分析,为第三章至第五章,分别用一般均衡理论从个人的福利分析、企业的福利分析以及金融系统稳定性与脆弱性的福利分析来研究金融系统福利的理论与模型。第三部分为中国金融系统福利分析的实证研究,从第六章至第八章,运用

第二部分对个人福利、企业福利以及金融系统福利分析的原理，研究中国金融系统的福利特征，分析其特征与产生的原因，最后是全书的结论。

第二章是金融系统演化理论解释，从金融系统发展的历史以及金融系统的模式划分标准，引出不同的金融系统模式，进而分析当前学术前沿是如何解释这些金融系统模式演化的。在法律与投资者保护中，着重分析了法律起源、法律执行对金融系统演化的影响，用政治因素解释法律起源相同的国家，不同历史时期金融系统结构变化的原因，用一般均衡原理解释金融系统中市场与中介存在的理由，以及各自履行功能的原理，从而引出用福利经济研究金融系统的必然性。

第三章研究个人或家庭在作出资产选择时对福利的影响。金融系统为个人提供了风险分担和跨期平滑的功能，在履行这一功能时，不同的金融系统具有不同的特点。其结论是，市场对跨域的风险分担有优势，而中介对跨时的风险分担有优势，因此每个人或每个家庭会根据风险偏好来配置资产，从而对福利造成不同的影响。

第四章研究企业的福利，既是个人福利分析的逻辑延伸，又是福利分析的必然扩展，如果说个人的福利分析是从投资方来分析的话，那么企业的福利分析则是从融资方来分析，这样才能完整地看出福利经济与金融系统的关系。本章首先从一般均衡理论出发，研究市场与中介配置资源的原理，企业如何选择在市场上融资还是中介融资；然后研究公司治理如何影响企业的福利，公司治理从福利经济角度如何进行解释；最后研究新技术的企业与成熟技术企业观点多样化原理，它们选择不同的融资方式的理由。

第五章是金融系统稳定性的福利分析。用一般均衡原理来分析金融系统中机构之间的竞争，考察竞争与稳定性之间的关系，竞争与福利的关系，其结论是最优福利要求有适度的竞争，过度竞争与稳定从福利经济的角度看都是不利的。金融系统的脆弱性本书重点研究流动性冲击所导致的金融系统的脆弱性，在具有流动性冲击的条件下，金融系统不同均衡的福利比较。

第六章为中国金融系统个人福利的实证研究，在深入地研究了金融系统的福利分析以后，对中国金融系统进行实证研究，从实证角度出发，采用问卷调查，通过处理数据、建立数学模型，分析中国居民在资产选择上的行为，从而研究中国居民的风险分担行为、风险偏好，并分析这一状况如何影响金融系统。

第七章是中国企业福利分析的实证研究，首先从企业融资的角度，研究中国金融系统中企业资金的来源，从而定位出中国金融系统的模式，然后分析在公司治理过程中产生的代理成本在不同融资方式下的福利比较，最后通过IPO发行与定价，进行不同产业IPO首日定价影响因素的实证分析，考察不同产业选择不同融资方式的福利比较。

第八章是中国金融系统稳定性的特征研究及其福利解释。有别于市场主导型与中介主导型的任何一种金融系统，中国金融系统具有较好的稳定性，一般情况不会发生挤兑，也不会发生金融危机，但并不意味着中国金融系统不具有潜在的金融危机，原因是什么？本章结合中国金融系统的实际回答这一现象的原因，提出这一现象与福利经济的联系，并给出改进金融系统稳定性的建议。

第九章为全书的结论与政策建议。

第二章

金融系统的理论发展与福利经济分析框架

经济要从投资、交换、贸易中获益,金融系统的发展至关重要,如果没有金融系统,资金的转移变得不可能。每个家庭只能依靠自身的储蓄来维持经济的福利,企业也只能以内源融资的方式筹集资本。随着金融系统的发展,投资以及企业的大规模融资成为可能,经济能以更多的方式获益,以风险分担、跨期平滑、跨域和跨时的资源配置方式进行。对家庭而言,投资的机会产生,家庭可以通过投资增进福利;对企业而言,可以通过不同的融资方式,以寻求最小的风险和最大收益以增进福利。本章第一节简要回顾金融系统的发展史以及两种主要的金融系统模式,资本市场为导向(Market-based)和银行(中介)为导向(Bank-based)金融系统的产生以及划分的原则,然后把这一划分从发达国家扩展到包括不发达国家在内的全球金融系统的分类。第二节论述两种金融系统产生的法律与投资者保护的解释,进一步把 LLSV 的投资者保护与公司治理的关系拓展到如何决定金融系统演化的因素,并指出这一理论在解释金融系统决定因素中的不足。第三节分析 Roe 的政治力量在决定金融系统中的作用,如果法律是重要的,那么,意味着一国若有一致的法律起源就应该有一致的金融系统,并且这一金融系统应该是连续的。可是实际上,具有稳定的法律起源与法律环境的经济并不一定具有稳定的金融系统,其间会出现某种形式的"逆转",Roe① 等对这一现象用政治因素进行了解释,这一节分析了政治因素的解释力,并提出了政治因素对金融系统决定力量的局限性,同时分析了这些因素解释的背后所隐含的福利经济含义。第四节分析金融系统的福利经济学解释。

2.1 金融系统的起源与模式概述

2.1.1 金融系统的起源

最早的金融系统产生于公元前 700 年到公元前 500 年,这是最早的金融系统。在这个金融系统中,大麦和银作为支付手段和计量的单位,随着时间的推移,银逐渐成为惟一的货币。在这一时期,为了提供消费需求与投资,当时的投资为购买耕种的种子,地主与商人开始发放贷款,最初的融资行为产生了。但这时的家庭只能储存麦子和银,并不能随意借给他人,因此他们并不能专司融出银,因此这还不能称为银行家。

---

① 注:Roe 用"逆转"来说明融资方式的变化,从一种方式变到另一种方式为主都称为"逆转",本书则指从市场为导向向中介为导向的转变。

在公元前6至公元前4世纪开始,人们创造了功能超出支付手段与简单贷款的金融系统。银币作为支付手段,货币兑换和银行是最重要的金融机构。货币的流通过程中有大量来自希腊其他城市和波斯的银币,因此产生了大量的货币兑换者。接受存款并发放贷款的银行在公元前5世纪产生,贷款用于个人消费或为国外的贸易提供融资。

到了公元前1世纪至公元初年,罗马的金融系统进一步发展了,人们开始使用金币和银币,银行家向个人提供消费贷款,向农民和农场主提供贷款,并在整个罗马帝国的范围内提供货币兑换。这一时期已经形成了金融系统的初级阶段。在这一阶段金融工具局限于金与银;贷款用于个人消费、农业生产和国外贸易,金融中介局限于货币兑换者、银行。

从公元前1世纪至公元13世纪,与早期金融系统比较,这一期间的金融系统变化很小,而这一时期又与欧洲中世纪的漫长岁月相对应。在这期间,由于中世纪西欧几个月一次的集市贸易,发展了用于记录在这期间发生的权益与负债记录的结算系统。到了公元13世纪,人们进一步发展了汇票,由货物购买者售出,在未来某日某地支付一定数额的债务工具。汇票可以简单地卖给一个需要资金的人,也可以进行交易,构成一个完整的交易链。汇票的出现解决了资金的跨时和跨域的资金融通,这一创新直接推动了现代意义上的银行发展。

银行在中世纪的意大利产生,并在欧洲扩展了分支网络。除了其间为战争融资以外,海运保险也变得重要,其他类型的保险被引入,比如人寿保险。复式会计制度得到了一定程度的发展,而像佛罗伦萨共和国也发行了大量的债务,甚至在有限的范围内,合伙企业和公司发行股票类工具也出现了。这一时期的金融系统发展具有如下特点:金融工具多样化,包括贸易信贷、抵押、政府债务以及公司股票;金融机构包括银行和保险公司;政府与公司的债务在非正式的市场上交易。

1620年,意大利北部失去了贸易和银行主要中心的地位,荷兰的阿姆斯特丹开始占据西欧的金融中心地位,而在这一时期金融中心相对重要性的改变由金融危机所引起,而这些金融危机又是由于战争或政治事件所引起。阿姆斯特丹由于证券交易所和银行的创新而确立了其金融中心的地位,自1608年开始,阿姆斯特丹证交所是一个商品交易市场,证券交易并不重要,联合西印度公司和西印度公司的股票是仅有的公司发行的交易股票,其他是政府发行的债券,但是市场的交易技术相当成熟,期权与期货合约的使用,使交易相当频繁。

而阿姆斯特丹的银行建立于1609年,它是典型的公共银行,且主要功能是便利支付。由于该银行提供了便利支付,在阿姆斯特丹的大多数商人和许多外国商人拥有账户,汇票的大量使用使该银行成为欧洲国际贸易的票据结算中心。当时的阿姆斯特丹银行只接受存款并兑换货币,除了偶然情况外,不提供贷款,直到1614年,阿姆斯特丹市政府创建了信贷银行,有权进行信贷业务。到18世纪初,金融系统已具有下述特征:金融市场从非正式过渡到正式市场;政府更多地涉足金融市场。

到1719年以前,上述早期的金融系统并没有显现其明显差异,随着金融创新的出现、功能的扩展,形成了早期的金融系统,真正使其发生分化的是由英国的南海泡沫与法国的密西西比泡沫，这两件事以及这两个国家采取的不同应对措施导致了两种完全不同类型的金融系统，即以股票、债券为主的盎格鲁-撒克逊模式和以银行为主导的欧洲大陆模式，并沿着这两种模式实行功能完善与演化。

2.1.2 市场主导与银行主导的金融系统

以资本市场为主导的金融系统，也称为盎格鲁-撒克逊模式，主要是英、美两国，其中英、美两国对待集中有不同的方式，因此两国又有一些差异。

在17世纪以前，英国金融系统存在政府债务和少量公司证券的非正式市场，1694年，英格兰银行诞生，并为1688年开始的与法国的九年战争融资。与同时代的阿姆斯特丹银行不一样的是，它一开始就是为了获取利润。

1711年，南海公司成立，公司从事大西洋地区的贸易活动，与英格兰银行在政府外汇、债券业上展开竞争。1720年上半年，南海公司的股票成为当时投机的焦点，股价因此上涨了7倍以上，并导致了大量新股发行，发行商都想从发行新股中获利，当投机活动达到了顶峰时，英格兰银行出台了《泡沫法》，规定股份公司的设立必须得到皇室的批准，试图阻止南海股价的暴跌。南海泡沫导致了许多投机者破产，并且这场泡沫的余波持续了多年，直到1824年被废止。

《泡沫法》的存在，显著影响着新公司成立的步伐，只有少数公司才能在伦敦的资本市场进行交易。当时伦敦的资本市场，由于公司融资的限制，政府筹资的主要来源便是伦敦资本市场，这一金融创新使伦敦资本市场得到了发展，取代阿姆斯特丹成为18世纪的世界金融中心。1824年

第二章 金融系统的理论发展与福利经济分析框架

《泡沫法》的废止使得上市公司的数量大大增加，英国铁路建设对资本的大量需求也促进了伦敦证券交易所的成长与发展。

正如18世纪的英德战争有助于推动伦敦资本市场的发展一样，美国的国内战争也促进了纽约资本市场的发展。1864年的《国家银行法》对银行持股的禁止和银行系统的普遍弱势，强化了资本市场的发展。第一次世界大战期间，纽约资本市场除了为国内融资以外，还替英国和法国融资，从而纽约又取代伦敦成为世界金融中心。1929年的大崩溃，如同南海泡沫和密西西比泡沫一样对美国资本市场的发展产生了重大影响，成立了证券监督管理委员会（SEC），资本市场受到了管制，而当时，资本市场已达到了相当的规模。SEC的成立一方面加强了对市场的监督力度，另一方面又确保了市场作为一个整体，期权期货市场的引入以及其他的金融创新，进一步强化了美国金融系统的市场导向型，当然这期间也有一些调整，但美国仍然是以资本市场为导向的国家。

法国的密西西比泡沫发生于1719年，法国股票市场的价格和当年的郁金香价格一样在很短的时间内大起大落，从1719年5月开始，股票价格连续上升了13个月，涨幅超过了20倍。然后，从1720年5月开始，连续下跌了13个月，跌幅为95%，又从高位跌回到了起点。密西西比泡沫比郁金香泡沫危害更大，涉及面更广。原因是前者有官方背景，后者是民间所为；前者涉及股票和债券市场，把法国的普通老百姓也卷了进去，而后者只涉及少数投机商。

密西西比泡沫之所以造成如此严重的后果与一位名叫约翰·劳的英国人紧密地联系在一起，他的金融理论有用武之地，实践其金融理论，无疑是一个重要的原因。空前盛行的投机活动吸引了大量的货币资金流入法国，也促进了本国对货币的需求，于是，只要东印度公司发行股票，皇家银行就跟着发行货币，每次增发股票都伴随着货币的增加。由于大量发行货币，在经过了一个很短的滞后期后，通货膨胀终于爆发了，1719年法国的通胀为4%，1720年1月就上升到了23%，随着民众信心的动摇。尽管约翰·劳使出了全身解数希望能恢复民众的信心，但是股票的崩盘已不可避免，许多法国人由于参与投机而倾家荡产。

法国的密西西比泡沫的经历对随后的股票市场与银行产生了深远的影响，法国此后设立了一个官方交易所来管理和规范公司股票市场，其间还由于法国大革命一度关闭，公司证券市场在整个19世纪、20世纪的大部分时间没有得到实质性发展，法国在1980年才废除了对股票市场的限制。与英国相比，法国的债券在为铁路筹资方面的作用较少，而银行则显得更加重要，此外，法国的股票市场信息披露不够充分，并且使得操纵市场更容易。

密西西比泡沫连累到银行达一个多世纪①，后来的机构采用基金信贷、公司或者商行，这些机构的目的是为企业提供长期信贷。同时，政府也创办了其他类型的银行，向特定的部门提供贷款，填补信贷结构上的缺失。虽然这些机构最初都是为产业提供贷款，最终它们也向公司提供短期商业贷款并从事外国债券的业务。

---

① 有关约翰·劳的理论、实践以及造成的危害和影响参见《泡沫经济与金融危机》（徐滇庆等著：中国人民大学出版社2000年版，第62~65页）。

德国由于在19世纪大部分时间处于政治上的分裂状态，直到19世纪中叶，德国才出现了联合股份银行，它被赋予了广泛的权力，并在1850~1857年出现以此模式建立银行的浪潮，并在此后重点转向银行的产业贷款。在这期间，德国的资本市场与英国比较也是落后的，虽然资本市场确实存在，主要是各种形式的政府债券，为德国铁路提供资金，但是，在为产业化发展方面都没能发挥作用。德国银行发展的另一个原因是银企关系的发展，银行与产业互派董事，且大部分企业主要依赖银行贷款或内部融资，产业内的卡特尔形式存在使企业能获得超额利润，使内部融资更容易，银行与产业间的紧密关系促进了银行与企业间建立长期关系。

整个德国金融系统的构架是除了政府债务市场以外，大银行与产业联系密切，资本市场的作用小，只有少量的上市公司，德国一直以银行为导向的金融系统的模式发展。

以上是对主要工业化国家，英国、美国、法国与德国分别形成以市场导向型金融系统与银行导向型金融系统的简要回顾，但即便是这样划分，同样的一个金融系统中也有差异，期间也会有所称的"逆转"，但是更重要的是在此之前人们并没有对全球金融系统作一个全方位的实证研究，或进一步以什么样的原则来划分这些金融系统，这一问题直到 Levine（1999）的开创性的研究。

2.1.3 金融系统的跨国比较

我们已经知道，金融系统的市场主导型与银行主导型主要集中在发达国家，如欧洲与北美，即市场主导型金融系统的英国、美国模式，在把社会储蓄投向企业、风险管理上资本市场发挥重要的作用；而法国、德国以及日本，银行则在配置资源、投资决策以及风险管理上扮演着主要角色。

市场主导型与银行主导型金融系统比较的文献的一个重要不足是：这些比较集中于人均GDP水平相似的较少的发达国家，而这些国家有一个非常相似的长期增长率，如果人们接受这些国家的金融系统的差异，并承认这些国家的长期增长率相似，那么意味着何种金融系统与经济增长的关系不大。

1999年，Demirguc-Kunt和Ross Levine为了提供更多的信息，对全球金融系统进行了跨国比较。基于一个新建的数据系列，检测了多达150个国家横截面的金融系统结构，主要考察了相关性，用回归分析来阐明金融系统与经济增长之间的关系；并且提供了金融系统这种差异的法律、管制与政策决定因素经验数据。在此之前，最系统的检验来自Goldsmith（1969）关于金融结构与经济发展的第一次系统检验。Demirguc-Kunt和Ross Levine进行了三个方面的国际比较：

- 经济发展与银行、非银行以及股票市场发展之间的关系；
- 经济发展与银行主导型金融系统和市场主导型金融系统之间的关系；
- 金融结构的法律、管制、税收以及宏观经济之间的决定因素。

为了比较金融系统，他们把国家划分为市场主导型与银行主导型两类，并提出了下述划分指标：（1）研究了银行部门发展规模、行为与效率检测相对于股票市场的比率，如果这一比率较大则被划分为银行主导类别；银行部门发展对股票市场发展的综合比率低于平均值的国家划分为市场主导型国家，按照这一分类便产生了两种金融系统模式。(2)这一方法虽然从最广义的范围划分了两种金融系统，但同一金融系统，发达与不发达之间的差异巨大，比如一些国家的银行系统是不发达的，但这种方法把它们划分为银行主导型的，其原因是它们资本市场更不发达，甚至根本不存在；同样的原因，有的国家资本市场也不能算发达，但银行更不发达，因此它们仍然应划分为市场主导型的金融系统。(3)为了进一步细分金融系统的差异，他们发展了另外一套金融系统：高度不发达的金融系统国家，即如果一个国家的银行与市场发展两者都低于平均值，被划分为不发达的金融系统。这一划分有助于比较不同国家的广泛横截面的金融结构，与发达的金融系统相比，不发达的金融系统具有更多的共性，通过三种划分的比较，Demirguc-Kunt 和 Ross Levine 发现了影响金融系统的线索：

1. 在发达国家银行、非银行以及股票市场更大、更活跃并且更富有效率，在平均水平上，发达国家的金融系统更发达。

2. 在高收入国家，银行与股票市场之间进行比较，股票市场变得更活跃并且更有效率。各国金融系统的演化趋势是：当国家变得更富裕时，金融系统更倾向于以市场为导向。

3. 有习惯法（或普通法）传统的国家，对股东权力有强有力的保护，有好的会计、管制以及腐败的低水平，其金融系统更倾向于以市场为导向。

4. 有法国民法传统，对股东和信贷权力保护不好，合约执行差、腐败的高水平,管制更严以及差的宏观经济环境,倾向有不发达的金融系统。

这一划分对后面的金融系统演化研究产生了深刻影响,为金融系统的跨国比较提供了视角。

(一)收入水平与金融系统的差别

不同的国家其金融系统有较大的差别,不同国家的差异首先来自于收入的差别。首先,他们搜集了多达150个国家或地区的横截面数据来概括比较不同的金融系统。在不同的收入组别上,用同一套指标检测金融系统,再按时间序列检测20世纪60年代、70年代、80年代以及90年代,得到了极为相似的结论:在较高收入国家,按照金融中介(银行与非银行)和股票市场的规模、行为、效率方面,倾向于有更大的发展。

1. 金融中介。首先设定四个检测指标:银行流动负债加上非银行中介的流动负债/GDP;银行资产/GDP;存款货币银行在私有部门的索取权/GDP;其他金融机构在私有部门的索取权/GDP。在设定了金融中介规模与行为的指标以后,再把国家或地区按1997年世界银行发展指标定义的低、中低、中高和高收入国家类别,并使每个收入组别的国家或地区大致相同,然后对四个组别中的每一个组别计算了金融中介发展指标的平均值。①

在银行的效率方面设定了两个检测指标:一般管理成本与银行净利差。一般管理成本等于银行管理成本与银行

---

① 见 Asli Demirguc-Kunt and Ross Levine:《银行主导型与市场主导型金融系统:跨国比较》,载《金融系统演变考》,中国金融出版社2002年版,第57~107页。

第二章 金融系统的理论发展与福利经济分析框架

总资产的比率,并且隐含一个推理,较低的管理成本看做是较高效率的标志,一般管理成本过高反映了浪费和缺乏竞争。然而,银行的竞争可能促使大量投资以提高金融服务质量,导致成本上升,这可能使一般管理成本的检测会受到某种程度的抵消。银行净利差等于银行利率收入减去利率支出再除以总资产,并假设较小的利差通常被认为代表着较强的竞争和较高的效率。在 Demirguc-Kunt 和 Ross Levine 的实证中,共检测了 8 个国家银行和一般管理成本与银行利差的数据,结论显示:较高收入水平的国家倾向于有较低的一般管理成本和较低的平均银行净利差。

2. 股票市场的跨国比较。为检验跨国股票市场的发展,设定了如下几个指标。用国内股票价值/GDP 的比率来检测市场规模;用国内交易所交易的国内股票总市值/GDP 来检测市场行为;用 GDP 份额的总交易市值来检测市场的流动性;用换手率检测总交易市值。然后按收入水平划分为四个组别。当收入从最低的组别移向最高的组别时,股票市值、总交易值以及换手率都上升了。人均 GDP 与作为 GDP 份额的总交易市值与换手率之间的相关系数大约为 0.4;人均 GDP 与市值之间的相关系数接近 0.3,在较富裕的国家,股票市场更为发达。

3. 金融系统效率。前面分别分析了金融中介与股票市场的跨国比较,但并没有对金融系统进行总体的效率检测。为了检测总体效率,设计了五个指标。金融系统的银行国内资产加股票市值除以 GDP 衡量金融系统的总规模,这一指标随着人均 GDP 的增加而急剧地上升。再利用换手率与总交易市值/GDP 来检测股票市场的流动性,较高的水平解释为更有效的股票市场,其中总交易市值/GDP 的检测更为可靠。用一般管理成本和银行利差去检测银行部门的非效率,两者如果具有较低的水平,则意味着银行运行的低效率。综合运用这些指标检测,收入水平越高的国家,金融系统倾向于更有效率。

4. 发达与不发达的金融系统。金融结构的检测划分了银行主导型或市场主导型的金融系统,由于划分了四个不同的收入组别,比单纯按两类划分更完整。因此就产生了四个类别:(1)不发达的银行主导型;(2)不发达的市场主导型;(3)发达的银行主导型;(4)发达的市场主导型。没有利用一个简单的银行主导型或市场主导型划分是想把不发达的银行主导型与不发达的市场主导型从发达的金融系统中划分出来,其依据是:存款货币银行在私人部门的索取权/GDP 低于样本均值;股票总交易占 GDP 的份额低于样本均值,就定义为不发达的金融系统。

市场主导的金融系统对银行主导的金融系统的划分由金融结构指数决定,利用金融结构的检测方法,结构较高的值表示相对于银行部门股票市场具有较高的水平。高结构均值的国家划分为市场主导的类别,低结构均值被归于银行主导型类别。表 2-1 列出了四类的国别。

表 2-1　　　　　　金融系统的国家类别

金融不发达的经济国家或地区名称	结构指数	金融发达的经济国家或地区名称	结构指数
银行主导型		银行主导型	
孟加拉国	-0.09	加拿大	-0.92
尼泊尔	-0.87	突尼斯	-0.88

续表

金融不发达的经济国家或地区名称	结构指数	金融发达的经济国家或地区名称	结构指数
埃及	-0.82	塞浦路斯	-0.77
哥斯达黎加	-0.79	葡萄牙	-0.75
巴巴多斯	-0.78	奥地利	-0.73
洪都拉斯	-0.75	比利时	-0.66
特立尼达和多巴哥	-0.74	意大利	-0.57
毛里求斯	-0.70	芬兰	-0.53
肯尼亚	-0.69	挪威	-0.33
厄瓜多尔	-0.56	新西兰	-0.29
斯里兰卡	-0.54	日本	-0.19
印度尼西亚	-0.50	法国	-0.17
哥伦比亚	-0.49	约旦	-0.14
巴基斯坦	-0.38	德国	-0.10
津巴布韦	-0.34	以色列	-0.06
希腊	-0.34	西班牙	-0.02
阿根廷	-0.25		
委内瑞拉	-0.15	组均值	-0.44
印度	-0.14		
冰岛	-0.06		
平均值	-0.54		
市场主导型经济		市场主导型经济	
丹麦	0.15	荷兰	0.11
秘鲁	0.16	泰国	0.39

续表

金融不发达的经济国家或地区名称	结构指数	金融发达的经济国家或地区名称	结构指数
智利	0.25	加拿大	0.41
牙买加	0.28	澳大利亚	0.50
巴西	0.65	南非	0.83
墨西哥	0.68	韩国	0.89
菲律宾	0.71	瑞典	0.91
		英国	0.92
土耳其	1.23	新加坡	1.18
组均值	0.52	美国	1.96
		瑞士	2.03
		中国香港	2.10
		马来西亚	2.93
金融不发达的国家	-0.24	组均值	1.17
		金融发达的国家	
总体平均	0.03		

资料来源：《奥尔多投资评论》第1卷第2辑，第90页。

（二）金融系统结构差异决定因素

Demirgue-Kunt 和 Ross Levine 在划分了全球金融系统（包括发达国家与不发达国家，不包括转轨国家）的同时，也进一步分析了影响金融系统差异的因素，大量的文献检测了法律、管制、税收以及宏观经济环境如何影响金融系统中介以及市场的运作功能，这些因素如何影响金融系统的决策。他们发现在一般的水平下,最显著的不同存在于不发达的金融系统、发达的银行主导型与发达的市场主导型。

1. 法律。La Porta,Lopez-de-Silanes,Andier Shleifer 和 Robert Vishny(1998,1999,2000,简称 LLSV)解释了具有不同法律起源的国家是如何发展了管理债务和股票市场的独特的法律。法学家确认了四个主要的法系:英国习惯法、法国民法、德国民法以及斯堪的纳维亚民法,这些法系在处理股票和债券合约上是不同的,因此深刻地影响着金融系统的演进,利用 LLSV 的检测方法,得到的结论为:有习惯法的国家更可能有市场主导的金融系统,与其他法律起源相比,有不发达的金融系统的国家更可能有法国民法的法律体系。

2. 管制环境。政府管制会极大地影响金融部门的运作,通过上市要求、管制、政策和税收、会计标准、银行行为以及存款保险,都会影响银行和市场的运作。

有强有力的会计标准的国家或地区倾向于有市场主导型金融系统,并且金融系统也会较为发达。对公司治理和投资决策来说,会计信息至关重要,会计标准简化了不同公司的信息解释,增加了不同公司的可比性,更有利于财务合约的订立。不发达的金融系统不可能有好的会计准则,控制了人均 GDP 以后,金融发展与会计标准之间仍然正相关,而会计信息与市场主导型金融系统之间有非常强烈的相关性,对股票市场的运作来说,信息更重要。

限制银行从事证券市场活动、不动产和保险权利管制的国家,有不发达的金融系统。考虑一个国家的管制体系允许银行从事证券、保险、不动产以及拥有非金融企业所有权，在评估了每个国家的管制以后发现，在银行行为中，有不发达的金融系统的国家倾向于有大得多的限制，在控制了人均 GDP 水平以后，管制限制和金融部门发展之间的负相关在 5% 的水平上显著。Barth、Capriol 与 Levine（1998）的研究表明更大的限制增加了银行体系的脆弱性，Levine 的研究更进一步显示更大的限制与总体上不发达的金融系统相联系，当然并没有得出推论，严格的管制导致了金融系统的不发达。

有明确存款保险的国家不太可能有市场主导型的金融系统，明确的存款保险增加普通公众对正式银行系统的信心。在检测结果中尽管银行主导型金融系统与明确的存款保险之间的相关不显著，但有明确存款保险的国家更倾向于银行主导的金融系统，较少的可能为市场主导的金融系统，在考虑了人均 GDP 的因素以后，市场主导型的金融系统和存款保险之间呈负相关。

3. 宏观环境。宏观经济中的通货膨胀使经济更可能有不发达的金融系统，而与银行主导型或者市场主导型的金融系统无关。宏观经济的非稳定会扭曲金融合约，通货膨胀会产生较小的、不活跃的并且无效率的银行或市场，在控制了人均 GDP 之后，通货膨胀与金融系统不发达之间呈正相关。上述不同模式产生原因的分析为解释不同的金融系统提供了启示，并有更多学者沿着这一思路进行研究。

2.2 金融系统的法律解释与福利含义

法律与金融是近期解释金融系统的一个重要理论，以 LLSV（1998，1999，2002）为代表的研究从公司治理开始，研究了上市公司的所有权集中度、资本市场深度和广度，获得外部融资的途径方面存在的差异。这些差异的一个共同因素解释就是投资者保护，而投资者保护的差异又由于法律起源不一样，执法力度不一样。LLSV的创新之处是相比传统的以银行为导向和以市场为导向划分金融系统的方法，法律方面是一个更为有效的视角，或者说在解释各国金融系统的选择问题时，从法律方面找到了因果关系。

2.2.1 金融系统的投资者保护理论

对全球范围的金融系统研究规律来看，外部投资者受法律保护的程度，从实证的角度看，解释了不同国家金融系统的差异，这些差异包括资本市场的深度与广度、发行新证券的速度、公司财产以及资源配置的效率，法律系统对股票以及债权人保护"是理解不同金融系统的核心"（LLSV，1998）。

投资者进行投资时都期望可以从自己的投资行为中获得更多的回报，投资者期望的回报取决于他们在投资行为中面对的风险。证券的价值主要体现在投票权和得到现金流的权利，证券就给投资者带来了信息不对称问题，与外部投资者相比，证券发行人拥有更多的信息。一旦处于小股东的地位，投资者就会面对经理或控股股东的侵权。侵权意味着内部人用公司的利润使自己获益，而不是返还给外部投资者，侵权行为妨碍了金融系统的发展，如何限制这一行为的关键是通过法律保护外部投资者。尽管融资数量的影响因素很多，但理解为什么不同国家的巨大差异时，法律及其执行更重要，相比公司的其他利益相关者而言，外部投资者更容易受侵犯。LLSV进一步分析，是什么因素决定了各种参与者的控制权？或外部投资者受侵犯的程度？法规及其他实施效果塑造了这些权利，当这些规则得到普及并很好执行时，投资者就愿意向公司投资，如果法规不保护外部投资者，外部融资将受到影响。

LLSV研究了49个国家法律对中小股东和债权人的保护。在分析各国法律保护区别时，他们按照法律传统对这些国家进行分类，包括普通性、法国民法、德国民法以及斯堪的纳维亚法。衡量指标"反董事权利"作为衡量各国对小股东法律保护水平的方法。这一指标包括下列因素：(1)邮寄代理投票的能力；(2)不要求代理投票前必须寄存股票；(3)累积投票选举董事的可能；(4)存在防止董事可能欺压小股东的法律机制；(5)新股东发行的优先购买权；(6)召开临时股东大会所管的股本比例是否等于或低于10%。按照这六个指标得到的证据表明：普通法国家的投资者保护机制比民法国家要强大得多，而且这一趋势与一国的人均GDP无关。

LLSV接着分析了各国债权人权利的区别，他们使用几个指标来衡量对债权人保护的程度：(1)不能自动留置资产；(2)有担保的债权人是否在重组过程中获得贷款抵押资产；(3)部分经理人是否可以未经债权人同意而通过单方面重组以获得源自债权人的保护；(4)当重组悬而未决时，经理人是否仍掌握公司的控制权。考虑了这四个指标以后得出结论，法国民法提供了较低的法律保护，普通法国家为债权人提供了较高的法律保护。

这一结论指出了法律保护外部投资者的程度随法律渊源的差异而变化，对外部投资者，不论是股东或是债权人的保护，习惯法国家最强，而法国民法国家最弱。德国民法国家居于中间,并且对债权人的保护最强,斯堪的纳维亚的法律传统与德国相似。较准确的概念是有些国家对所有外部投资者的保护比其他国家要好,而不是有些国家保护股东,有些国家保护债权人。

法律保护措施是否会在事实上起作用取决于执法的水平,LLSV(1998)使用了一系列指标。首先,德国民法国家的执法水平最高,其次是普通法国家,水平最低的是法国民法国家。在回归模型中控制了人均 GNP 对数后,与普通法国家相比,所有的法国和德国民法法系国家执法水平普遍较弱。

LLSV 考查了所有权集中的情况,对于每个样本国都包括了该国的10家非金融公开上市公司。他们假设投资者保护较弱时,集中程度较高的所有权作为监控经理的一种替代机制。所有权集中最高的是法国民法国家,德国民法国家集中程度最低。如果把解释变量作为法系,所有权集中程度作为因变量,法国民法法系国家所有权集中程度明显较高。

拉·波塔、洛佩兹·德·西拉内斯和施莱弗(LLS,1999)进一步发展了对所有权集中程度的研究,分析了27个发达国家控股股东泛滥的现象,对每一个考虑国家,把样本扩大到了20个公开上市公司的所有权结构。把27个样本国分为高于股东保护中位水平的12个国家,等于或低于股东保护中位水平的15个国家,结论为公开持股的公司在董事权利少数较高的国家更普遍,股权的分散带来较好的投资者保护。这一结论支持了 LLSV(1997)关于投资者保护与资本市场行为之间的关系,LLSV 在 1997 年的 49 个国家样本中,与法国民法法系国家相比,普通国家在外资股权融资方面得分较高,在关注中小投资者保护时,反董事权利水平较高的国家外部股权融资水平也较高。

作为间接检验投资者保护重要性的一个标准,LLSV(2000)考察了 33 个国家的公司派发红利的情况以确定对中小股东提供法律保护的重要性。他们发现,普通法国家,对中小股东提供更好的法律保护,平均红利发放水平远高于民法国家,原因是当小股东要求并实现派发红利时公司会派发红利。进一步指出,在普通法国家高速增长的公司派发红利的水平低于增长缓慢的公司,如果把公司红利派发水平作为因变量对模型进行评估,那么民法系国家的公司和投资者保护较低的公司派发红利水平较低,这一结论的含义为投资者法律保护水平对于红利政策与其他公司决策同样重要。

投资者保护对公司的市场价值也有重要影响,布莱克(Black,2001)考查了俄罗斯的样本。俄罗斯作为缺少良好的公司治理结构来保护投资者的国家,布莱克分析了 1999 年以来 16 家俄罗斯公司红利的小样本。第一步:他得到了所有公司的治理水平排名,而公司治理排名由信息披露水平、新股发行、资产剥离、转移定价以及通过兼并重组来稀释股份进行衡量。第二步:得到所有公司真实市值与它们在西方发达资本市场上潜在的市值比率,这一比率称为价值比率,结论为价值比率的自然对数与公司治理排名之间有很好的关联度;资产、生产能力和税收等系数只能粗略衡量公司的潜在价值,获得高的评估价值的公司可能有低的有形资产或销售量。布莱克得到的结论是中小投资者保护好的企业,有好的公司治理保护,从而有高的市场价值,从而分析中小投资者保护与金融发展之间有强的相关性。

2.2.2 投资者保护的福利经济含义

投资者保护可以在几个方面显现其重要性,首先,按前面投资者保护的分析,企业的资本结构直接与投资者保护有关,不同法系的投资者保护程度不同;其次,投资者保护的差异影响企业资本结构的实际效果是,导致了不同法系的国家选择了不同的金融系统模式,以资本市场为导向还是以银行为导向;最后,投资者保护如何影响资源的配置效果,从而影响产出率与经济增长,换言之,其福利经济含义是什么?

(一)投资者保护与资本结构模式

对投资者的侵权行为,特别是对中小投资者的侵权,与公司的资本结构密切相关。如果一个公司控制权集中,而对投资者的保护很差时,侵权在很大程度上是可行的,这时控制权就能获得很大的价值,这一价值称为控制权的私人收益(private benefits),并且占据公司价值的很大部分。这一背景下,控制权的配置变得至关重要,Grossman 和 Hart(1988)考察了公司内投票权和现金流权的最优配置。当投资者保护缺乏时,创建公司的业主不想分散控制权从而放弃对公司的控制,其动机是当外部投资者的重大侵权需要保密时,与其他股东分享控制权将妨碍侵权(LLS,1999),投资者保护很差的情况下,大股东发现保持支配地位的控制权更有利可图。过于分散控制权,公司在合并重组时就失去了"私人利益"。基于这一分析的资本结构理论是:在投资者保护很差时,在几个大的投资者中间分散控制权,可以约束侵权行为。在不存在单一股东的情况下,大股东的联合可以要求具有足够的现金流,选择分配红利。LLSV(1999)的结论是对股东保护较差的国家更需要较高的现金流权作为一种对侵权的约束。

(二) 投资者保护与资本市场发展

研究法律的最基本目的就是为了论证投资者保护促进了资本市场的发展,投资者在受到保障不受侵权时,就会倾向于购买更多的证券,从而进一步促进发行证券,不论是债权人还是股东。债权人的权利保护鼓励借贷的发展,而债权人的保护又分为支持银行借贷和市场债贷的发展,股东权利保护促进证券市场的发展,提高了上市公司的价值,上市公司的数量以及上市公司的比率(即IPO首次公开发行上市公司比率)。

Johnson(1999)研究了投资者保护与金融危机之间的关系。在投资者保护较差的国家,只要内部人看好前景并继续融资,他们就会改变投资者保护;一旦公司宏观经济前景恶化,内部人就倾向于侵权,而外部投资者在缺乏保护的情况下,并不能阻止这一状况发生。侵权导致了证券价格下跌,而投资者保护较差的国家更甚。Johnson等对1997~1998年亚洲金融危机期间的25个国家或地区的货币贬值与股票市场收缩进行了研究,发现投资者保护指数和法律实施效果,是资本市场收缩的预示器,比宏观经济变量更好地解释了市场的横截后收缩。

债权人保护较好的国家或地区是否倾向于发展以中介为导向的金融系统呢?莱文(Levine,1999)使用1960年到1989年间27个国家或地区的样本,考察了一国内部法律保护与金融中介之间的关系。莱文把金融中介作为因变量,评估了一系列的回归模型，对于每一个模型，把债权人权利作为解释变量并控制人均收入率，结论为高水平的债权人保护与高水平金融中介发展有显著的相关性。然后重新评估他人模型，使用风险评估作为解释变量，即政府可能改变合同义务而不是注重债权人保护，即较低的合同风险与较高的金融中介之间有显著的正相关。莱文进一步考察了样本国金融中介发展与实际人均 GDP 的整体增长之间的关系，把实际人物 GDP 增长作为因变量，把金融中介发展作为解释变量，二者在统计上有显著的正相关，结论为：推进金融中介发展的法律和监管变革会给长期增长带来发展。

（三）投资者保护的福利经济含义

投资者保护是如何作用于实体经济并改进经济福利的呢？这一研究的结论是，金融发展优化了资源配置，投资者保护正是通过这一渠道对产出和增长作出了贡献。

金融通过增加储蓄、引入投资促进资本积累、改进资源配置效率，金融发展与经济增长之间关系积累了大量的文献，其中一些研究了法律渊源的影响。马奥尼（Mahoney，2001）提出了普通法国家与经济增长的关系，他发现普通法国家与民法国家都保证了合同与财产权的实施。但是，普通法国家具有政治权力分流的特点，政府的分权反过来又保护了这些权力不受政府的侵害。为了说明法律渊源与经济增长的关系，马奥尼进行了 OLS 回归分析，把样本里 102 个国家的实际人物 GDP 平均年度增长率（1960~1992）作为因变量，用一个虚拟变量来说明这个国家是否从普通法传统发展而来，结果显示，相对于非普通法国家，普通法系国家能使实际人均 GDP 增长率每年增加 0.71%。

Demirgue-Kunt 与 Maksimovic（简称 DM）1998 年检验了如下假设，发展良好的资本市场以及投资者保护会导致公司经常借助外部市场来筹措资金。他们发现，能够进行内部融资的公司不受外部融资方式存在的影响，而那些必须借助外部融资以实现增长的公司才会面对无力获得盈利性的投资机会。DM 比较了不同法律、不同资本市场发展水平的国家之间可能的最大增长，或是比较了有限的外部融资所观察到的实际增长之间的关系。DM 的样本包括 30 个发达与不发达国家的公司，其中 24 个国家及大多数公司的增长水平超过了只有内部融资的增长水平，这说明外部融资提高了经济增长水平，具有较高的法律秩序得分具有较高的增长速度，通过一个规范的法律环境引导资源向需要外部融资的公司配置。

沃格勒（Wurgler, 2000）通过实证分析，证明了良好的投资者保护机制对全社会的资源配置效率有显著的改进。沃格勒考察了 65 个市场经济国家，发展了一种衡量特定行业投资增长的方法以及一种衡量特定行业投资增长数量的方法，对每一个国家作了回归，考察解释变量作为投资机会，被解释变量作为投资增长的关系，然后把模型里的弹性系数作为衡量一国把资源快速配置到有增长机会行业的能力，支持了资本市场发达的国家能更好地利用投资机会。如果进一步把弹性系数作为因变量，把 LLSV 的小股东和债权人保护作为解释变量，那么法律保护和投资弹性之间存在一种显著的正相关关系，特别重要的是良好的法律保护阻止了对下滑行业进行更多的投资，这一结论合乎逻辑的推论是：投资者保护好的国家，中小投资者有更大的能力来施加压力，保证具有效率的投资，阻止无效的重复投资，提高了整个国家的福利水平。

约翰逊（Johnson 等，2000）研究了东南亚爆发的金融危机与公司治理、投资者保护的联系，是否公司治理较差、投资者保护较弱的国家金融危机更严重？他们建立了一个公司经理侵害公司资源动因的模型，经理权衡把资源保留在公司内部的收益与侵害的成本。这个模型的最大发现是，投资的预期收益足够高时，经理合理地把资本留在公司内部；一旦预期收益下降，经理会倾向于侵害资产。这一结论的意义是经济低速，甚至是经济、金融危机时，投资者的法律保护更加重要，它的福利含义是，经理侵害的资产并未投入到其他收益相同或更高的行业，而可能消耗了这些资产。反之，如果投入到了相同收益的行业，则金融危机就不会影响经理的行为。这对全社会来讲，如果对经理的约束不力，缺乏对投资者的保护，在投资收益预期发生变化时，会发生资源的转移行为，而这一资源转移是资源的一种流失，是以全社会的福利损失为代价的。

黄克、杨和余（2000）考察了在同一经济内股价同步变动的程度，认为股票价格变动越具有同步性，所反映的公司信息就越少，而股票市场价格的同步性与一国人均GDP明显负相关。其方法是把股票价格同步性的各项指标作为因变量，进行回归分析，人均GDP的对数与同步性呈显著的负相关。如何解释呢？投资者的良好法律保护说明了同步性水平较低，较弱的法律保护减少了盈利者研究公司具体信息的动因，使跟风交易创造了空间，从而导致了股票价格相关性更强的变动。如果在解释变量中加入政府质量指标，那么模型显示良好的政府质量与同步性呈显著负相关，原因是良好的政府有助于投资者保护。

综上所述，对投资者更好的法律保护使外部融资有更大的发展，促使外部融资增加，公司利用投资机会的能力增加，抗拒经济危机的能力增强，使全社会的经济福利增加。

2.2.3 金融系统法律解释的质疑

基于上述的分析，法律制度不仅外生性地决定了国家的金融系统及其绩效，其产生的影响还取决于该制度是从哪个国家移植过来的，从法国移植了法律的国家，或是从英国移植了法律的国家，一定与它们具有相同的金融系统或绩效吗？如果不是，又是什么原因在决定呢？在美国研究法律同时也研究经济的学者中也有人认为"法律并非重要（Law is trivial, Black, 1990）"[①]。LLSV 及相关的研究证明了对小股东与债权人的法律保护与资本市场的规模、控股股东的缺失、更多的红利分配等之间的关系，但有一点尚不清楚，造成这种联系的原因，即因果关系，如果是高水平的金融发展促进了法律的制定和好的投资者保护，则因果关系可能倒置了，这一问题如何解释。下面就从法律移植的效果以及因果关系分析讨论法律与金融系统解释的质疑。

（一）法律移植的条件

哥伦比亚大学法学院的卡塔琳娜·皮斯托（K. Pistor, 2001, 2002）对法律制度起源的重要性持怀疑态度，她的重要观点是，由于法律是不完备的，应根据各移植国的国情、

---

① Law in trivial 并不代表 Black 的观点，着重代表一部分既研究经济又研究法律的美国学者的观点，Black 仅仅是评述此观点。

习俗不断进行适应和演进。研究的主要着眼点放在法律的移植过程，而不是法律的起源。已经拥有法律秩序的国家在接受了法律移植以后，是否适应本国的国情，或移植的法律是否是该国已经适应了的原则，这两个因素是决定移植效果的主要因素，如果满足这两个条件，法律的移植就会发挥好的效果。如果情况相反，没有依照本国的背景引进法律制度，被移植的国家不适应该法律体系，那么对法律的需求就不太重要，效果与法律的起源就会相差很大，也与移植较快的国家有距离。Pistor 等人按法律移植的效果将 LLSV 的 49 个国家分为两类：一类是进行了接受性移植的国家，一类是非接受性移植的国家。在对法律的移植进行分类的基础上，提出了法律执行的效率相关的指数——合法性指标，并将这些指数作为解释变量，检验法律制度的起源与移植效果哪一个更大。结果显示，移植了法国法的国家和非接受性移植的国家，对合法性指标产生了负的影响，但移植效果的影响更甚，作为法律执行效率的决定因素，法律制度的移植过程比法律起源更重要。这说明原来以研究法律起源为出发点，研究法律起源与金融系统的关系，需要进行修改，如果考虑到法律的移植及其效果，比之法律起源更重要。

　　为了进一步解释为什么有的国家对法律的移植适应性强，而有的国家不能很好地适应，Pistor（2002）进一步将法律制度移植国与法律制度起源国进行比较，分析移植国法律制度的演进过程。以六个国家为样本，对西班牙、智利、哥伦比亚、以色列、马来西亚以及日本的公司法的演进与起源国进行了分析，发现无论移植国的制度起源于哪个国家，都发生了与起源国极其迥异的演进形式，英、法、德、美等公司法起源中，不管各自的法律制度有何差别，演进缓慢且持续，最终有相当大的改变；而接受法律移植的国家中，尽管社会经济发生了改变，但法律制度却很少改变。尽管所有国家最终都对本国的法律进行了改革，但法律在移植以后并非马上就适用，或自发地演进。

（二）法律是重要的质疑

用法律来解释金融系统发展的因果关系，并非对所有的国家都适应，谢菲斯（Choffins，2000）提出，英国并非是这样。为什么？他提出，英国与美国是代表公司所有权分散的典型例子，但英国的法律没有促使公众公司的设立，直到20世纪，在伦敦股票交易所上市的企业才显著增加，其原因是英国的法律在20世纪前期大多数时间没有为中小投资者提供很好的保护，而提供保护的是法律的替代，即签订私人合同，伦敦股票交易所就是通过与上市公司提供私人合同为中小投资者提供保护。因此，谢菲斯认为在英国提供投资者保护的主要是私人合同，而非法律，当然这在一定时期是成立的。

科菲（Coffee，2000）则质疑法律渊源与金融发展之间的因素关系，他认为这个因果关系是颠倒的，很多历史证据表明法律发展一直是跟随金融发展，而不是法律起源决定了金融发展模式。科菲提出了证据，欧洲正大力发展的股权文化并没有伴随法律改革，或采取普通法行为以有利于发展资本市场。在19世纪末，英国、美国都没有为中小投资者提供法律保护，美国的个人控制权收益也很大，但它们都发展了具备深度和流动性的证券市场。科菲解释这一现象的原因是资本的需求，比如铁路的修建，成为金融变革，或者是促进资本市场的推进因素，为了保证吸引到国外的资本,通过建立自己的声誉以使投资者获得信心,提供上市标准来促进投资者,通过自我监管来保护投资者。

科菲(Coffee,1999)还认为,LLSV 把注意力放在法律对小股东的保护方面,而且强调了普通法与民法国家之间的差别。科菲则注意到了目前普通法国家之间的差异,英国、美国都为普通法国家,但是它们保护投资者的法律实施机制不一样。捷克与波兰同属于德国民法体系,但波兰的证券监管措施比捷克要严厉得多,欧洲的许多发行人选择的自然披露水平比法律制定的标准更高,因此科菲质疑 LLSV 强调的法律条款对投资者来说并非最重要的。

上述分析的结论是,统计数据支持的普通法的法律制度和民法的法律制度导致了金融系统的不同发展模式,但因果关系尚存在完全不同的观点,法律环境与金融系统之间的关系也许事实上在因果关系的问题上不是一致的,法律对金融系统的影响远比 LLSV 的结论要复杂得多,同时法律是重要的并非为所有的人所接受。

2.3 金融系统的政治经济学解释与福利含义

以 LLSV 为代表的学者创造性地提出,一个国家的法律传统可能会对一个国家的金融系统产生因果影响,不同的法律起源、不同的移植效果对一个国家的金融系统模式产生具有决定性的影响,用法律、投资者保护来解释金融系统的演进与发展。

然而,基于法律来解释金融系统发展差异的不足是显而易见的,这种观点认为不同的法律起源导致了不同导向的金融系统,也就是法律与金融系统有因果关系,一旦法律的起源确定,并且稳定,那么金融系统的模式也就稳定了。这一观点很难解释拉詹与津加莱斯(Rajan,Zingales,2000)、罗伊(M. Roe)的发现,20世纪的历史数据表明,金融结构的数值是变化的,金融系统的模式也发生了某种变化。1913年,法国股票市值占GDP的份额几乎是美国的2倍(0.78:0.41),到了1980年,情况发生了逆转,这一比率还不到美国的四分之一(0.09:0.46),而到了1999年法国与美国的比例变为1.17:0.52。

Tilly(1992)发现,德国在20世纪初的市场发行量及股权的发行比例都要高于当时的英国,德国的银行和股东对于大多数上市公司的财务状况通常比较了解;而英国的投资者们偏好固定利率的证券表明,他们缺乏信息而且对于公司的发起人和内部人的经营缺乏财务上的控制。LLSV(1998)发现,在20世纪90年代中期,英国及其他的习惯法系国家在股东权利上得分很高,而德国则相当低;在信息披露方面,英国得78分,而法国只有62分,因此他仍认为英国比法国的投资者保护更好,这一结论也合乎逻辑地导致了两国股票市值占GDP的不同上,但这一结论在历史上并不一直如此。

拉詹与津加莱斯还发现,就全世界而言,资本市场的发展在第一次世界大战以前达到顶峰,之后一直到第二次世界大战的相当长时间内处于下滑阶段,但到21世纪之前又回升到了一个新的高峰。20世纪的金融史说明,全球的金融系统也经历了一个大的变动,除了法律起源和投资者保护以外,还有什么其他重要因素影响金融系统演化与发展呢?拉詹与津加莱斯认为是政治力量。政治力量的影响并不让人奇怪,因为不存在不受政治影响的经济领域,需

第二章 金融系统的理论发展与福利经济分析框架

要的是找出相应的影响金融系统演化的政治势力的变量,并考查这些变量是如何影响金融系统的。

2.3.1 金融系统演进的历史:20世纪回顾

20世纪金融系统的变迁,包括跨国的变化或跨时的变化,而测量的指标是需要外部融资的公司得到这些资金的难易程度和投资者得到充分回报的难易程度。通常是计算金融系统中存款与资本市场总额占 GDP 的比例,这一指标反映了不同国家金融系统的特征。

(一)银行部门的演变

用存款数据占 GDP 的比例作为衡量银行部门的发展指标,由于这一比例只考虑银行的负债方,忽视了银行资产构成的差异。这一差异的结果是在用存款占 GDP 的比例来考查金融系统时,低估了银行在信贷市场上的重要性,这导致了在评估金融系统时需要修正。许多国家 1913 年的存款与 GDP 比率和 1998 年相近,在第二次世界大战以后,这一比例逐渐回升,并回升到了 1913 年时的水平。只有日本是例外,1913 年存款占 GDP 为 19%,而 1998 年则为 111%。这一比例的意义是如果把存款占 GDP 的比率作为金融发展的一个指标,那么也经历了一个 U 形的发展轨迹。

(二)资本市场的演变

衡量资本市场发展的一个重要指标是股票发行筹资的数量,这一指标显示,几乎每个样本国,1913 年的股票发行为公司融资,是比现在更重要的来源,德国、比利时与俄罗斯等国比在美国更加重要,这表明当时的欧洲大陆资本市场和美国资本市场一样发达。在第一次世界大战以后,股票发行仍然重要,成为公司筹集资金的一个重要手段,这一现象一直持续到第二次世界大战以后才发生转变。

从流通市值看,大多数国家1913年的股票市场要相对大于1980年①,到20世纪90年代末才超过1913年的水平。而在第二次世界大战以前,英、美两国的资本市场市值与欧洲大陆是没有太大的区别,第二次世界大战以后,欧洲大陆的发展不是通过市场融资。

衡量股票市场的另一个重要指标是上市公司数量的变化,大多数国家每百万人口的上市数量在1913年要多于1980年,直到20世纪90年代末才超过1913年的水平。其中有两个极端的国家,1980年德国每百万人的上市公司数量是1913年的1/2,而美国1980年的数量是1913年的8倍。

以上一组数据说明了在过去的一个世纪里,金融发展并非是渐进的,金融系统的模式发生了某种程度的变化,以下从几个方面解释政治力量如何影响这种变化。

2.3.2 影响金融系统的政治因素

什么因素能够解释资本市场重要性在20世纪的转变,而且这种转变在一些国家比另一些国家更显著,这种差异是何种力量决定的。20世纪的金融历史表明,金融的发展并非在所有时期都是受鼓励的,那么又是什么力量影响了金融的发展呢?为什么政府在许多情况下满足于不发达的金融系统?Roe等作出了政治经济学解释。

(一) 金融垄断者的优势

金融系统的发展,特别是向市场导向的转变,与对既

---

① 相对大于是指百分比的概念,若从绝对值上讲,当然1980年要大于1913年的水平。

得利益者形成的挑战有关,为了维护这一垄断权力,金融不发达更有利。不发达的金融系统有许多特征,其中信息披露水平低、金融契约难以执行,而规章制度更是为少数人服务。这样的金融系统使融资变得不顺畅,一个只有人力资本而没有抵押的人无法获得资金,而资金只会流向既得利益者,他们有能力担保投入的资金得到偿还。因此,资金进一步向有产者或有权者配置。

垄断金融的权力除了使融资变得有利以外,还可以阻止不利的竞争发生。控制了融资就控制了经济活动,比通过立法来控制经济受到较少的阻力,这是用政治力量比法律解释金融更有说服力的论据之一。控制金融对企业家、金融家来说,这是最方便的手段之一,同时也可以确保经济中的其他方面的垄断地位,阻止竞争的发生,确保垄断获得超额利润。

如果金融系统进一步发展,可能威胁到了这种垄断地位,使垄断者的超额利润消失。金融发展的一个标志是扩大了有限责任公司的许可范围,随着新公司的加入,行业的竞争越来越激烈,同时依赖于外部融资的新公司明显增多,客观上竞争的激烈有促进市场融资的倾向。除了租金损失以外,对金融控制权的潜在威胁,促使既得利益者倾向于控制市场融资,使资金流向加强他们的地位而不是削弱其地位的行业。而一旦失去了控制,使竞争得以产生,再实行控制就不容易了。因此,既得利益者反对金融发展,进而反对市场竞争,金融系统的市场化导向更缓慢。

(二)金融系统发展的推动力:帕累托改进

经济的既得利益者按上面的分析有强烈地阻止金融发展、使金融系统向市场竞争方面发展的倾向,但并非一直如此，在某种情况下会转变这一政策，采取鼓励竞争，推进以市场为导向的金融系统的政策，这一转变作何解释呢？

拉詹与津加莱斯的解释是，既得利益者别无选择，缺乏新的进入者和竞争，经济会变得低效，金融系统会因此而失灵，反过来影响了既得者的利益。金融政策的制定是在经济低效与金融竞争二者之间的权衡，两害相权取其轻的结果。

金融系统中竞争加剧并非对既得利益者完全没有益处，因为竞争的加剧也提供了某种形式的"机会"，是什么机会呢？尽管竞争加剧了，但他们在能力、资本以及关系上有足够的优势，可以利用拥有的巨大资源获得发展；竞争者的发展，也为他们的资本找到了更多的投资机会，因而这是一个帕累托改进。19世纪中叶，运输成本的降低，使商品的市场份额急剧地扩大。发达的工业国家，比如当时的英国公司能够进入国际市场，促进了资本的流动，资本充足的国家通过投资流向资本缺乏的国家。这一推动力对金融系统的发展作用非同小可，直接产生了两个方面的变化：（1）促进不发达金融系统向发达金融系统转变，当权者放弃阻止金融发展的政策；（2）外国竞争者的加入，会促使市场化发展，透明度提高。

在不发达的金融系统中，贸易机会、资本流动使这些国家在开放贸易时就必须面临国外产业的竞争，当面临外部竞争压力时，国内的新进入者对垄断者的威胁就退居次要的地位。而当政策发生了逆转，即便是既得利益的垄断者，当国外的竞争者加入进来以后，垄断的市场就会变成竞争的市场。更进一步，如果本国的既得利益者在与国外的竞争中处于不利的地位，最好的选择就是迅速筹集必要的资金以应付国际竞争，扩大市场需求规模，甚至向国外融资，作为国内投资者的补充。此时，竞争推动了金融系统的发展。

随之而来的问题是，以何种方式发展金融系统？当外国投资者进入后，他们要求足够的透明度确保合约的执行，而原来国内融资方式的前提、借款人的信誉、长期的合作关系或者网络就难以为继了。金融发展的透明度要求有良好的会计准则、法律保护、信息披露等，同时也促进了本国金融的发展，而且是向市场导向发展。资本市场的开放与发展，使对市场的运转干预起来更困难。

（三）金融系统变化的政治因素：竞争与保险

1913年以后，全球金融系统发生了拉詹称之为"逆转"① 的变化，即市场的力量开始下降。1913~1950年间的两次世界大战以及经济大萧条，每一次的结果都导致了资本市场的收缩。尽管这里面有其他因素影响，尽管每一个国家的特定背景不一样，比如英、美市场受到的影响要小一些，但是从全球来看，资本市场在这期间总体收缩，银行发挥了更大的作用，这一结果是明显的，那么这一现象作何种解释呢？

市场竞争与保险，按前面的分析，新的竞争者的加入，资本市场的发展带来的好处是显而易见的。然而，竞争也会带来问题，竞争市场的良好运行是有前提条件的，不满足这些条件同样会损害效率。竞争性的资本市场的存在会破坏长期银企关系的存在，使银企之间彼此提供受益保障

---

① 《奥尔多投资评论》第一集，中国财政经济出版社2001年版，第77页。

的长期关系难以形成,并增加企业在困难时获得贷款的难度。

银企长期关系是一种双边的保险关系,企业在困难时如果能以此竞争性的市场利率低的水平获得贷款,那么企业在景气时会把较多的业务交给关系银行作为回报。当经济中契约的制定和执行系统不发达时,这种关系就变得至关重要,提供了契约不能提供的保险。但是,一旦存在一个发达的资本市场,竞争的加剧威胁到了这种保险,关系——而非契约以外的机会变得更大时,这种关系就变得脆弱了,此时对银行是不利的。问题的关键是关系建立在信任的基础上,而不是依赖于契约,资本市场的加入会破坏这种信任关系,跟企业之间依赖关系的保险就瓦解了。

竞争性市场的存在不仅使长期的银企关系难以维持,也使低效率者不能得到补贴,竞争使要素的投入成本上升,使剩余变少,引入竞争破坏了原有的保险,却没有创造社会福利。一旦经济发生衰退或社会动荡时,政治集团就会抑制市场竞争。

(四) 政府对金融的干预

当一个国家面临全球性经济衰退或者是战争的冲击时,其反应取决于各自的历史经历、政治构架。20世纪早期的竞争,导致了工业部门的过度投资,银行部门的过度放贷,以及股票市场的过度投机。当大萧条来临时,首要的干预是约束市场竞争的力量,这种限制包括来自外部的竞争,也包括来自内部的竞争,结果是用另外的方式代替市场配置资源。

首先是对国外竞争者的限制。开放国内市场是由于既得利益者看到了贸易的好处,现在出口市场既然不那么有吸引力，关闭商品的出口便是最容易的政策。限制国内竞争的措施是阻止新企业的进入，国内的现有企业在成功阻止了国外竞争者的同时，很容易与其他现有的企业达成某种联盟，而阻止国内进入者，最有效的办法是控制融资，因此政府的干预就自然转向金融市场与银行，政府为了使陷入混乱的金融系统恢复正常，控制便是有效的手段。

对金融的干预首先是扶持更少、更大的银行，并限制银行的竞争来对银行进行重组，但问题是如何拯救那些失败的银行呢？用纳税人的钱进行救助。这传递了一个信息：较差的经营决策不会受到惩罚，也不会让其破产或被重组，因此政府与银行博弈的均衡结果是：政府限制新进入者，阻止银行间的竞争使金融系统维持稳定；另一方面按政府的意愿贷款以换取经营权，政府就控制了银行的融资。

但这不是问题的全部。如果存在资本市场对新进入者进行融资并与银行系统公开竞争，那么这种银行系统便不存在了。因此对资本市场也要限制，并且是更严格的限制。除了竞争性的资本市场会损害银行的生存以外，资金通过银行系统流动较之通过资本市场政府更容易控制，而且更容易流向他们希望的方向。资本市场的一系列控制随之产生，如制定公开发行上市的苛刻条件、禁止公开上市以及禁止派发高额红利等。资本市场成为牺牲品，银行则从现有的业务中获得更多的利润。

从上面的分析我们可以得到一个基本的结论，经济或金融危机，不管是什么原因引起，总会导致资本市场的收缩、银行系统的集中。其根本原因在于，危机导致了个人的收入下降、企业的利润减少，进而造成人们对保障的需求增加，而只有政府才能重新配置资源，并且可以避开国际法则、关闭国际市场，建起阻碍国际竞争的壁垒；国内则约束资本市场的发展，对银行进行控制以引导资金的流向。因此金融系统发生了所谓的"逆转"，资本市场收缩，银行的作用加强。

2.3.3 资本结构的政治根源与福利经济含义

金融系统的演化，一方面体现在资本市场的发展或是银行系统的发展，另一方面体现在公司的资本结构特点，不同的资本结构体现了融资来源不一样。分散的所有权结构模式，往往用经济的原理加以解释，其背景是20世纪初新技术的使用使规模经济成为可能，公司的发展壮大所需的巨额资本只能通过出售股份给许多外部投资者。因而大的公众公司占支配地位，构成了金融系统的特点，如果仅从经济学的角度解释公司资本结构是不完全的，除了规模经济和分散化投资以外，政治因素在分析所有权方面起到了关键作用。在众多的限制背后，有两个主要的力量：反对私人权力集中以及利益集团的政治，而且这一政治环境排斥大规模融资，罗伊（Mark J. Roe, 1997）对此作了精辟的解释，论述了政治在影响资本结构方面的作用。

（一）资本结构的政治根源

政治因素决定了金融系统的形成，在决定金融系统的同时，决定了企业的融资模式或资本结构。从经济的角度看，技术的进步导致了巨大的规模经济，而规模经济意味着产量最高的企业资本需求也最大，资本从何而来呢？除了内源融资以外，再就是外部融资，而个人没有能力为企业提供足够的融资，最终必须从很多股东那里筹资，每个股东的股份相对于企业的总资产来说很小。由于20世纪初银行本身规模和规则的限制，能满足大企业庞大资金规模的金融机构不存在，股权融资最终使所有权分散。对于公司的创建者而言，股份在市场上出售也使其分散；兼并或者收购要依赖股市提供资金，随着在资本市场上的融资反复进行，最终变成了分散的资本结构。

资本结构的分散使所有权与控制权的分离被证明是有效的，优秀的管理者代替了无能的管理者，风险承担与风险管理的专业化意味着管理者不必拥有股份就能经营一个大企业。但是股票市场实行所有权与控制权的分离并非惟一的选择，银行、保险公司或其他金融机构同样能成为所有者。如果除股票市场以外的其他全国性的融资手段能够出现，今天美国的资本结构可能是另一幅图景，即股权不会如此分散。

20世纪初期，当美国大公司开始出现时，占据统治地位的金融机构没有持有大量股份，企业已形成了全国性的经营和全国性的市场，但银行则分地区经营，且不能持有股票。当企业的融资需求增加，企业并购浪潮来临时，只有少数几个银行来提供融资。什么原因呢？早在19世纪末就对银行作了限制规定，继而是20世纪初对保险公司的限制规定。随着新政的实施，进一步强化了固有的资本结构。自19世纪初开始，美国的银行系统与其他工业化国家不一样，由高度分散化的、缺乏大量分支机构的小银行构成，每个州只给本州的银行发牌照，而国会拒绝给政治上强大的地方银行更广泛的全国经营权。

为什么美国的银行系统沿着一条分散化的道路发展，这可以由政治方面的差异来解释。美国大多数国会议员与他们参选州联系紧密，因此保持银行的小规模、地区性符合他们的利益,每个州的银行家都是本州有影响的人物,通过本州的国会议员而影响国会,最终,国会选择了扶持小银行,利用存款保险和其他措施使它们有能力与较大银行竞争,银行系统分散了。

不同的政治构架产生不同的结果,日本由于不具备美国那样的开放的政治体制,利益集团的形成也不同于美国,因此当日本银行系统在面临一系列失败时,日本把规模小的银行合并成大的银行,逐渐向主银行制度演变。在美国使银行保持小规模、分散化的时候,而日本则合并成更大的规模,由于有足够的金融实力在大多数企业中持有股份,同时保险公司也大量购买企业的股份,因此日本最终形成了企业与金融机构交叉持股的格局。

综上所述,美国公司的资本结构分散化,融资更倾向于资本市场,原因是银行的高度分散化,至少在20世纪中期以前是这样,不能单独为企业的扩张提供资金,分散银行系统产生的原因是美国的政治制度,地方的利益通过国会鼓励分散的银行系统,不支持全国性的大银行。

(二)政治对机构投资者的影响

政治因素除了影响资本市场与银行以外,是否也影响机构投资者呢?答案是一定的,但不是对所有机构投资者都产生一样的影响。

在20世纪初,银行并不是惟一的金融机构。在养老基金与共同基金兴起以前,保险公司是最主要的金融机构。保险公司没有受到政治的影响,在银行的经营受到约束时,保险公司并没有受到约束,体现在规模上有的保险公司比银行要大,保险公司可以承销证券,可以购买银行的股票或公司的股票组合以控制风险。当时的保险公司已经是一个能与银行竞争的金融机构,当政治干预从 20 世纪初开始以后,保险公司不允许持有股票、承销股票或控制银行,这一限制直到 20 世纪 80 年代。因此,今天的保险公司持有的股票数在机构投资者中排在第三位。

共同基金与养老基金是最大的机构投资者,在机构持有的股份中占有大部分,而且预计管理的金融资产还会增加,虽然也受到政治影响,但并不像银行与保险公司那样,不是直接而严格的。共同基金在资产组合上受到了限制,不能超过某一比例持有公司的资产,并且不能对董事会施加影响。小额的比例带来的结果是机构在公司治理上发挥作用意义不大,从而限制了基金的权限。养老基金并没有明确规定禁止持股,但不能偏离主要业务从而承担大的风险,而相对分散的持股和小额持股不至于引起大的风险,因此共同基金与养老基金很少持有大公司的大份额股份。

(三)资本结构的福利经济含义

政治因素影响了资本结构,分散资本结构对应的金融系统特征是银行与其他金融机构更小也更弱;假如是更大或更强的金融机构对企业可能具有更大的所有权份额,较大的机构能以较低的成本持有较大的份额。反过来分散的资本结构也同样履行了所有权的职能,因此这种替代是有效的,如果认为美国的政治构架是引起资本结构的根源,那么目前的资本结构是否比没有被选择的更有效呢?这一现象的福利经济含义又是什么?要回答这一问题必须首先比较成本。

当政治构架确定以后,金融系统、资本结构可以适应这一构架,但适应仍然是有成本的,与之比较试验新的金融结构成本如何呢?如果建立新的结构,必须做许多实验,必定存在试错的成本,而试错的成本可能有高昂的代价,金融结构适应政治构架是成本最小的途径。有证据表明①，当政治因素推动重组时，公司的股价开始下跌。原因是公司的资本结构与治理结构可能发生改变，公司面临着一次试验的选择，为了规避风险，公司股票就会下跌。虽然不能断言适应是零成本，但适应的成本要小于金融试验的成本。

适应的成本不为零，如何衡量这一成本呢？这一成本主要表现在现有的资本结构条件下，治理的替代造成的缺乏效率，不断发生的一些治理成本，并且这一成本是持续的。这一持续成本要体现在监督和信息上。

为什么要监督？所有权与控制权的分离使经理的激励和可靠度弱化，大股东的代表有激励去实施有效的监督。当资本投入少时，监督的成本很低，因为在这种情况下，经理不能使公司的股份价值增长或公司的成长性足够高，将无法筹集到足够的资本并最终被淘汰。如果面对的是非竞争的市场，且行业的增长机会少，经理就在某种程度上免受资本市场的压力，即使没有有效利用资本市场，或者决策失误也不会被解雇。对管理者好的监督可以增强产品市场的竞争力，提高市场的绩效，要使监督有效，好的治理结构必不可少。

考察单个公司资本结构的不同，主要看是否有大股东或者分散的股东的绩效，出发点是成本比较，如果上升到金融系统结果如何呢？美国的金融系统是分散的股权结构，

---

① 这一证据是 Roe 以美国资本市场为样本得到的结论，不一定适合于其他国家，尤其不适合中国，因为中国股价会上涨，原因另当别论。

德国、日本是集中持股，银行和金融机构是大股东。分散式的股权结构的主要优点是灵活，当大型组织结构不再有效时，就会设立新的企业与旧企业相竞争，设立新企业可以在资本市场上迅速筹集所需要的资本，通过竞争提高了效率，并且这一提高有可能是跳跃式的，活跃的风险投资与资本市场能迅速帮助企业建立全新的组织。

大股东持股的好处是能为已成立的公司提供有力的承诺，帮助它们在现有的技术下取得稳定的进步，可以降低外部投资者面临的信息成本和监督成本，企业在困难的情况下可以实现其投资计划。但是投资者似乎不愿意向新企业投资，因为新企业将与原有企业竞争，而原有企业它们是大股东，这就是症结所在。这种比较的福利含义是什么呢？因为两种形式都有缺陷，如果一国鼓励不同的资本结构形式竞争可能是最好的结果，混合的资本结构会使企业对现有的产业和新产业作出更有效的投资，二者的竞争、产品市场的竞争有助于将股东的利益和管理者的利益相联系，企业的生存要靠产品市场的竞争力。

股票不断从个人向机构转移是现代金融结构的特点，个人不是直接持有股票而是通过金融机构间接持股，现代金融中介理论对这一现象有系统的论述，特别是莫顿和桑托美罗。但 Roe 用政治对所有权结构解释，是金融对政治的另一种适应；也可以理解为股权的集中受到限制以后，以另一种方式寻求替代，但这不意味着公司的所有权必须向机构集中，过于集中的机构所有者也会产生缺陷，可能会制造利益冲突，导致企业管理者的自我保护，使创新的动力减弱，并且增加政府政治干预的可能性。

2.3.4 金融系统政治经济学解释的局限

政治因素可以影响金融发展和金融系统的演变,比起其他的经济变量和法律制度,更好地解释了金融系统的形成以及变化,这种变化莱文称之为逆转。政治解释的主要观点是,竞争的产品市场和开放的资本市场,政治对金融系统的影响最大,而且金融的发展与产品市场的竞争和资本市场开放正相关,反对市场的能力取决于这个国家的计划集中程度。这一解释也有局限性,表现为:我们是否以上述的变量衡量金融发展;与法律一样是否出现因果倒置的问题;引起政策变化的原因是内生还是外生变量。

(一)局限与疏漏

资本市场筹集的资金总量或竞争性银行提供的信贷量可以用来衡量金融发展,但银行系统的竞争度不容易检验,容易得到的数据是银行存款。如果银行系统集中并且为银行利益服务,或者集中性的银行无效益,那么用银行发展来衡量金融系统发展就不准确。为此,用资本市场的规模发展似乎更为科学,资本市场只有在金融基础环境得到发展以后才会出现,而银行系统不依赖基础环境也能生存和发展。若以资本市场发展作为衡量金融发展的指标,又有一个问题需要解决,是用资本市场的存量总市值还是流量融资额作为选择变量,由于股票市值与股票融资之间几乎没有相关性,衡量资本市场的发展用流量衡量更合适。

政治因素与金融发展之间的关系按上述分析的逻辑,一国的政治构架影响了一国的金融系统的发展,但是这里是否有因果倒置的问题呢?不是所有的政治影响因素因果倒置,但在某些方面可能出现因果倒置,其中金融的开放问题可能如此。前面已论述,向外国投资者开放可能影响金融发展、金融系统的结构变化。实际情况是当一个国家的金融业高度发达时，国外的投资者会选择对其投资或从这一国融资，因此跨国的资本流量就不能衡量开放程度，它可能与金融发展是直接相关的，或可能出现因果倒置的问题。商品贸易，也会增加资本市场的交易，其途径通过在资本市场上筹资为进口商品融资，故资本市场的交易量和贸易量之间可能存在一种直接联系，如果仅用国内股票发行的流量来衡量就排除了贸易量增加对资本市场的影响。此外，商品贸易可以刺激国内资本市场的流动性的观点，在过去是重要的，但在工业发达的时代不具备突出的重要性，资本市场越发达影响越小。

内生性原因。一国开放市场或封闭市场的决定是一个政治问题，但政治如何影响决策呢？决定原因是开放中获利或受损的各部门的相对强弱，如果产业部门的既得利益者是高效的，资本是充裕的，他们就希望开放贸易，由于企业的效率高，不惧怕国外竞争，所以会欢迎金融部门发展，虽然开放贸易与金融部门发展都是由政治决定的，但开放不一定直接影响后者，这可以引进新的变量来修正，比如产业的效率变量，人均工业产值。

（二）启示与意义

用政治因素来解释金融系统的一个主要理由是既得利益者通过延缓资本市场的发展以抑制国内融资竞争的动机，其作用在贸易和资本流动开放时减弱。这一原因与实际情况是吻合的，资本市场发达在第一次世界大战以前和20世纪末都是对的，这两个时期也是全球资本市场最发达、跨国资本流动更自由的时期，而在此期间正是资本市场收缩、金融机构力量加强的时期。同时，不同的法律起源又与政治因素有关联，当全球跨国资本流动受到严格限制时，习惯法国家才较为偏爱资本市场的发展,表明习惯法国家的金融系统较稳定,对金融逆转的内在约束要大大强过那些较为集权的民法系国家。

影响金融系统的主要障碍中,一国的政治构架和其他制度性因素较难以克服,但对外国的开放却是更大的推动力量,国内的既得利益者想阻止金融发展和演变就变得非常困难。

我们得到的启示是:由于资本市场具有效益,所以金融的发展也就是发展资本市场,并且这一趋势是不可逆转的,这一观点并非一直正确。历史的证据表明:一旦危机来临,可能会发生抑制市场的政治力量,并且会在一段时间内对金融系统产生影响。因此,在繁荣时期,也有必要形成某种预防措施,使危机来临时不至于对市场影响太大。

2.4 金融系统的福利经济理论:一般均衡分析

市场主导型与银行主导型的金融系统的形成原因以及它们之间广泛的差异,目前学术界流行用法律起源、投资者保护以及政治因素来解释,并取得了相当丰富的研究成果,从不同的侧面进行了有说服力的解释,但前面两种理论中的重要不足是,有一部分学者对两种理论都提出了因果倒置的问题,也指出了其局限性。金融系统的不同是否会对经济福利造成极大的差异呢?或者它们只是形式不同而履行了相同的功能?这里引发了金融系统的福利问题,特定背景下的最佳系统决定问题,艾伦(Allen)和盖尔(Gale)对此作了开创性的研究。

金融系统的研究表明,资本市场是不完善的,依靠标准的无摩擦市场模型是难以解释的,因为该模型是基于具备对称信息和无交易成本的完全竞争市场,即便全球最发达的资本市场也与完全竞争市场模型有很大的差别。交易成本、信息不对称以及其他不完善因素限制了金融系统的功能发挥,那么金融系统又是以何种方式来克服资本市场的不完善呢?本节将运用福利经济学的原理来解释金融系统的模式,首先介绍一般均衡的原理,然后在商品市场中引入时间与不确定因素的一般均衡模式;最后讨论把资本市场从完全竞争假设扩展到非完全市场模型金融系统的选择。

2.4.1 阿罗-德布鲁模型

(一) 一般均衡理论回顾

古典经济学家曾非常形象地定义过"均衡"这一概念。他们认为:均衡是经济运行的一种特殊状态,随着时间的推移、经济以此为中心波动,受到干扰以后,经济将偏离这一状态,与此同时,在某种力量的驱使下,经济又回复到此中心。对于这一现象的解释,最著名的表述是亚当·斯密(Adam Smith)"看不见的手"引导着众多市场主体参与并实现了资源的配置。除了亚当·斯密以外,包括李嘉图(Ricardo)、穆勒(Mill)、马克思(Marx)与杰文斯(Jevons)等在内的19世纪众多的经济学家提出过稳态均衡的概念,认为经济总是朝均衡点运动,都强调了市场间的相互影响,带有一般均衡的含义,但上述所有人并未将此用数学语言表述出来。马歇尔(Alfred Marshall,1890)所作的相关论述以后,部分均衡(局部均衡)分析中的供给与需求曲线,开始广为人知。然而,在马歇尔以前,德国的经济学家奥古斯丁·古诺(Augustin Cournot,1838)就曾用数学语言清晰地表述了这一概念。

19世纪的经济学家已经意识到,部分均衡只是一种特殊情形，只有把所有市场之间的相互影响同时考虑才能完整地描述均衡的概念，但都没有以数学方程来描述一般均衡模型。瑞士洛桑学派的经济学家瓦尔拉斯（Leon Walras）第一个成功地完成了一般均衡的数学模型，他在1894年出版的《纯粹经济学原理》中，瓦尔拉斯从数学角度研究了一般均衡的问题和方程，对一般均衡概念作了完整、充分的论述。该模型提出对 N 种商品，将存在 N 个未知价格 P_i 的 N 个方程，$S_i(P_1, P_2, \cdots, P_n) = D_i(P_1, P_2, \cdots, P_n)$。方程的个数与未知参数的个数相等，瓦尔拉斯证明了方程的存在性；若方程是线性的，相互独立的且无约束，则满足解的存在性的充分条件。20世纪30年代，由数学家卡尔·门格尔（Karl Menger）、瓦尔德（A. Wald）与卡尔·施莱辛杰（K. Schlesinger）主持的数学研讨班，瓦尔德从数学上证明了一般均衡模型中的存在性，每一个模型都是一般均衡体系中的特殊情况，这一结论把一般均衡理论向前推进了一步。

20世纪50年代，三位美国经济学家：肯尼思·阿罗（Kenneth Arrow）、杰拉德·德布鲁（Gerard Debreu）与莱昂内尔·麦卡锡（Lionel Mackenzie）对一般均衡理论进行了开拓性的研究。三位经济学家在建立模型时认识到，从不动点定理出发导致均衡存在性的一般方法；阿罗（1951）以一般均衡的语言重新表述了福利经济学的基本思想，同时阿罗（1953）还将商品概念推广至不确定性环境中，以讨论不确定性和跨期的资源配置问题。一般均衡理论把完全竞争的假设向前推进了一步，德布鲁和斯卡夫（Debreu, Scarf, 1963）证明了埃奇沃斯阐述的一个大型经济等价概念，在竞争性经济中，数量众多的定义及结果在数学上得到了证明。由于这方面的巨大成就，阿罗及德布鲁分别获得了 1972 年和 1983 年诺贝尔经济学奖，并以阿罗-德布鲁模型（Allow-Debreu Model）① 著称于世。

（二）阿罗-德布鲁模型（ADM）

由单个家庭构成的经济体系，通常被称为鲁宾逊·克鲁梭，这是最简单的一般均衡体系，任意一种经济体系都需要解决——生产与消费选择。该经济体系可以方便地建模分析单一集中决策机制是如何有效配置资源的；然后再将该经济作一些加工，将此划分为生产与消费两部门，考察两部门通过市场机制的相互影响。由于只有一个经济主体，就只有一个最大化问题，效率的概念就是在既有资源与技术的约束下，最大化鲁宾逊·克鲁梭的效用。

鲁宾逊·克鲁梭的禀赋是每周 168 人一小时的劳动力，并且只从事一种生产活动—捕捞牡蛎，该生产活动只有一种投入劳动，只有一种产出牡蛎，生产函数为：

$$q = F(L)$$

式中：F 为凹函数；L 为劳动投入；q 为产出。

可获得的闲暇时间为：

$$R = 168 - L$$

式中：R 为享受的闲暇；效用函数为 $U(C, R)$，其中，C 为消费的牡蛎；假定函数 U 与 F 都是凹的，且在边界处充分陡峭，用数学表达就为：

$$F'(\cdot) > 0; \frac{\partial U}{\partial R} > 0; \frac{\partial^2 U}{\partial R^2} < 0; \frac{\partial^2 U}{\partial R \partial C} < 0$$

---

① 通常讲的阿罗-德布鲁模型（Allow-Debreu Model）与阿罗-德布鲁-麦卡锡模型（Allow-Debreu-Mackenzie Model）是一致的，只是不同的书上习惯用法不同，其意义与模型没有差异。

$$F''(\cdot) < 0; \frac{\partial U}{\partial C} > 0; \frac{\partial^2 U}{\partial C^2} < 0; F'(0) = +\infty$$

我们假定只解决一个问题,试图从自己所处的处境中获取尽可能多的效用,选择适当的 L 和 q。这一问题的实质是在这一简单经济的全部资源配置决策,或集中化的资源配置机制(Centralized Allocation Mechanism)。然后把该问题分解为两部分,家庭消费如何作出决策、生产如何决策,由此决定分散化的决策(Decentralized Decision)问题。

1. 资源配置的集中化决策见图 2-1。在上述约束条件下

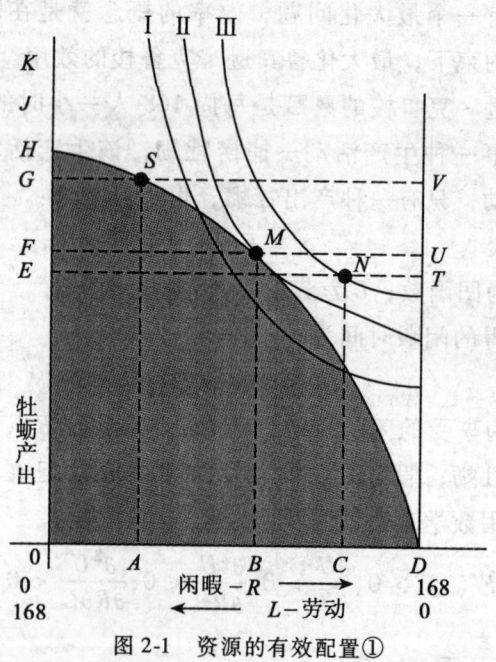

图 2-1 资源的有效配置①

---

① 图 2-1 和图 2-2,引自斯塔尔:《一般均衡理论》,上海财经大学出版社 2002 年版。

第二章 金融系统的理论发展与福利经济分析框架

寻求效用 U 的最大化,并假设有内点解存在,可用微积分方法来描述最大值所具备的特征,可以将问题重新表述为关于 L 的最大化问题,以求在生产与闲暇之间如何分配 L:

$$\begin{cases} U(C,R) = U(F(L),168-L) \\ \max U(F(L),168-L) \\ \dfrac{\mathrm{d}U(F(L),168-L)}{\mathrm{d}L} = 0 \\ U_C F' - U_R = 0 \end{cases}$$

其中:U_C 和 U_R 表示 U 对 C 与 R 的偏微分,从而有:

$$\frac{U_R}{U_C} = -\frac{\mathrm{d}q}{\mathrm{d}k} = F'$$

上式表达了最优配置状态下所需要满足的各项条件,即:在最优配置条件下,无差异曲线与生产函数的斜率相等,并且在这种状态下达到帕累托有效(Pareto Efficient)。其含义是从技术的角度讲,该配置状态可以保证生产性资源生产过程中得到充分有效的利用,从家庭效用角度讲,产出组合是一种最优组合。在最优状态下,闲暇对牡蛎的边际替代率 $\mathrm{MRS}_{R,C}$,闲暇与牡蛎之间的边际转换率 $\mathrm{MRT}_{R,q}$ 相等:

$$\mathrm{MRS}_{R,C} = \mathrm{MRT}_{R,q}$$

上式两个边际相等是该模型中资源帕累托有效资源配置结论,如图 2-1 所示。

2. 资源配置的分散化决策见图 2-2。如果我们不采用集中化的决策,这一简单经济是否能够达到最优配置状态。把前后集中化的假设作一点修改,厂商雇用劳动从事生产过程,然后再出售产品,获取利润。从家庭方鲁宾逊有两个收入来源,厂商所有者获得利润,出售劳动得到工资收入,面对两个市场劳动市场与牡蛎市场。若 L 为劳动,W 为工资水平,q 为产出量,π 为利润,则 π 可以表达为:

$$\pi = F(L) - WL = q - WL$$

进一步再引用闲暇的价值,则总收入 Y 等于其劳动禀赋的价值与利润的总和:

$$Y = 168W + \pi$$

作为一个家庭或消费者,为了得到所消费的牡蛎 C 以及闲暇 R,所需要的总预算 Y 为:

$$Y = WR + C$$

图 2-2 表示了鲁宾逊·克鲁梭市场经济需要解决的价格与资源配置问题。

图 2-2 中:$\pi = q - WL$ 是一条 q-L 空间中的直线,斜率为 $-W$,每一点表示既定利润水平下的 q 与 L 的组合,在现存的技术条件下,厂商试图获得最高水平的利润,对给定的工资水平 W,厂商选择的最大利润线为:

$$\pi^* = q - WL = F(L) - WL$$

在 π 取得 π^* 时,产生 q^* 与劳动 L^* 满足:

$$\frac{d\pi}{dL} = F' - W = 0, \quad F'(L^*) = W$$

$F'(L^*) = W$ 的含义是工资率等于劳动的边际产量,且厂商是在产出市场与投入市场的价格接受者。若产品的价格为一单位,劳动的价格为 W,在利润最大化的条件下,劳动供给为 L^*,向市场提供的产量为 q^*,厂商的利润为 π^*,消费者的预算约束为:

$$WR + C = Y = \pi^* + 168W$$

家庭必须适当选择变量 R 与 C,以获取最大化效用:

$$\begin{cases} \max U(C, R) \\ WR + C = Y \end{cases}$$

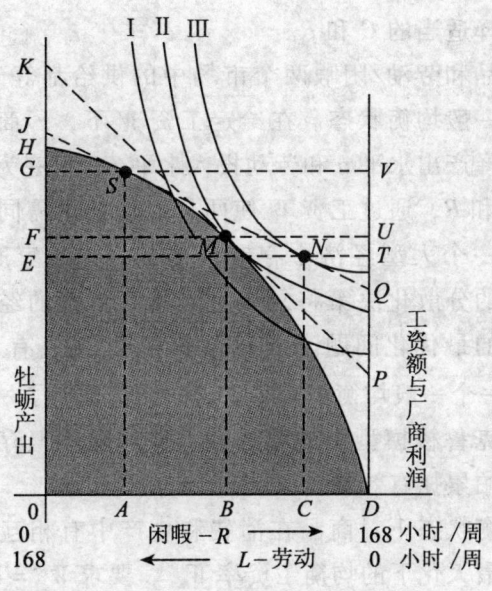

图 2-2 均衡与非均衡

$R = \frac{Y-C}{W}$,家庭需要解决的问题表述为选择 C(同时也选择了 R)以实现下式的最大化:

$$\max U\left(C, \frac{Y-C}{W}\right)$$

假定上式存在内点解,求导为:

$$\frac{dU}{dC} = \frac{\partial U}{\partial C} - \frac{1}{W} \cdot \frac{\partial U}{\partial R} = 0$$

整理后解得: $\frac{\partial U}{\partial R} \Big/ \frac{\partial U}{\partial C} = W$

上述说明,效用最大化的必要条件是,闲暇对牡蛎的边际替代率等于工资率。在这一市场中,家庭扮演了一个价格和利润接受者的角色,并根据约束条件和市场传递的信息,选择适当的 C 和 R。

当产品和劳动/闲暇两个市场中的供给都等于需求时,市场处于一般均衡状态。在给定工资 W 下,厂商实现利润最大化选择产出水平 q 和劳动投入水平 L;家庭为了最大化而选择 C 和 R,通过工资 W 使两个市场的供需同时达到均衡状态,一个大型经济中存在众多的厂商、家庭和商品,资源配置的分散化决策将复杂且又相互依赖的经济运行分解为简单的最优化问题。当工资率为 W_0 时,有 $q=C$,因此 W^* 是一个一般均衡工资率。这一结论证明了一般均衡在鲁宾逊·克鲁梭模型中的存在性,该均衡不但存在,而且该均衡是帕累托有效的。

在均衡状态下,商品在消费和生产中有相互替代的关系,利润最大化下的均衡工资率 W^*,要求 $W^* = F'(L^*)$,在预算约束条件下的效用最大化要求。

$$\frac{U_R(C^*, R^*)}{U_C(C^*, R^*)} = W^*$$

R^* 与 C^* 是基于预算约束下效用最大化时的闲暇与消费,市场出清时:

$$R^* = 168 - C^*, \text{且 } C^* = F(C^*)$$

由于 $F'(L^*) = W^*$,故

$$F' = \frac{U_R}{U_C}$$

由此可知,鲁宾逊·克鲁梭经济中的均衡配置是帕累托有效的,它的含义是以价格机制为导向,通过分散的市场决策过程,可以达到资源的有效配置。

3. 扩展到 L 种商品中的均衡模型。价格能够给经济活

动的当事人进行分散化决策所需的一切信息，个体实现消费者的效用最大化，生产者的利润最大化，而且各自的选择是兼容的，都能在市场出清的情况下同时得到满足。在均衡状态下，不存在任何一种选择可以在不损害一些人利益的情况下增加另外一些人的福利，市场实现了帕累托最优。

若经济中存在 L 种商品，$h = 1, 2, \cdots, L$。商品区间为 R^L，每组商品用 R^L 上的向量。

$X = (x_1, x_2, \cdots, x_L)$，表示下列含义：

若生产者的种类是有限的，$j = 1, 2, \cdots, n$，并且每一种都是连续的，将每一种商品的生产者归为一个，每种类型的生产者用一个产品系列 $y_j \subset R^L$ 表示。

假设消费者的种类为 $i = 1, 2, \cdots, m$，而且每一种都是连续的，同样每种类型的消费者归为一个，第 i 种消费者可以选择任何非负的商品组合 $x_i \subset R_+^L$ 作可能消费组合，每个消费者初始拥有的要素禀赋为 $e_i \in R_+^L$ 的商品和第 j 种生产者 $0 \leq \bar{i}_{ij} \leq 1$ 的股权，效用函数 $U_i: R_+^L \rightarrow R$ 来表示。

完美的市场是不需要任何中介的市场，当事人在所有商品交易中不需要中介。任一生产者 j 在满足技术约束 $y_j \in Y_j$ 的情况下制定生产计划 Y_j 以实现最大化利润 $P \cdot y_j$。任一消费者 i 在满足预算约束 $P \cdot x_i \leq P \cdot e_i + \sum_{j=1}^{n} \bar{i}_{ij} \pi_j$ 的条件下，选择消费组合 $x_i \in R_+^L$ 以实现效用最大化 $U_i(x_i)$，生产者 j 的均衡利润为 π_j。在市场出清的条件下存在：

$$\sum_{i=1}^{m} x_i = \sum_{j=1}^{n} y_j$$

在单调的条件下，上述市场的交易结果满足帕累托最优条件；任何帕累托最优配置可以被分解为一次性交易下的均衡。以上是基于完美市场体系的运作。但是，这一模型没有将时间与不确定性考虑进来，ADM 模型可以通过重新定义商品，使得不同状态和不同时间交付的同种商品定义为不同商品，这样商品与市场的范围可以迅速扩大，来解释金融经济中的风险分担和跨期配置问题。

（三）时间与不确定性条件下的 ADM 模型

对于一个具有 L 种商品且市场交易活跃的经济，我们已经证明了一般均衡的存在性及其效率。最简单的经济模型一般不考虑时间因素，分析的是某一个时间点上的资源配置问题，一个静态、稳定且没有跨期交易的简单经济。现在要在更广阔更全面的视角下，讨论市场机制如何配置不同时间阶段与空间范围内的商品。一般均衡框架下可以讨论不确定性与时间条件下的资源配置以及风险管理所需要的相关制度条件。

1. 时间因素与期货市场。如果将时间因素引入以前的模型，便需要重新定义商品的概念，厂商与家庭对商品作配置决策时，还必须对跨期配置作出决策。以时间如何区分商品呢？在现实经济中，最著名的例子是期货交易。期货交易合约详细规定了交割商品的质量、地点与时间，就时间不同而其他规定完全相同的两个合约来说，它们的价格可能相差很大，将在某一时间交割的商品转换为以后另一时间交割的商品是一个耗费资源的生产活动，期货价格中包括了储存成果，因此期货价格需要进行时间贴现，将未来交货日期价格贴现折算成即期的现值。

我们假设商品的种类数量为 N，假定 N 为一个有限的数量值，只要物质属性相同的商品交货地点和交货时间不同，就为不同的商品，N 是一个非常大的数目，并为一个有限值，可以用有限期界模型。

假设商品的价格 $P_i \in P$，$P = (p_1, p_2, \cdots, p_N)$，所有交易者只享有一次市场交易机会，市场机制使各个不同时期商品的供给与需求达到均衡。家庭的预算约束表示从事前至有限期界所有各期的收入与支出；厂商的最大利润函数表示从当前至有限期所有各期因产出而得到的收入与因投入而发生的支出之差；所有现货与期货的价值都贴现成惟一的交易日来评估。因而，任何 p_i 可以解释为商品 i 由交割日贴现至交易日后的现值。

家庭初始资源禀赋 $r^h \equiv (r_1^h, r_2^h, \cdots, r_n^h)$ 中既有现货也有期货。劳动这一初始禀赋在本期存在，以后各期都存在直至死亡，还可能有其他与时间特征相关的商品。家庭消费 $x^h \equiv (x_1, x_2, \cdots, x_N^h)$ 表示家庭对某一商品计划消费量贴现至市场交易日后的数量。x^h 表示一系列市场交易日计划的从当前直至有限期界的向量或一生的消费计划。

厂商 j 的生产 $y^j \in Y^j$ 表示厂商在以后时点上的计划投入与产出，对厂商 j，集合 Y^j 表示一系列在技术上可能的计划，把各期投入组合后创造出各期的产出，并由当年延续至有限期界。投入与产出的价格都贴现处理至市场交易日，在价格 $p \in P$ 下，厂商 j 的利润为：

$$\pi^j(p) = \max_{y \in Y_0} P \cdot y = p \cdot S^j(p)$$

$\pi^j(p)$ 以市场交易日为基数，对从当前直至有限界的所有各期净收入加总的贴现值，并且最大化厂商贴现利润与最大化厂商贴现价值是等价的。在完全期货市场的条件下可以把未来压缩在市场交易日这一天进行，消除了股票收益流与收入和财富之间的区别。

家庭 h 的偏好表示家庭对从当前至有限期界的所有各期消费流的偏好。偏好 $\geq h$ 包括家庭 h 对消费时机选择的有关态度以及对各期消费多样化与一致性的需求。家庭 h 的收入特征为 $M^h(p) = P \cdot r^h + \sum_{j \in F} \alpha^{hj} \pi^j(P)$,家庭 h 在预算约束条件下,$p \cdot X^h \leq M^j(P)$ 下依 $\geq h$ 选择 $x^h \in X^h$,以获得最大化效用。

此时,市场均衡可描述为:在价格 $p \in P$ 下,各期商品的贴现值,所有市场同时出清。均衡的特征可以描述为:存在一个价格向量使一系列的各期商品的供给与需求相等,从市场交易日直至未来的有限期界,厂商和家庭各自在期货市场中履行合约中的承诺,此时达到了均衡,商品和生产要素在厂商和家庭的各期配置不存在任何的帕累托改进,并且这里是根据其跨期偏好以整个生命期为时间跨度来评判经济福利。

特别要注意的是,在该模型中期货市场既是商品市场又是资本市场,并兼具两个市场的功效,家庭的预算约束就是生命周期意义上的约束,完全期货市场消除了收入与财富之间的区别,并蕴含存在一个完全的资本市场,家庭当期的借贷消费不受任何外生的强制约束,厂商的投资也不受任何外生的约束,所有交易的发生都关于生产和消费,并假设交易是无成本的。

2. 或有商品市场与阿罗证券市场。在解释阿罗证券市场以前必须解释或有商品市场,经济活动的不确定性也是重要特征之一,通过重新解释模型,将不确定性引入模型中来。采用的方法是通过在商品的定义中增加状态这一特征项将不确定性引入模型中。这样,商品的种类 N 将会进一步增加,并取 N 为有限的数目值,这意味着假定不确定性事件在每一期的可能状态是有限的。

在这一假定下，商品不再是可以使用或消费的某种真实物体，而是一种承诺，在某种不确定性事件发生的条件下，在一个特定日期之前特定的商品或服务，称为或有商品。

在这种情况下，商品 i 的价格将不再是某一确切的消费的价格；而是一个或有商品的价格，在某一特定事物发生后，交割特定商品时的索取价格。厂商 j 的生产计划 Y^j 的含义是在所有经济活动开始之前，厂商 j 根据每一种可能来考虑生产计划，然后再考虑生产技术 Y^j 和或有投入与产出的价格，厂商的生产计划就是在 Y^j 中选择 y 以使 $p \cdot y$ 的价值最大化，并且任何计划的盈利信息都包含在价格 P 当中。

在价格 $p \in P$ 下，厂商 j 的利润为：

$$\pi^j(p) = \max_{y \in Y^j} P \cdot y = P \cdot S^j(p)$$

$\pi^j(p)$ 是各期或有产出价值减去或有投入价值贴现处理至市场交易日后的一个加总；厂商 j 的供给 $S^j(p)$ 的含义是针对当前和所有未来不确定性事件选择一个生产计划以使净或有收益流的贴现值最大化，厂商的利润最大化与厂商股票价值的最大化等价。

在或有商品模型中，家庭 h 需求行为的特征仍然与前述模型一致，家庭 h 在约束条件 $P \cdot X^h \leq M(p)$ 下 $x^h \in X^h$，以获得消费的最大化效用。不确定性体现为，随着发生事件的不同，消费也会发生变化，而家庭确保消费稳定的途径是，选择适当的或有商品组合，在任何情况下可获得相同的消费计划，或者在市场交易日这一天调整自己的或有商品消费计划。

或有商品经济的均衡状态与具有期货市场的确定性经

济达到的均衡状态一致,市场为所有或有商品定价,市场调整价格直至供给等于需求,家庭在预算约束下得到一个最满意的或有商品组合。由于大多数或有状态实际上都不会出现,故大多数或有商品合约都不会执行,从而自然失效。在每一期,家庭和厂商观察到不确定性的或有状态不断出现,修改非发生状态下的或有商品合约,然后在相应的时期状态上按合约要求交割和接受商品与服务。

风险资产的均衡配置帕累托有效是相对于偏好序 $\geqslant h$ 而言的,相对于家庭对或有商品的偏好而言。在给定资源禀赋 r^h 和可行技术 y^j,不存在任何厂商 j 投入的更优配置或家庭 h 所得或者收入的再分配,这意味着风险在家庭中的配置是帕累托有效的。

或有商品市场在实践中操作的成本巨大,因为模型要求这么多的市场在交易日这一天同时进行交易,并且此后的所有市场全部关闭,在所有经济活动开始之前,每种商品于市场交易这一天在一系列合约中交易。这在现实中几乎无法实现,我们可以在市场配置商品和风险的同时,使其更接近于现实。

我们可以定义一个阿罗保险合约(Arrow Insurance Contract):假定存在一种"货币"或某种价值计量标准,通过该货币来描述支付额所表示的一般购买力。对每一个时期—事件组合 t 和 s 而言,合约 $C(t,s)$ 表示,若在时期 t 发生事件 s,则支付一个单位的购买力,否则支付零单位。这样就无需或有商品市场全集,组合使用此类保险合约与即期市场,即可达到或有商品市场均衡下的同样配置。

假定某一商品 $i, i \in (t,s)$ 表示在时期 t 和状态 s 下交割商品 i,否则 $i \neq (t,s)$。h 在 (t,s) 下为了得到或有商品而支付

第二章 金融系统的理论发展与福利经济分析框架

的价值，$\sum_{i\in(t,s)} p_i X_i^h$ 表示在当前或有商品价格下，家庭 h 为从或有商品市场得到时间 t 和状态 s 下交割的或有商品所必须支付的总额。将商品 $i \in (t,s)$ 在 t 期即期市场上的价格标为 q_i，在 (t,s) 下支付的阿罗保险合约的价格为 $Q_{t,s}$，家庭 h 购买 $S_{t,s}^h$ 单位的阿罗保险合约 $C(t,s)$，其中：

$$S_{t,s}^h = \sum_{i\in(t,s)} q_i X_i^h$$

在 $i \in (t, s)$ 的情况下，令 $p_i = Q_{t,s} q_i$，此时家庭预算约束可表达为

$$\sum_{t,s} Q_{t,s} \leq M^h(p) = M^h(Q,q)$$

其中 Q 和 q 分别表示向量 $Q_{t,s}$ 和 q_i，这样我们可以根据阿罗合约价格 $Q_{t,s}$ 和即期价格 q_i 重新表述家庭预算。厂商必须正确预见状态或有价格，即 t 时期 S 事件发生，必须正确预见商品的价格为 p_i，并根据其技术、状态和阿罗保险合约价格来要求最大化价值。厂商通过在阿罗证券市场上交易而为生产计划融资，并将利润分配给股东，其利润的价值等于证券总量的净价值。这样在一个完美的资本市场上，厂商股票确实进入所有消费者的预算约束，并且代表了不确定条件下厂商未来利润流的贴现值。

上述对两个市场的讨论，可以得到一个基本的结论：我们可以用少得多的市场来代替或有商品市场全集，用能在时期和事件二维空间中分配购买力的证券市场代替。在厂商盈利或拥有初始禀赋的状态下，模型将实际商品的货币替代为证券；证券在某一组合状态下可以兑换为货币。因此对每一个 t-s 组合而言，模型要求存在相应的活跃的证券市场，或有商品市场的资本市场功能由证券市场来完成。

2.4.2 不完全市场的均衡与福利改进

ADM模型通过重新定义商品，使得不同状态和不同时间被支付的同种商品被当做不同的商品，而将时间与不确定性考虑进去，用一般均衡的基本原理解释或有商品市场和阿罗证券，解释了风险承担与资源的跨期配置。当市场不完全时，福利经济学的基本定理就有错误，需要重新加以解释。ADM模型均衡要求所有的交易都在消费和生产发生之前的同一天进行，任何交易人可以交易在任何状态下的期货，如果期初或有商品市场是不完全的，均衡将不能成立。

（一）不完全市场均衡（GEI）

当我们拥有许多商品，但是初期市场的不完全性意味着个人在ADM模型中拥有较少的机会，除了在不同的状态下，在现货市场上交易$S+1$种或有商品以外，还存在几种不同类型的企业的股份。企业由于种类和所选的生产计划不同而不同，不同类型的消费者希望拥有生产计划不同的企业股份，市场为消费者提供了满足特定需求的证券。如果市场是完全的，消费者通过或有商品市场实现风险的最优配置；如果市场是不完全的，股份被用来实现风险、资源的最优配置，消费者除了关心股份的价值以外，还关心生产计划本身。

假设j类型的生产者t_{ij}选择相同的生产计划y_j^i，并且i类型的消费者只持有j类型的生产者的股份。因此，如果两种或更多种类的消费者持有生产计划相同的企业股份，我们区分不同种类的生产者；相反，如果消费者希望持有生产计划不同的j类型生产者的股份，共有一种生产计划可以为消费者带来相同的消费。对任何消费者 i 和生产者 j，存在某一生产计划 y_j^i，则存在 $S+1$ 种或有商品和 mn 种证券。持有股份可以实现财富的转移，消费者除了选择消费组合以外，还需要选择期初购买的证券组合。i 种类型的消费选择的组合为：

$t_i = \{t_{ij}\}_{j=1}^n$，且 $t_{ij} \geq 0$ 是组合 j 种生产者的股份数量。

在时期 2 的消费取决于时期 1 预算约束条件下的证券组合选择。在 $S > 0$，消费者的财富为 $e_{is} + \sum_{j=1}^n t_{ij} y_{js}^i$，如果消费者对任何状态的消费不满意，那么就会消费其余部门财富，因此 $S > 0$ 时的消费为全部财富。

$$X_{is} = e_{is} + \sum_{j=1}^n t_{ij} y_{js}^i$$

消费者的期初选择决定了消费者的效用，并且：

$$U_i(X_i) = U_i(X_i^0, e_i^1 + t_i \cdot y^{i1}) \equiv U_i^*(x_i^0, t_i; y^i)$$

消费者在初期的决策是选择消费水平 x_i^0 和组合 t_i，求下列方程在约束条件下的极大值：

$$\max U_i^*(x_i^0, t_i; y^i)$$
$$\text{s.t.} \, p^0 x_i^0 + q_i \cdot t_i \leq p^0 L_i^0 + q_i \cdot t_i$$

其中：(p^0, q) 为给定商品和股份的价格以及生产者的生产计划。

此时均衡的条件之一是通过限定股份的价格使得只有 i 种消费者愿意以 y_j^i 购买股份。并且在均衡时，消费者持有其价值最大的股份。若个人消费方程为 C'，消费集为 $\mathbf{R}^{s+1}$，$\dfrac{\partial U_i(x_i)}{\partial X_{is}}$ 对于所有 S 与 X_i 为正，$X_i \in \mathbf{R}^{s+1}$，则

$$U_{is}(X_i) = \dfrac{\partial U_i(X_i)}{\partial X_{is}} \bigg/ \dfrac{\partial U_i(X_i)}{\partial X_i^0}, \forall S = 1, 2, \cdots, m$$

对于任何状态 S 都存在着单独的预算约束，能够在期初选择消费品作为计价标准，即 $S=0$，价格 $p^0=1$，在均衡时，未来生产计划 y_j^{i1} 的一份股份由第 i 种消费者按照边际替代率 $\mu i(x_i)$ 来估价，如果 i 种消费者持有的 y_j^{i1} 股份的数量是正的，则价格等于边际值：

$$q_j = \mu^i(x_i) y_j^{i1}$$

对于其他类型的消费者 k，存在：

$$q_j \geq \mu k(x_k) y_j^{i1}, \forall k = 1,2,\cdots,m$$

价格与消费者的种类无关，如果假设生产者遵循价值最大化，对于任何 j 类生产者每股的价值在均衡时必须相等。若在经济中引进一种在均衡时不存在的新的生产计划 y'，单一生产者的计划对经济中的资源配置不起作用，但不同种类的消费者的消费组合与边际替代相等，新的生产计划的价值为任何消费者为此放弃在期初的最大数量：

$$MV(y') = \max_{i=1,2,\cdots,m} \{U_i(x_i) \cdot y'\}$$

式中：MV 指市场价值，j 种生产者面临的决策为选择生产计划 $y \in Y_j$，最大化 $MV(y') + y^0$。至此，均衡的含义需要重新定义，并且这个定义更为严格。

在一般意义上，不完全市场的一般均衡不能满足典型的帕累托最优条件。忽略限制性条件下，帕累托最优要求对于所有个体而言，边际替代率必须相等，$U_i(X_i) = U_j(X_j)$，在交易证券数目有限，且呈线性不相关时，则条件不能被满足。

效率标准对市场不完全的经济不能成立。为什么产生了市场不完全性呢？主要是由交易成本或其他摩擦的结果，如果要试图改进均衡配置，就要引入有约束的帕累托效率概念。

把这一结论稍作推广，在一个两时期纯交换的经济模型中，存在与商品对应的固定数量的线性证券，如果市场确定是不完全的，任何一个时期都存在两种或更多商品，那么在期初重新分配商品和证券，可以改进所有当事人的福利水平。如果存在两种或更多种商品，期初改变商品和证券的配置，将影响第二期的价格水平。由于期初的决策忽略了内生的价格变动，在不完全市场上会产生外部性，从而所有人的福利水平都可能增加。

（二）不完全市场的福利改进要求

在期货市场或有商品市场以及阿罗证券市场分析中，引入了时间和不确定性因素后的市场运作机制，进一步讨论了不完全市场的均衡。只要市场种类充分多，则市场自动配置机制依然正确，但必须要有足够多的可交易商品种类和金融工具。现代经济中的资本市场包括股票交易所、期货交易所、期权交易所以及保险市场，这些市场共同提供资源跨期配置和风险交换，但即便如此，相对于经济主体所面临的不确定性与时间进程而言，还是不够。人们一直认为，只要有足够多并且交易活跃的市场，由此构成的市场体系就可以成功地在不确定条件下完成跨期资源配置，即使资源配置失灵，那原因也是市场不太活跃或者种类太少。忽视的原因是市场本身的运行成本以及确认不确定性所处的状态所需要的成本，因此，由于资本市场是不完美的，市场本身不能完全解决资源的跨期配置问题，而且市场本身的失灵仅仅是不完全市场的一种原因。

进一步分析，交易成本除了包括记录和现实交易的成本以外，还包括学习制定最优决策的成本，设计交易的成本，以及收集和分析与交易有关的信息的成本。这些成本在市场上确实存在,并且影响交易种类和数量,在模型中必须考虑成本因素。

逆向选择会阻碍市场的形成,如阿克诺夫(Akerlof, 1970)[①] 分析的次品问题,这一现象也广泛地存在于资本市场中。逆向选择的市场完全不同于没有逆向选择的市场,使得 GEI 模型与逆向选择不兼容,即便是理性预期模型,虽然引入了非对称信息,但仅仅考虑了自身状态的不确定性,而非单个商品与交易者的特性,因此要有一个不同的市场结构才能解释上述问题。

除了逆向选择以外,还存在道德风险,并且许多风险是不能被保险的。道德风险影响着金融交易,既可以表现为所购买股票的公司 CEO 的道德风险;也可以是投资银行家推销的道德风险。而受道德风险影响的市场动作完全不同于完美市场运作或 GEI 模型中的市场。

综上所述,一旦在理想状态的竞争市场中引入交易成本与非对称信息等市场缺陷,市场机制的效率就得不到保证。此时的一种选择是政府干预市场失灵,以计划来补充市场的失灵。但是,金融系统还有其他的选择,金融中介等机构就能取代市场的失灵,因此企业的融资是多元化的。ADM 模型在描述现实方面的不足远不是市场缺位这一问题,面对市场的种种限制,金融中介便是资源配置的一种替代,并且是通过降低交易成本或参与成本,管理风险发挥着重要的作用。本书重点不去论述期权期货市场在克服市场不完美方面的作用,而是论述中介在这方面的作用。

---

① 乔治·阿克诺夫:《柠檬市场:质量不确定与市场机制》,载《阿克诺夫、斯彭斯和斯蒂格利茨论文精选》,商务印书馆 2002 年版。

2.4.3 金融中介对金融系统的福利影响

(一) 阿罗-德布鲁范式与金融中介存在性

金融学对金融中介问题的真正关注始于 20 世纪 60 年代,在此之前,金融学家更多关注的是金融(包括金融中介)对经济的具体作用。如今,大多数涉及金融中介问题的文献要提及 Fisher(1930)的贡献,人们认为 Fisher 的贡献实际上开启了金融中介重要性的理论闸门。Fisher 发现,每个家庭都有一个跨时消费效用函数,在缺乏外部交易的情况下,每个家庭的消费效用函数将在两个时期间效用的边际替代率等于相同两个时期间家庭内部"生产"的边际转换率的那一点达到最佳。后来,人们对此作了引申并概括为 Fisher 分离定理。如果进一步引入消费者信贷,则会使家庭消费储蓄的个量和总量轨迹发生改变,且这种改变具有帕累托最优改进的性质(Tobin,1987)。这个所谓的"内部信贷市场"的观点实际上凸现了金融中介的功能,即消费者信贷市场的存在会改变家庭的总效用和福利水平。起初,Fisher 的观点得到了 Gruley & Shaw(1955,1956)的理论深化,认为各种金融中介机构在信用创造过程中或者说在促使储蓄者和借款者之间的信贷循环上起着关键作用。Gruley & Shaw 认为,金融中介的使用是通过提供"间接证券"去替换"本源证券"(所谓本源证券是资金短缺者出具的借款证券),也就是说通过提供间接证券这种金融资产在资金盈余者与资金短缺者之间融通资金(这一观点也被理解为信用替换论)。但间接证券有的具有货币性,有的不具有货币性,商业银行提供的间接证券具有货币性,其他金融机构提供的间接证券不具有货币性,银行与其他金融机构的区别不在于信用创造或信用中介，而在于所提供的间接证券是否具有货币性。

为什么金融机构能供给间接证券去取代直接证券？Tobin（1963）认为有三个因素在起作用：(1) 银行集中从事融资活动，并由专业人士进行管理，具有规模经济，能够节省交易成本。(2) 银行在现代经济中具有支付清算的功能，这种功能具有"准公共产品"的性质，这种性质决定了政府不仅对其严加监管，而且提供保证。从这一意义上说，银行的融资活动能降低风险。(3) 为了提高市场效率，减少不确定性，需要多种融资技术，如需要掌握各种信息进行信用等级评估、需要利用融资技术广泛集中资金等。为此，必须建立网络，进行标准化规范，而所有这些只有具有相当实力的银行才能做到。对于以上三个方面，后来有人将它称之为"银行行为理论"。这一理论的特点在于：强调通过银行自身的行为进行"资产变换"，即本源证券与间接证券的变换，通过资产变换减少不确定性，而不确定性的减少降低了损失程度。

从一般意义上讲，由传统的 Arrow-Debreu 资源配置模型便可导出中介无效的结论，因为在这个模型中，企业和家庭通过市场相互作用，金融中介不扮演任何角色，状态变量与主观概率在模型中是外生的（Arrow, 1970；Debreu, 1959）。当市场是完美的和完全的时候，资源配置达到帕累托效率，不存在可由中介改进福利的余地。或者说，该模型只考虑到消费者与生产者，而在他们之间除了市场之外，不再存在任何中介。进一步地，在 Arrow-Debreu 一般均衡模型中，个人储蓄者和投资者给企业家提供的信贷与企业家向市场提供的普通商品并没有多少差异。这一假设显然与实际情形相去甚远，信贷与普通商品存在巨大差异，后者的返还支付事实上只是一种承诺，而这一承诺有时很有可能是不可信的。对于这种情况，市场会显得力不从心，从而就会内生出对市场替代物即某种中介的需要。由于 Arrow-Debreu 范式是主流经济学理论的核心架构，对经济学家来说是一个无法回避的基准（Debreu，1959），因此，后来金融中介理论的兴起可以视做是对这一核心架构的"背叛"和突破。

值得关注的是 Friedman & Schwartz（1963）在其著名研究中所提出的曾经引起很大争议的"货币观点"，认为由中央银行控制的货币供给是最为关键的金融变量，这也就意味着，银行在货币创造功能之外不会发挥其他功能，包括中介功能。而此前不久即已由 Modigliani & Miller（1958）提出的所谓"MM 定理"以及随后发展起来的"真实商业周期模型"中，都可导出金融中介是多余的或者无关紧要的结论。正如 Fama（1980）所总结的那样，家庭可以构建资产组合以抵消中介持有的任何头寸，而无须中介的任何介入与帮助，中介不能创造价值。

20 世纪 80 年代初期，在经历了一段时期的沉寂和怀疑之后，受现实金融运行的刺激，理论研究重新回到 60 年代的轨道。首先是 Mishkin（1978）贡献了一份重要文献，在此基础上，Bernanke（1983）比较分析了大萧条时期货币因素与金融因素的相对重要性，认为金融体系的崩溃才是问题的关键所在，并由此得出了所谓的"金融观点"，这对此前的"货币观点"而言无疑是一种挑战，这一观点同时也使"MM 定理"难以立足。到了 20 世纪 80 年代后期，由于金融中介的实际作用获得了越来越多的经验证据，因而这方面的文献就变得十分丰富，最近的文献包括 Greenwood & Jovanovic（1990）和 Bencivenga & Smith（1991）的经典讨论。前者认为，金融中介机构是内生出现的；而后者则基于 Diamond & Dybvig（1983）的流动性保险模型，认为金融中介机构不仅促进了储蓄向生产性投资的分配，而且降低了投资项目不必要的流动性资产，从而提高了增长效率。Tobin（1987）在其综述性文献中指出，金融中介的宏观经济绩效是提供外部资产的替代品，从而节约外部资产的供应。有了中介的作用，少供应一种或更多种外部资产能取得同样的经济绩效。另外，在 Boyd & Prescott（1986）看来，金融中介机构的职责是筛选项目，或者说，金融中介的存在导致了项目的更好选择，由此促进了投资更好地贡献于经济增长。

（二）不完全市场缺陷的克服

金融中介问题的核心理论是在引入交易成本和信息不对称因素之后才开始建立的。Chant（1989）对此作了极富启迪意义的理论划分，他把金融中介理论划分为"新说"与"旧说"，其界限便是信息经济学和交易成本经济学的发展。用 Chant 的话表述便是，新理论是对信息经济学和交易成本经济学平行发展所做出的"回应"。相比之下，在旧说中，金融中介只提供资产转型服务，是被动的资产组合管理者；而新说则着眼于探究金融中介为什么存在的原因。

这一充满挑战的领域虽然直接得益于经济学对交易成本以及信息成本因素的考虑而引发的革命性进展，但其渊源或者理论原创仍然可以追溯到现代金融中介理论先驱 Gurley & Shaw 的贡献。他们曾在那部著名的合作著作（1960）中揭示，金融中介机构利用了借贷两方面规模经济的好处，因为它的存在可以节约交易成本。从贷款方面看，中介机构从事投资或经营初级证券的单位成本可以远远低于大多数个人贷款者的投资。仅就其资产规模而言，就可以通过多样化大大降低风险；同时可以调整期限结构，从而最大限度地缩小流动性危机的可能性。从借款方面看，有着大量存款人的中介机构可以正常预测偿付要求的情况，即便是流动性比较小的资产结构也可以应付自如。中介机构吸引无数债权债务人从事大规模借贷活动的好处，既可以优惠贷款条件的形式分到债务人身上，也可以利息支付和其他利益形式分到债权人身上，还可以优厚红利的形式分到股东身上以吸引更多的资本。从整个社会的储蓄投资过程看，中介手段有助于提高储蓄和投资水平以及在各种可能的投资机会之间更有效地分配稀缺的储蓄，这被称之为金融中介的"分配技术"。同时，金融中介机构还可通过协调借贷双方不同的金融需求而进一步降低金融交易的成本，并且依靠中介过程创造出各种受到借贷双方欢迎的新型金融资产，这被称之为"中介技术"（孙杰，1998）。

Allen & Santomero（1998）在进一步的总结中认为，资产评估的固定成本意味着中介比个人具有优势，因为中介能使成本得到分摊，从而比个人更容易分散交易成本，也就是说，更能使每个人分摊到的平均成本下降。由此表明，交易成本实际上是理解现有金融中介理论的要害，金融中介行业得以产生正是由于交易成本的存在。而 Merton（1989）更是注意到中介几乎可以进行零成本交易。与此相联系，只是由于金融中介的出现才使得个人的资产多样化得到进一步满足，或者说，多样化成本是出现金融中介机构的必要条件（Klein，1973）；Tobin（1987）指出，金融中介把经济中私人所有的外部财富转化为各种不同方式，使财富最终所有人以形形色色的方式持有他们的积蓄。Chant（1989）认为，投资者通常被假定是风险厌恶者，他们都倾向于通过持有多项投资来减少不确定性，因为有些独立的风险可以相互抵消，但这需要投资者额外增加一些成本。通常而言，仅从理论上讲，风险厌恶的投资者会不断地将其拥有的资源分散于更多的投资项目中去，直到持有新投资的额外成本抵消了增加的边际收益。不过，在这种情况下，如果金融中介不出面减少个人持有多样化组合的成本的话，投资者所持有的金融资产仍然十分有限。Freixas & Rochet（1997）注意到，在理想的无摩擦的完全金融市场上，投资人和借款人都能很好地得到多样化选择，而一旦交易技术中出现更小的不可分性和非凸性，则理想的多样化状态将不再存在，就需要金融中介的参与了。因而，金融中介机构可视做单个借贷者在交易技术中寻求规模经济的联合，结果个体得到几乎完美的多样化选择。

在金融领域，就存款式金融中介而言，存在着三种信息不对称：（1）贷款者（资金盈余者）与借款者（资金短缺者）之间的信息不对称；（2）贷款者与金融中介机构之间的信息不对称；（3）借款者与金融机构之间的信息不对称。第一个不对称反映为借款者掌握的信息比贷款者多，换句话说，借款者相对于贷款者来说具有信息优势。这种优势使得贷款者在借款市场上处于不利地位，为了消除不利的影响，贷款者往往根据自己所掌握的借款者过去平衡的信息来设立贷款的条件，比如贷款者只能根据借款者的平均风险水平确定利率，而不是根据风险程度的高低确定利率，即高风险-高利率、低风险-低利率。这种状况从行为学的角度说称做"逆向选择"。逆向选择的真正含义是：不是按市场机制来确定利率，换句话说，在这种情况下，市场机制不能完全发挥作用。逆向选择的结果，货币资金的价格即利率不能按风险程度调整，而是相对固定在一定水平上，这样有利于高风险借款者，不利于低风险借款者。产生这种状况的根本原因是贷款者不具有掌握借款者信息的优势，为了改变这种状况，贷款者最佳选择是把掌握借款者信息的事，委托给某一专门从事信息生产的代理人或机构来进行，而这种机构便是银行，银行掌握借款人的信息不仅具有规模经济的优势，而且收集、整理、加工的信息能够"转让"，也就是实现"资产替换"，即用它的间接证券去置换借款人的本源证券，通过"转让"确认信息的可信度和实现信息的价值。所以，信息不对称——逆向选择——将信息生产委托给专门代理人（中介机构），是金融中介存在的理论基础。较早对这种理论做出解释的是 Leland & Pyle (1976)。

从信息不对称角度理解金融中介重要性的文献中，最具代表性的当数 Leland & Pyle (1977) 和 Diamond (1984)。前者强调，中介可以通过把自己的财富投资到其拥有特殊信息的资产中解决家庭和厂商所面临的信息成本问题；后者则认为，中介是通过充当被委托的监督者来克服信息不对称问题的，由此构成了金融中介的所谓"委托监督理论"。若由专业化厂商（中介）来执行监督会具有规模效应，但新的问题是，监督人提供的信息可能不大可靠 (Campbell & Kracaw, 1980)。而金融中介的安排则提供了一种激励：投资人惩罚劣质监督人的最佳安排是存款合约，而监督人则可通过多样化贷款资产使代理成本降到最低

(Diamond,1984);与此同时,活期存款为约束银行的行为提供了充足的工具,因为稍有风吹草动,投资者便可将其取出,这自然是一种可置信的威胁。

实际上,金融中介对信息不对称问题的克服仍然是基于其在处理信息方面的规模经济效应。也就是说,若厂商能够通过中介形成联合,则每个厂商的资金成本(包括信息成本)将是联合中介的厂商数目的减函数(Leland & Pyle,1977;Diamond,1984)。并且,不同类型的借款人也可通过在联合体内部提供交叉补贴来提高市场产出水平。他们认为,中介公司是投资者和企业家就投资项目或公司前景的信息不对称进行权衡的结果,同时也是节省事前项目评估成本的需要,金融中介存在的条件便是信息不对称可能产生的成本和信息处理成本之间的一种均衡(Boyd & Prescott,1986)。

Chan(1983)建立了一个模型,认为金融中介的优势是能将搜寻投资机会的成本分散于众多投资者之间,因为在不存在金融中介的场合,每个投资者都要独立支付一笔搜寻成本,而金融中介则可以在不同投资项目之间进行广泛的搜寻,一旦找到了某个有效益的项目,还可与其他投资者一同分享。Wijkander(1992)提供的文献认为,昂贵的信息产品是市场失效的一种典型情形。当与经济发展相关的投资水平大大超出任何投资者的储蓄时,市场失效就表现为信息重复生产或者没有投资,这自然是一种浪费。信息生产在技术上具有专业性的特点,使得一些个体有可能成为其他投资者的代理人,他们生产信息并据此获取报酬。但这种安排存在固有的问题,投资者如何确保他们的信息传递的代理人尽了最大的努力呢?当代理人成为金融中介时，这个问题就解决了。因为金融中介的契约结构使其报酬取决于信息生产的准确性，由此避免了道德问题的发生。

　　Mishkin（1992，1997，2001）对金融中介存在的原因作了深入浅出且极具概括性的解释与描述。他的讨论是基于这样一个基本事实，那就是，几乎在所有国家中，金融中介机构比证券市场更占据主导地位。Mishkin还在其著作中设专章分析金融结构并解释了八个基本谜团，其核心是，为什么金融中介机构对于要取得资金的借款者来说要比证券市场更为重要？他认为，金融中介的发展通过有效降低交易成本使得小额储蓄者和借贷者能够从金融市场上受益；金融市场与信息不对称现象的出现导致了逆向选择和道德风险问题，这影响了市场的有效运作。在解决这个问题的过程中，私人生产并销售信息、政府加强管理以增加金融市场信息、在债务合约中规定抵押品以及增加借款者的净值等方式都具有有限的作用；而且问题的关键是，在股票和债券等可流通证券方面存在着搭便车问题。结果表明，金融中介尤其是银行在企业融资中发挥着比证券市场更大的作用。

　　（三）金融系统的动态创新与福利改进

　　金融中介理论更吸引人的一份文献是由Bodie & Merton（1993）以及Merton & Bodie（1993，1995）提出的，其中在Merton（1995）中作了更为系统深入的描述。Merton针对人们长期遵从的机构观，提出了一种功能观。可以说，这份文献大大地拓展了金融中介理论的视野，从而把金融中介理论的研究推向了一个新的水平。虽然功能观并非Merton一人的原创，其中以Crane、Froot、Mason、Perold、

Merton、Bodie、Sirri & Tufano（1995）的讨论最为详尽，但经过 Merton 的阐释却使影响迅速扩大，尤其是在他本人获得诺贝尔经济学奖之后。博迪（Bodie, 2000）还曾专门以访谈的形式讨论过金融体系的功能观，并涉及了功能观的中国意义。金融中介功能观的核心内容可表述为，金融功能比金融机构更稳定，亦即在地域和时间跨度上变化更小，而且功能观首先要问金融体系需要行使哪些经济功能，然后去寻求一种最好的组织机构，而一种组织机构是否最好，则又进一步取决于时机和现有的技术（Merton, 1995; Bodie, 2000）。

这里关注的焦点并不在于金融中介功能的具体内容，而是金融机构的动态变化。Merton（1995）承认，近年来，金融体系结构（金融体系包括透明的各类证券市场、半透明的各类非银行金融机构以及不透明的传统金融中介如商业银行与保险公司）发生变化的部分原因是由于大量新的证券设计的出现，计算机和电信技术的进步也使得不同证券的大宗交易得以顺利完成。另外，还应部分地归功于金融理论的重要进步。所有这些都大大地降低了金融交易的成本，导致金融市场交易量大幅提高，从而替代了金融中介的某些职能。这些观点显然是可以从传统的交易成本观中推导出来的，交易成本的下降对于金融中介来说并不是一件"令人愉快"的事情，它等于抢了金融中介的"饭碗"。正是基于此，Merton 认为，中介与市场在金融产品的提供上是竞争的，而技术进步与交易成本的持续下降加剧了这种竞争。而且，另有证据表明，最初由中介提供的金融产品最终都走向了市场，这种范式隐含着：金融中介（特别是非透明中介如银行）正在被金融市场的制度性安排所替代。

不过，Merton 并没有按照这种逻辑继续走下去，他认为，在中介与市场间的相对重要性方面，应更注重相互关系的变化，而不是这种关系所达到的水平。或者说，我们不仅要考虑到现实世界中中介的重要性明显地下降了，而且还要考虑到金融市场与中介之间一般结构的变化。

基于这种考虑，Merton 根据金融产品的性质对金融市场与金融中介作了具体"分工"。相比之下，金融市场倾向于交易标准化的或者说成熟的金融产品，这种金融产品能服务于大量的消费者，并在定价时能被交易所充分理解；而金融中介则更适合于量小的新金融产品，这些新产品一般而言是高度定做的，只针对那些具有特殊金融需求的消费者，因此信息也是完全不对称的。从这一点来看，Merton 并没有完全抛开信息不对称这个传统金融中介理论的核心概念，只不过在他这里视角已经发生了明显变化。在他的理论视野中，金融中介与金融市场处在一个先后具有内在联系的逻辑链条之上，它们是履行不同金融产品"创造"与"打造"功能的制度安排；而不像在以往的理论中，人们总是把它们放在竞争性、替代性以及此消彼长的角度进行理解。从这种意义上讲，Merton 对金融中介理论的贡献是真正具有建设性的，甚至是革命性的。

我们更感兴趣的是这种所谓 Merton 范式的逻辑展开。在由金融中介高度定做的金融产品中，成功的产品会从中介移向市场。也就是说，一旦它们已经适应了市场，并且一些信息不对称的困难得到克服，就会在市场上进行交易。这样，金融中介提供了创造和检验新金融产品的一个重要的专利性功能，就像风险资本中介为初创企业提供融资会失去它们中成功的消费者一样,因为这些企业成功后会到市场上筹集资金。显然,金融中介近似地相当于一种金融产品的孵化装置,任何金融产品在走向市场之前都需要在金融中介的这种装置中接受培育。

当然,这一观点在 Diamond（1991）和 Holmstrom & Tirole（1993）那里已经近似地得到表达,只不过在 Merton 这里变得更加清晰和令人信服了。在前者那里,只有成功的厂商才会建立起直接发行债券（利用市场）所需的信誉（普遍性）,即具有披露信息和解决信息不对称的"本钱",从而替代成本较高的银行贷款。这里所讲的较高成本实际上就是信誉成本。在大多数情况下,只有那些具有良好银行信誉记录的厂商才会被市场进一步接纳。而在后者看来,只有资本充足的厂商才能发行直接债务,资本数量合理的厂商可以从银行融资,而资本不足的厂商则根本无法融资。如果作些引申,那么,资本不足的厂商要进入市场融资,就必须先通过中介的帮助。若把这三种厂商放在一个以厂商资本为横轴、以厂商密度为纵轴的坐标图上,则会呈现一种正态分布,其中以中介（银行）融资的厂商密度最大,大量的厂商集中在金融中介这里。可以这样说,在 Holmstrom-Tirole 模型中,无融资、中介融资和市场融资三种厂商（可以假设它们分别对应于三种不同的金融产品即自有资本、贷款与债券）是独立地排列在坐标图上的,而 Merton 的观点则等于将这种排列动态化,使之成为一个金融产品从无到有、从不成熟到成熟以及从特殊到一般化的一个动态递进过程。显然,Diamond 和 Holmstrom-Tirole 的模型只有在 Merton 框架中才能获得更为透彻的理解。

Merton 把这种中介与市场之间的动态联系解释为金融

创新螺旋（Financial-innovations spiral），基于此，金融体系将朝着一个充分有效率的帕累托理想目标演进。随着金融创新螺旋的加速（由于技术进步与组织创新效率提高），有关这些金融产品的新交易市场会迅速增长，从而使通过金融中介量身定做的新金融产品不断增加，结果提高了市场的完整性。为了从这些产品的头寸上套利，生产者和金融中介都参与新市场上的交易，从而促使交易量迅速扩大以及边际交易成本的下降，最终使中介能够完成更多新产品的定做，依此螺旋演进，朝着理论上边际成本为零的极限情形靠近，最终达到动态的完全市场。因此，和传统的金融中介不同，Merton断定，家庭持有的任何一种资产组合和金融产品，其提供者并不是单纯的中介，也不是单纯的市场，而是"市场——中介——市场——中介"。如果市场和中介相互无法建立有效联系，则不会为家庭提供任何多样化和具有充分可分性的有效金融资产组合。因此，在市场与中介之间存在一个特有的竞争范式，一种金融产品往往在中介和市场间作周期性的摆动和循环，直至达到某种稳定状态。事实上，中介通过创造构成新市场基础的产品和加大已有产品的交易量来帮助市场成长，而市场则通过降低生产这些产品的成本，帮助中介创造更具特色的新金融产品。总之，若动态地看待金融体系的演进，则中介与市场的关系将是互补性的，而非竞争性的。

第 三 章
金融系统中的个人福利分析

资本市场的风险或者不稳定性导致了两种不同的金融系统——资本市场主导型与银行主导型。两种金融系统的主要特征之一是导致了家庭金融资产的结构存在很大的差异。在英国与美国,股票在家庭资产中的份额要比日本、法国和德国大得多;而现金以及现金等价物,即银行存款则正好相反,日本、法国以及德国比英国要多得多。家庭持有的金融资产结构在过去的十几年以来又发生了某种相对变化,从更具体的角度来讲,美国家庭直接持有股票和通过养老基金、保险基金、共同基金间接持有股票的份额很大,占到家庭金融资产比重的 45%;英国间接持有的份额比美国更大,占到 52%;日本、法国、德国比重分别为 12%、16% 和 13%。较少持有股票的国家,家庭金融资产的替代物为现金以及现金等价物、债券,在日本这一比例高达 65%;法国为 71%①;德国为 36%②。从直观上看,

---

① 法国的现金等价物与债券分别为 38%、33%,原数据没加总,故两者之和为 71%。

② 上述各国的数据来自于 Franklin Allen, Anthony M Santomero:"The Theory of Financial intermediation", Journal of Banking and Finance 21 (1998), pp.1461-1485.

英、美家庭承担的风险比较大，日本、法国与德国家庭承担的风险比较小。但是，如果碰到了长期牛市又如何呢？显然持有更多股票份额的家庭将会获取更高的收益。这就引申出一个福利经济问题，如何评价家庭经济福利，而家庭经济福利的一个主要表现形式是风险分担的类型，资本市场表现为风险分担、金融中介主要是银行表现为跨期平滑。

本章的内容如下：首先描述西方国家近期的资本市场波动并分析其产生的原因，在资本市场的风险下，家庭金融资产所受到的影响，以及持有现金和现金等价物的家庭可以回避这一风险；然后分析完美资本市场和非完美资本市场上的风险分担原理，进一步分析金融中介对风险的跨期平滑功能；最后分析存在资本市场与金融中介竞争的情况下，对家庭经济福利的影响。本章的主要观点是：家庭金融资产的最优风险分担方式，影响了家庭的经济福利，从而导致了家庭方对金融系统的选择。

3.1 金融系统中的个人福利比较

研究纽约证券交易所上市股票的真实价值变动曲线，可以看到，1974 年的股票价格与 1972 年的峰值相比，下降了一半。而从 20 世纪 90 年代初开始，直到 20 世纪末期，股价又上升到了一个令人难以置信的水平，人们称之为"非理性繁荣"，或称之为".com"泡沫。20 世纪 70 年代早期，第一次 OPEC（石油输出国组织）冲击波，每桶原油从 2.6 美元上涨到了 12 美元，很快又涨到了每桶 21 美元，工业化国家深受石油涨价之苦，美国尤其如此。20 世纪 70

年代早期,美国的石油消耗占世界总消耗的60%。OPEC冲击波可能是70年代初股市下跌以及生产力水平下降的部分原因。为什么不是全部原因呢?最近的研究,B. Hobin 与 B. Jovanovic(2003)认为除了石油的涨价以外,信息革命(IT)的到来以及企业还没有为它的到来做好准备,而投资者则预见到了 IT 革命的到来,并且导致了股票价格的下降,新的资本破坏旧的资本,但有一些滞后,基于这样一个前景,从而引起旧的资本价值的下降,当然这是20世纪70年代股价下跌的另一个解释原因。

不论何种解释原因,资本市场主导型的金融系统中的家庭,由于主要金融资产为股票,在相当大的程度上受制于资本市场的价格波动,当证券占到家庭金融资产的多数时,石油冲击或者信息革命的冲击而带来的股价崩溃对家庭财产造成了严重损失。股价下跌以后若被迫变现证券,那么家庭财富会蒙受损失或减少家庭的消费支出,对于具有较少收入来源的退休人员,消费减少的程度更甚。显然,以资本市场为导向国家的家庭,其福利受制于资本市场的波动。

反观以银行为导向的国家,家庭金融资产大部分以现金或者现金等价物或者债券形式持有,或者是广义的金融机构的债权,而这些债权是不按市场价值标价的,资本市场上股价的波动对家庭财富造成的波动要小得多,因此银行主导型的金融系统能够减少家庭财富受股价冲击的影响,从而能减缓经济上如油价上涨的 OPEC 冲击以及信息革命引起的产业结构调整的冲击。

以美国纽约证券交易所为例,20世纪70年代初发生了 OPEC 冲击,并且股价1974年最低时只有1972年最高时的大约 1/2，这对家庭金融资产是一个不利的冲击；但是资本市场也可能对家庭金融资产产生有利的冲击，比如，从 20 世纪 80 年代以后，特别是在 90 年代以后，美国由于信息技术革命产生的效果，以"新经济"为标志，美国经济出现了较高增长，低通胀、低失业率的持续繁荣。与此同时，美国的股票市场则连创新高。道·琼斯 30 种工业股票从 2 000 多点上升到了 10 000 点以上，证券市场出现了所谓的"非理性繁荣"，或".com"泡沫，但不论对这一现象如何评价，从 20 世纪 90 年代以来的美国股票市场投资获得了超过预期的收益，可以负担更高的消费，同时也使家庭财富获得了大的增值。而日本、法国的家庭在过去 10 年中就没有美国家庭那么幸运，由于金融资产大部分为储蓄，只能获得较低的固定收益。

OPEC 石油冲击和信息技术革命对股票价值造成的影响具有高度同步化，投资者是不能通过多样化组合回避风险的，系统性的波动对家庭财富造成了直接的影响。Ibbotson 和 Peng Chen（2003）进一步研究了参与真实经济的长期股票回报，在他们的研究中，通过推断长期股票与真实经济的种种方式来估计出它的风险溢价。他们将 1826~2000 年股票的历史回报分解成几个因素：通货膨胀、收入、股利、市盈率、股利支付率、账面价值、股票回报以及人均 GDP。由此得出了几个重要发现：（1）用收入衡量的公司产量增长与总体经济产量增长变动的幅度是一致的；（2）市盈率的增长只能解释一小部分股票回报变动的原因，股票回报的增长主要归功于股利支付与名义收入的增长；（3）股票市场增长比真实经济产量增长更多的受市盈率上涨的影响；（4）股利增长与支付率出现了下降的趋势，这就使得用股利增长率来估量公司的盈利能力和未来的发展前景越来越困难。

许多学者采用估计股票的期望回报对债券的增加额来计算股票的风险溢价。其方法是通过历史的股票与债券的回报值计算；用一些基础的信息如收入、股利或总体经济产量来计算风险溢价；使用需求模型，模型通过投资者承担投资风险而要求得到的回报来获得股票的期望回报值；在以广泛调查中收集的投资者和专家意见为依据来研究。Siegel (1999) 预测股票风险溢价在未来将会缩减，这是由当前的低股息收益和股票价值的高低决定的。Fama 和 French (2002) 在对 1872~1999 年的历史记录进行研究以后，估计出了两个几何历史期望风险溢价，用股利增长率算出的是 2.55%，而用收入增长率算出的是 4.32%，原因是市盈率的上升导致现实的股票风险溢价比期望风险溢价要高。如果在研究中将历史的股票回报与影响股票市场和总体经济产量的因素联系起来，长期预测结果与美国股票市场的历史收益及 1926~2000 年人均 GDP 的增长是一致的，假设市场是有效益的情况，高市盈率代表着市场收益率将呈增长的态势。

由上面的研究可以得到如下结论：(1) 参与真实经济的长期股票回报与人均 GDP 的增长是一致的，换言之，股票的长期回报分享了经济的成长性。(2) 股票的长期回报高于债券的收益。(3) 股票的长期回报受诸多因素的影响，并且是波动的，Wilson 和 Jones (2002) 的数据计算 1920~2000 年股票市场的平均复利年回报率大约为 10.70%，算术平均年回报率为 12.56%，标准差为 19.67%，在此期间无风险资产，如美国长期政府债券的年回报率为 5.46%，风险补偿为 5.24%。(4) 即使不考虑股票市场上的波动，系统性风险，从参与真实经济的长期回报来看，股票的长期回报高于风险资产收益。

上述分析阐明了一个基本原理，即使面临相同的经济冲击，资本市场与银行系统中个人所承担的风险迥然不同，所得到的长期回报也不同，这些会引起家庭财富的风险暴露与积累方式。

3.2　风险分担与跨期平滑：Allen-Gale 模型

按完美的资本市场理论，拥有高度发达资本市场的经济必然能够更好地分配资源、分散风险。但这并不意味着资本市场不发达，并且金融工具比较少的经济就不能分散风险，以银行存款或持有固定收入债券的家庭可以避免资产市场上价格波动的影响。

不同的金融系统如何应付风险呢？我们必然考虑传统市场理论中处理风险分散的方式。传统理论假设给定一组资产，强调通过交换实现有效的风险分担。传统的多样化观点要求个人交换资产，每人承担的风险都较小，同时，又取决于每个人的风险厌恶倾向，风险厌恶倾向强烈的人少承担一些风险，风险厌恶倾向弱的人多承担一些风险，但所有这些方式都无法消除影响全部资产的宏观经济冲击，比如 OPEC 石油冲击和信息技术革命引起的冲击。由于资本市场可分散的风险是通过在某一时点上个人之间交换风险来实现的，我们称之为横向风险分担。

风险除了横向分担以外，不能在某一时点被分散的风险却能够以减少个人福利冲击的方式跨时平均化。其方式是在代际之间分担风险,把一组给定资产存量相关联的风险在不同代际之间摊销;或者进行资产累积,目的是减少跨期消费波动,平滑代际之间的消费。这两种方法都是为了使资产收益跨期平滑,减少跨期的消费波动。

在完美的 ADM 模型里,市场是完全的,市场参与是充分的,因而横向风险分担和跨期平滑自动完成。但是这一模型过于简单,无法解释不同的金融系统结构与资产存量累积之间的关系,尤其不能解释资本市场为主导的金融系统和中介为主导的金融系统如何通过动态累积路径来平滑资产收益。因此本节首先要论证完全市场与不完全市场的风险分担;然后讨论在没有资本市场竞争的条件下,金融中介提供的跨期平滑功能;最后讨论跨期平滑对福利经济的影响。

3.2.1 风险分担模型

(一) 完全的风险分担

艾伦和盖尔等(1984)从金融创新和风险分担的角度研究了完全市场上风险分担的模型,其方法是用证券设计与一般均衡模型来解释风险分担,该模型有如下假设:

1. 存在两个时期:$t = 1, 2, \cdots, n$,第一时期只有一种消费品,并且消费品为计价单位;

2. 存在有限的自然状态,$\Omega = (w_0, w_1, \cdots, w_w)$,每种状态发生的概率为 $(\mu_0, \mu_1, \cdots, \mu_w)$。

3. 存在可数的投资者集合,投资者的类型 K 为有限集,不同投资者的区分按未来收入的不确定性划分,而投资者类型的横截分布为 $v = (v_1, v_2, \cdots, v_k)$ 代表,v_i 表示 i 类投资者所占的比例,且 $\sum_{i=1}^{k} v_i = 1$。假设所有投资者都为风险规避型的,并且投资者关注两个时期的消费。

4. 投资者具有冯·诺依曼-摩根斯坦效用函数 $U(c_1, c_2) = c_1 + V_k(c_2)$。其中 c_t 是在 t 时期的消费,并且 $U_k: R^2 \to R$,故消费可能为负,U_k 是连续、一次可微、严格单调递增的凹函数。

5. 投资者在时期 1 的收入为零,任一消费者在 1 的状态 w 下有随机收入 $Y_k(w)$。

6. 将时期 1 的消费转为时期 2 的消费过程中,可以通过储蓄或者投资方式来完成。

7. 政府能够在任何时期直接在消费者之间转移资源,在时期 1,k 组的转移为 τ_k;在时期 2 的状态 w 下,k 组的转移为 $\tau_k(w)$。并且在任何时期、任何状态下转移持平,则

$$\sum_{k \in K} \tau_k = 0$$

$$\sum_{k \in K} \tau_k(w) = 0, \quad \forall w \in \Omega$$

当 $k = k_0$ 时,最大化一种类型的期望效用,当 $k \neq k_0$ 时,其他所有类型的期望效用保持不变,此时,资源的配置达到了帕累托最优。

$$\max_{\tau_k, \tau_k(w)} EU_{k_0}\left[\tau_{k_0}, Y_{k_0}(w) + \tau_{k_0}(w)\right]$$

$$EU_{k_0}\left[\tau_{k_0}, Y_{k_0}(w) + \tau_{k_0}(w)\right] \geq \overline{U_k}, \forall k \neq k_0$$

帕累托最优条件下,满足边际替代率相等:

$$\frac{\partial U_{k_0}/\partial C_2(w)}{\partial U_{k_0}/\partial C_1} = \frac{\partial U_k/\partial C_2(w)}{\partial U_k/\partial C}, \quad \forall k \neq k_0$$

在上述条件下,通过从较高收入者向较低收入者进行转移支付可以风险分担,并且每个人在特定状态下的消费

取决于在此状态下的总收入。在上述条件下交易的可能性使投资者能够通过风险分担实现效用最大化，证券的作用体现在一种类型的消费者能够将当期的消费与另一类消费者将来的收入进行交换。

但是，上面一直假设转移支付通过政府来进行，把上述模型作一些扩展，讨论证券在资源配置上的作用。在不存在证券的情况下，每个消费者只能消费其自然禀赋，在没有交换的情况下，类型 k 的期望效用为：

$$EU_k^* = EU_k(0, Y_k(w))$$

收入 $Y_k(w)$ 是随机的，每个人都必须承担风险，如果将证券引入模型中可以分担风险，假设在此状态 $\{w_0, w_1\}$ 下，存在报酬 $(1, 0)$ 的证券 S。证券的净供给为零，在时期 0 发行用以交换消费品，在均衡条件下，满足：

（1）每个投资者最大期望效用；
（2）市场出清。

若在时期 1 证券的交易价格为 P_s，k 类投资者的需求为 S_k，则

$$\max_{S_k} - P_s S_k + EV(Y_k(w) + S_k)$$

式中：$EV(Y_k(w) + S_k)$ 是 k 类投资者在时期 2 消费的期望效用，对于任意一 k 来讲，最大化的一阶条件为：

$$P_s = \frac{1}{2} V'(Y_k(w_0) + S_k)$$

市场出清的条件为：$S_{k_0} + S_{k_1} = 0$

在上述状态下，证券取代政府作为转移支付的媒介，在完全市场条件下，消费者通过发行证券实现有效的风险分担。而完全市场的条件是每种状态存在阿罗证券，资源

配置有效率。

（二）不完全风险分担

不完全市场引起不完全风险分担，不完全市场上制造了某种机会，使中介机构能够改进动态经济中的福利水平。

假设有无数个时期 $t = 0, 1, 2, \cdots, n$ 的迭代人序列，在 $t = 0$ 时，为起始的一代人，可以存活一期；在每一期有新一代人，可以存活 2 期。并假设每代人由同质当事人的闭联集构成，并且将当事人的数目标准化为一单位，按照投资于资本市场或者是银行中介而分别称为投资者和存款人。

每期的产品为同类产品，既可以用于投资，也可以用于消费，若年轻时不消费，则可以通过投资以备老年时消费，存在两种资产，第一种资产供给固定，收益随时间而变化，在偶数期与奇数期的收益分别为 Y_H 与 Y_L，且 $Y_H > Y_L > 0$，起始一代人的资产供给被标准化为 1 个单位；第二种资产量存货，可以把 t 期一单位转化为 $t+1$ 期单位消费，数量由投资者决定。

迭代模型中市场的不完全体现在每个人的出生在偶数或是奇数所造成的风险事前无法分担。初始阶段的不确定性在于不清楚自己出生在偶数期还是奇数期，若发生在偶数还是奇数时的概率一样，但偶数期与奇数期和效用在均衡时不一样，当事人面临时期不同带来的风险，且不能为该风险担保。下面分析在资本市场上的资产配置。

在资本市场上，年轻一代人用自己的禀赋 e 购买资本市场上的资产，资产价格与消费品价格仅依赖于是奇数还是偶数。令 P_H 表示偶数期的消费，γ_H 为耐用资产的报酬，P_L 代表奇数期的价格，γ_L 表示奇数期的报酬，且存货价格定为1。

若在偶数期,则下一期的盈利为 γ_L,价格为 P_L,投资者购买 X_L 单位耐用资产、S_L 单位存货,投资组合 (X_L, S_L) 是在资产 e 约束下的最大效用。

$$\max_{(X_L, S_L)} U[(\gamma_L + P_L)X_L + S_L]$$
$$\text{s.t.} \quad e = P_H X_L + S_L$$
$$X_L, S_L \geq 0$$

同理,在奇数期,则下一期的盈利为 γ_H,价格为 P_H,投资者购买 X_H 单位耐用资产、S_H 单位存货,投资组合 (X_H, S_H) 是在资产 e 约束下的最大效用。

$$\max U[(\gamma_H + P_H)X_H + S_H]$$
$$\text{s.t.} \quad e = P_L X_H + S_H$$
$$X_H, S_H \geq 0$$

均衡时,耐用资产的市场出清条件为:

$$X_L = X_H = 1$$

对上述两组方程求微分得:
$$(\gamma_H + P_L - P_H)U'[(\gamma_L + P_L)X_L + S_L] \geq 0$$
$$(\gamma_H + P_L - P_H)U'[(\gamma_H + P_H)X_H + S_H] \geq 0$$

解上式得:
$$S_L = S_H = 0$$
$$P_L = P_H = e$$

上述结果的含义是任何一代人的消费取决于这代年老时是落在偶数期还是奇数期,若落在偶数期,其消费为 $C_H = e + \gamma_H$,在奇数期其消费为 $C_L = e + \gamma_L$。显然,$C_H \neq C_L$,且 $C_H > C_L$,此时资本市场上的配置不完全风险分担正是体现在上述的不等式,由于事前人们无法估计是落在偶数期还是奇数期,事后又不能保险,故资本市场上的不完全风险分担表现在此。

既然资本市场条件下存在不完全风险分担,是否存在其他的方式来改进风险的分担呢?中介化的金融系统可以改进资产配置并提高福利水平。

假设有一个中介化的金融系统,存在一个中介机构,并且为存款类中介机构,每代人如果要为未来消费作准备,则只能存款在该中介机构。中介机构接受存款人中年轻一代人的禀赋,或者投资于存货,或者支付给目前存款人中的年老一代人。中介机构需要付给存款人收益,但该收益并非与中介机构的投资所得相一致。

中介机构有多种资产配置方式,它也可以选择资本市场上的配置,也可以把财富偶数的一代人转移到奇数的一代人;也可以把财富倒转过来,从奇数期的一代人转移到偶数期的一代人,假设人们在偶数期的概率和在奇数期的概率一样,那么中介的目标函数中偶数期的一代人与奇数期的一代人的权数相等,目标函数为:

$$U(C_H, C_L) = 0.5U(C_H) + 0.5U(C_L)$$

式中:C_H 为偶数期的消费;C_L 为奇数期的消费,存款人福利最大化则选择:

$$C_H = C_L$$

满足 $C_H = C_L$ 的条件是中介可以进行投资,并可以将收益从偶数期结转到奇数期。偶数期在存货上投资 T,$T = \frac{1}{2}(\gamma_H + \gamma_L)$,奇数期投资为 0,每一期把 e 从年轻一代人那里转移给年老一代人,每一期给存款人的支付一样,这种状况的配置其福利水平要好于资本市场上的配置。

两种方式的福利差异，其原因是在资本市场条件下，当事人不能为自己位置的不确定性投保，市场将投资者暴露在市场的风险波动下，从而造成福利损失；而中介通过转让提供事后保险，改进了风险分担，提高了福利水平。

(三) 市场的马尔可夫均衡模型

风险的跨期平滑工具是一个标准的无限期界迭代模型，时期为 $t = 1, 2, \cdots, n$，每一期 t 都有新一代人出生，且每一代人用一个当事人代表，起始的一代人的寿命是一期，随后的每一代人是两期。每一期可消费一单位产品，t 期出生的当事人年轻时拥有的 e 单位禀赋，年老时禀赋为 0。

存在两种资产：安全资产与风险资产，人们在选择组合时可以持有安全资产，也可以持有风险资产。假设资产供给为 1 单位，最初由年老一代人持有，风险资产一直存在，且每期支付 Y_t 单位消费作为股利。该经济的不确定性在于股利 Y_t 的随机性，假设 Y_t 独立同分布、非负，具有正的期望值和方差。安全资产由存货代表，存货技术可将 t 期一单位消费品转移到 $t+1$ 期一单位消费品，起始的年老一代人不拥有安全资产，$S_0 = 0$。

投资者所做的选择是在安全资产和风险资产中进行选择，以使他们的冯·诺依曼-摩根斯坦效用函数最大化，效用函数为：

$$U(C_1, C_2) = u(C_1) + v(c_2)$$

C_i 是当事人在第 i 期的消费，函数 $u(\cdot)$，$V(\cdot)$ 满足两次连续可微、递增、严格凹函数。

t 期一代人持有 $X_t \geq 0$ 的风险资产数量，$S_t \geq 0$ 的安全资产数量，不允许卖空，第一期的预算约束为第一期的投资与消费组合的总价值，等于第一期禀赋：

$$C_{1t} + S_t + P_t X_t = e$$

式中：P_t 代表 t 期的风险资产价格。第二期预算约束要求当事人第二期消费等于投资组合的清算价格加上风险资产的股利：

$$C_{2t+1} = S_t + P_{t+1} X_t + y_{t+1} X_t$$

每一期当事人都知道资产收益的现值与过去值，$y' \equiv \{y_1, y_2, \cdots, y_t\}$，当事人决策只能在他所获取的信息集，故 $\{X_t, S_t\}$ 是 y' 的函数，从属于随机过程 $\{y_t\}$，资产价格和消费是当事人投资组合的函数，上述条件同样得到满足。在每一期以获得的信息为条件，并在满足预算约束的前提下，通过选择有价证券使效用最大化。

均衡由投资组合 $\{(S_t, X_t)\}$ 和价格 $\{P_t\}$ 序列组成，从属于随机过程 $\{y_t\}$，并且满足：

(1) 每一期年轻当事人所选择的组合 $(S_t, X_t) \geq 0$，应是下述方程的解：

$$\max E_t(U(C_{1t}) + V(C_{2t} + 1))$$
$$\text{s.t.} \quad C_{1t} + P_t + S_t = e$$
$$C_{2t+1} = S_t + (y_{t+1} + P_{t+1}) X_t$$

(2) 在风险资产市场出清的条件下，每一期都有 $X_t = 1$，若带有内生变量 (P_t, S_t, X_t) 的均衡是同步冲击 y_t 的函数，如果函数关系不随时间而变化，则是静态马尔可夫 (Markov) 均衡：

$$(P_t, S_t, X_t) = f(y_t), \forall t$$

由于风险资产收益假定为独立同分布，不论年轻人出生的状态如何，他每一期必须解决同样的决策问题；年老一代人无弹性地供应资产，均衡价格是不变的、非随机的，则在均衡时持有风险资产的净收益 r_t 为：

$$r_t = y_{t+1} + P_{t+1} - P_t = y_{t+1}, \quad y_{t+1} > 0$$

由于 y_{t+1} 非负，均衡时当事人根本不会持有安全资产。模型经过进一步的扩展，将当事人生命中两期禀赋 (e_{1t}, e_{2t}) 考虑进去，均衡时可以使用安全资产，前提是安全资产的收益为正，或者 y_t 可能小于 0，则风险资产的投资收益不高于安全资产的投资收益，均衡时人们会持有安全资产。市场消除不了资源禀赋和资产收益随机波动带来的影响，风险不能被完全消除。

3.2.2 风险的跨期平滑模型

静态马尔可夫均衡中，人们不会为了预防风险资产收益的不确定性套购安全资产，市场均衡下的风险不可避免，如果扩展到一个无限期界经济中，可以通过一个累积无风险资产缓冲存货方案来消除全部风险。假设一个人拥有风险收入 w_t，他想把长期平均效用预期值最大化：

$$E\left[\lim_{T\to\infty} T^{-1} \sum_{1}^{T} u(C_1)\right]$$

当事人不能借贷，但是能以投资于存货的方式自我保险，在每一期，此人累积了储蓄 $w_t + S_{t-1}$，如果可行，他就消费 E_{wt}，否则他就消费 $w_t + S_{t-1}$，在 t 期的储蓄为：

$$S_t = \max\{w_t + S_{t-1} - E_{wt}, 0\}$$

若 $MT \equiv \#\{t \leq T \mid S_t = 0\}$ 为这个过程在第一个 T 期到期时的花费的期数，随机变量 $\{w_t\}$ 独立同分布，则随着 T 逼近无限，$\frac{MT}{T}$ 收敛于 0。$S_t = 0$ 时，消费才少于 E_{wt}，这表明绝大多数时间里此人的消费等于 E_{wt}，长期平均效用收敛于 $U(E_{wt})$。

第三章 金融系统中的个人福利分析

如果一个计划者把各代预期效用的长期平均值最大化，使用存货积累起整个经济的总禀赋的一部分，S_t 表示 t 期末的累积储蓄，$w_t \equiv e + y_t$ 表示 t 期整个经济的总禀赋，则

$$S_t = \max\{w_t + S_{t-1} - E_{wt}, 0\}$$

可以提供每一期的两代人在几乎每一期提供等于 $\bar{w} \equiv E_{wt}$ 的总消费，计划者可以按照最大化典型一代人的效用的方式在两代人之间分配消费。

$$C_1(w), C_2(w) \equiv \arg\max_{C_1 + C_2 = w} u(C_1) + v(C_2)$$

令 $U^*(W) \equiv u[C_1(u)] + v[C_2(w)]$ 则计划者可以实现：

$$E\left[\lim_{T\to\infty} T^{-1} \sum_1^T u(C_1(\min\{\bar{w}, w_t + S_{t-1}\})) + v(C_2(\min\{\bar{w}, w_{t+1} + S_t\}))\right] = U^*(\bar{w})$$

上述结论可用一个命题表达：存在着一个可行策略 $\{S_t\}$，可以确保除了可忽略的少数几代人以外的所有代人都能实现预期效用水平 $U^*(\bar{w})$。上式的结论是在 $T\to\infty$ 时能够成立，少数几代人的含义是与 $T\to\infty$ 相比，不满足上式的是少数几代人。

效用水平 $U^*(\bar{w})$ 至少与市场均衡中所实现的水平一样高，对于任何可行配置，如果其中的老一代人与年轻一代人的长期平均消费水平是充分定义的，则上述观点一定正确。

3.2.3 跨期平滑的福利分析

长期当事人使平均预期效用最大化的方案与迭代模型中的方案不一致，选迭代方案使两期空间中的预期效用最大化；长期当事人积极地累积安全资产存货为风险比例投

保。如何评价两种方案的福利呢?

首先必须定义当事人的福利水平。第一种福利定义为个体福利以他出生时所能获得的信息条件的预期效用 $E[U(C_{1t}, C_{2t+1})|y_t]$,只要信息集 y^t 不同个体就不同;第二则把个体福利定义为无条件预期效用 $E[U(C_{1t}, C_{2t+1})]$,实际上是假定不管当期信息如何,每一期只有一个个体。

如果考虑到当事人出生时的状态,就有两种帕累托效率定义:事前帕累托效率与事后帕累托效率。如果不能在不减少其他人的事后预期效用的条件下增加某些代人的事后预期效用 $E[U(C_{1t}, C_{2t+1})|y_t]$,这种配置是事后有效的,如果不能在不减少其他代人事前预期效用的条件下增加某些代人的事前预期效用 $E[U(C_{1t}, C_{2t+1})]$,这种配置是事前有效的。

市场均衡配置的特点是当事人不能在出生前进行交易,当事人只有在确定自己出生时的状态后,他才会采取某种交易,出生状态 y^t 此时是一个前定条件,当事人不能为其投保。但是,每一期在年老的一代与年轻的一代之间作出转移,计划就可以为此投保。这种状态不需要使用存货,计划者可以实现事前意义上的帕累托改进。

代际平滑的方法是积累安全资产,并用积累的安全资产去平滑消费波动,预期效用会更高。通过每一期年老一代人和年轻一代人之间的转移支付来实现代际风险分担,跨期平滑在长期平均消费方面可以消除这种不确定性。

跨期平滑可以增加长期平均预期效用,为了确保与均衡配置相比每一代人的事前境况更好,有必要考虑跨期平滑的步骤。

如果第一期就实行跨期平滑,与市场配置相比而言,或者起始的年老一代,或者起始的年轻一代,甚至两代都会受损害,以后的各期依此类推。为了实现事前帕累托改进,应当分步骤引入跨期平滑。首先通过代际风险分担增加预期效用,在不损害任何一代人效用的前提下以安全资产的形式积累禀赋,当储备足够多时,再转向跨期平滑,使每代人比单独依赖代际风险分担的事前状态更好。

如果均衡是事前有效的,则不存在当期再分配的方案,通过重新分配消费使得 t 期两代人的福利有所改进。引入常数 $0 \leq \lambda \leq 1$,均衡消费分配 (C_{1t}, C_{2t}) 必须使下面的期望效用函数最大化:

$$\max E[\lambda U(C_{1t}) + (1-\lambda)v(C_{2t})]$$
$$\text{s.t.} \quad C_{1t} + C_{2t} \equiv e + y_t$$

此式成立的必要条件为:$\dfrac{U'(C_{1t})}{v(C_{2t})} = C$(常数)市场均衡中 $C_{1t} = e - P_t$ 是非随机的;$C_{2t} = P_t + y_t$ 是随机的,不能满足事前帕累托效率的必要条件,$\dfrac{U'(C_{1t})}{v(C_{2t})} \neq C$,故市场均衡是事前无效率的。

是否可有其他方案改进事前帕累托配置?可以用同期资产收益作出相应的静态转移。记 $\tau(y_t)$ 表示资产收益为 y_t 的 t 期年轻一代人向年老一代人转移,新的消费分配改为:$C_{1t}^* = C_{1t} - \tau(y_t)$,$C_{2t}^* = C_{2t} + \tau(y_t)$,每一期 t 有:

$$E[v(C_{2t}^*)] > E[v(C_{2t})]$$
$$E[u(C_{1t}^*) + v(C_{2t+1}^*)] > E[u(C_{1t}) + v(C_{2t+1})]$$

如果每期减少一定的年轻一代人的消费 $\eta > 0$,并将 η 加入到安全资产存货中,到 t 期,累积的安全资产为:$S_t = $

η_t，如果 t 足够大，就可以建立任意多的安全资产储备，实现跨期平滑方案。

根据当事人发生时的状态有两种效率定义，事前效率针对所有状态使用效用预期；事后效率为个体福利以他出生时的可用信息为事件。并且仅当 $S_t > 0$ 且随 t 趋向于无限，总消费为 $\bar{w}$，随着 t 接近无限，事后预期效用将收敛于 $U^*(\bar{w})$，除了储备低的时期以外，每一代人的事后预期效用将是 $U^*(\bar{w})$，高于均衡时的效用，随着 t 变大，绝大多数代人的境况可以变得更好。因此，跨期平滑能对市场配置进行帕累托改进。

实行跨期平滑组织形式是中介机构，长期存在的中介机构，通过平均不同时期收益水平的高低来为不确定性投保，中介机构可以持有包括安全资产和风险资产在内的所有资产，为每代人提供存款合同。在期初提供代际保险，在随后积累了大量储备以后，不受实际收益如何波动，中介机构向所有代人提供不变的存款收益。

以中介为导向的国家的金融中介如何把利润最大化与跨期平滑统一起来，或者兼顾到呢？很明显，短期的利润最大化可能与跨期平滑相冲突。解决这一冲突的原则是把利润与中介的长期生存统一起来，在有利时增加储备，在不利时削减储备，客观上就在从事跨期平滑，从而改进了市场配置。

3.3 复杂金融系统的福利改进

一个复杂的金融系统包括资本市场与金融中介两部分。在一个复杂金融系统中存在资本市场也存在金融中介，虽然金融系统可以划分为以市场为导向和以银行为导向,但即便如此,现代金融系统包括市场与中介。在这样一个金融系统里,市场与中介可能存在竞争,或者存在不稳定性和危机,这些因素如何影响福利,本节将分析这些模型与观点。

资本市场提供风险分担机会,就横截面风险分担机会而言,上述观点是对的,但是市场忽略了代际平滑的可能性,通过中介的跨期平滑,中介化的金融系统可以使每一代人的境况比仅有资本市场更好。市场与中介实际上决定着当事人积累资产的路径,不论哪种方式,经济都要求风险平滑。

金融系统能否将资本市场的横截面风险分担与中介机构的代际风险平滑结合起来呢?

风险分担不排斥某种套利机会,套利对个人而言是有益的,但会破坏中介所提供的保险。发达的金融系统提供了众多的金融工具,可以改进风险分担,但却无法提供跨期平滑。

解释资本市场竞争效应的方法是考查一个封闭的中介化金融系统向资本市场开放时的效应。开始,该国金融系统由银行卡特尔垄断,在没有竞争的情况下从事跨期平滑,一旦开放了资本市场,个人可以退出金融中介,转而投向资本市场。银行将面临新的约束,该国原有的封闭金融系统要小于开放后的金融系统,而资本市场的价格不受原有金融系统、投资者参与中介所提供的风险分担决策的影响。

若 $\{P_t, S_t, X_t\}$ 为市场均衡,$\{(C'_{1t}, C'_{2t}, S'_t)\}$ 为该国实现最优化配置,此时的均衡为没有长期中介机构时投资者的福利水平,也是中介机构运转时个人的外部选择基准。假设中介可以复制市场上可以利用投资机会,且该国所有投资者都可以利用中介机构。

投资者能否在利用中介的同时进行附带交易,市场可以采取几种方式,若中介机构实行完全垄断式的独占经营,则当事人如果想在市场上交易,就不能利用中介机构,这会使市场的吸引力下降,对中介机构设计风险平滑方案的约束力下降,即便如此,也足够消除来自于代际风险平滑的任何福利改进。

非中介化约束使人们一旦有机会进入资本市场不会放弃风险分担机制,表述为对于任何时间函数 y^t (y_1, y_2, $\cdots$, y_t),配置 $\{(C'_{1t}, C'_{2t}, S'_t)\}$ 满足:

$$E[u(C'_{1t}) + v(C'_{2t}) | y^t] \geq \max_{(X,S) \geq 0} E[u(e - P_t) + v[x(y_t + S)] | y^t_*]$$

左边的表达式是风险分担机制提供的预期效用;右边的表达式是 t 期出生的当事人能从市场中获得的最大预期效用。y^t 表示 t 期可利用的信息,当事人在观察了 y^t 以后决定是否参加风险分担机制。上式表明,中介化金融系统不允许对预期效用作出改进以超过投资者在资本市场所能获得的效用。所有代理人在中介经济中的事前预期效用会比在仅有资本市场中的效用大,投资者若不准备进入市场,不完全市场不允许跨期平滑,但中介可以进行跨期平滑;但是若投资者进入资本市场,中介机构的经济福利会受到影响。

市场与中介的共存也能改进市场的缺陷。从理论上讲,中介化的金融系统有可能要比市场主导型的金融系统获得高水平的福利。在现实中,银行持有高额准备金,可以在资产收益低时依赖这些准备金,在减少不可分散风险方面,可以改进竞争性的资本市场福利。

第 四 章

金融系统中的企业福利分析

在上一章中,我们从居民(投资者,消费者)福利的角度比较了银行主导型金融系统和市场主导型金融系统在风险分担方面的差异,本章的视角将转移到企业,即从融资方的角度讨论资源配置的福利分析。

在描述经济系统的四部门分析法中,企业和居民是通过金融系统(包括金融市场和金融中介)来建立联系的,也就是说,金融系统的最基本的功能是对资金进行时间上和空间上的配置。由于假定资源配置是金融系统最基本的功能,Arrow and Debreu (1954)、Mackenzie (1954, 1959) 证明,在完全竞争市场假设下,经济主体(包括消费者和投资者)运用价格机制通过分散决策可以实现有效率的资源配置,因此金融中介没有存在的必要。而 Benston and Smith (1976)、Leland and Pyle (1977)、Diamond (1984) 则分别从交易成本和非对称信息的角度论证了金融中介存在的必要性,这表明金融系统的功能并不仅仅局限于资源配置,还有其他方面的功能。为此,Merton (1995) 从金融市场和金融中介功能的角度来比较金融系统。根据Merton

的解释,金融系统最主要的功能包括配置资源、参与公司治理和管理风险。从企业的角度讲,金融系统主要作用在于配置资源和参与公司治理。

本章从资源配置和公司治理两个角度对企业在不同金融系统下的福利进行比较分析。具体安排如下:第一节从资源配置的角度比较不同金融系统下企业的福利;第二节从公司治理的角度比较不同金融系统下企业的福利;第三节探讨新技术融资对市场或中介的偏好比较。

4.1 企业资源配置的福利比较

不同的金融系统(银行主导型和市场主导型)之间的一个重要区别在于信息创造和使用的方式不同,具体地说,不同的金融系统赋予价格体系在传递信息以实现资源的有效利用方面扮演不同的角色。

在以美国为代表的市场主导型国家里,大量的企业通过股票公开发行上市交易来融资。为了维护投资者利益,证券交易委员会(SEC)要求这些上市公司定期或不定期的发布关于公司财务状况或者其他方面的信息,这意味着大量的信息将可以从证券市场上获得。信息的广泛可获得性帮助企业作出好的投资决策,企业也能就是否进入某一产业进行优化选择,证券市场的这种优化资源配置的角色一直被认为是它的一项重要功能。与美国相反,在德国,只有少量的公司通过公开发行股票募集资金。通过证券市场只能获取少量信息,也就是说,证券市场信息制造的功能较弱,在此情况下,投资资金是如何分配的呢?由于不能像美国的企业那样从证券市场上获取价格信号以及其他信息，德国的企业在投资决策方面似乎处于明显的劣势。然而，以德国为代表的银行主导型金融系统有另外一种资源配置的机制，即几家大银行在合理配置资源方面起重要作用。如果银行拥有某一企业的大量信息，他们就能考虑是否在该企业的投资项目融资时利用这些信息，从而完成资源配置任务。问题是，尽管资源配置的这种替代机制能够复制证券市场的某些功能，但是它能实现资源的优化配置吗？两种资源配置机制能否实现 Pareto 最优？本节将通过模型证明，尽管银行主导型金融系统和市场主导型金融系统在获取信息方面存在巨大差异，但两者在一定条件下均能实现资源的优化配置即 Pareto 最优。

4.1.1 资本预算的基本方法

资本预算指的是企业应该如何制定决策使其价值最大化。就某一投资项目而言，资本预算指导投资项目取舍的基本步骤是：(1) 估算出投资方案的预期现金流量；(2) 估计预期现金流量的风险；(3) 确定资本成本的一般水平；(4) 确定投资方案的收入现值；(5) 通过收入现值与所需资本支出的比较，决定拒绝或接受投资方案。因此，估计投资项目的预期现金流量（包括投资的初始成本）是资本预算的首要环节，实际上，它也是资本预算过程中最重要、最困难的环节。一旦估算出现金流，将有几个指标可以用来评价投资项目的好坏，这些指标大体上可以分为两类：一类是贴现指标，即考虑了时间因素的指标，主要包括净现值、现值指数、内部报酬率等；另一类是非贴现指标，即没有考虑时间价值因素的指标，主要包括投资回收期、会计收益率等。由于非贴现指标没有考虑资金的时间价值，这些指标只能对投资项目进行粗浅的评价，相比较而言，贴现指标因为考虑了资金的时间价值而更为科学，其中净现值法（NPV）和内部报酬率法（IRR）是广为使用的两种方法，在此以 NPV 法为例对资本预算的过程作一简单介绍。

投资项目的预期现金流为 $\{C_t\}_{t=0}^{T}$，其中包括投资的初始成本 C_0，T 为项目的寿命期。对于每一期的现金流，可以按某一贴现率 r 进行贴现，则

$$\text{NPV} = C_0 + \sum_{t=1}^{T} \frac{C_t}{(1+r)^t}$$

显然，接受 NPV 为正的项目、拒绝 NPV 为负的项目这种做法可以最大化 NPV，也即最大化股东福利。由于 $\{C_t\}_{t=0}^{T}$ 已经被估计出，因此最大化股东福利问题的关键在于确定一个合适的贴现率 r。对于市场主导型金融系统而言，贴现率 r 的获取使用的工具是资本资产定价模型（CAPM），对于银行主导型金融系统而言，这一任务相对较困难，但下面两部分内容将通过模型证明两种金融系统在一定条件下均能实现 Pareto 最优。

4.1.2 Pareto 最优：市场主导型金融系统视角

资本资产定价模型（CAPM）是在理想的资本市场中建立的，建立模型需具备以下基础性假设，同时又设市场主导型金融系统满足这些假设的要求：（1）投资者的效用函数为 Von-Neumann-Morgenstern 期望效用函数，且属于风险厌恶者，其投资行为是使其期末财富的期望效用最大。（2）市场完全竞争，投资者是价格接受者（pricetaker），即投资者的投资行为不会影响市场上资产的价格运动。（3）投资

者都认同市场上所有风险资产的收益率服从正态分布。(4) 资本市场上存在无风险资产,且投资者可以以无风险利率无限借贷。(5) 资产数量是固定的,所有资产都可市场化且可完全分割。(6) 资本市场上的信息充分且畅通无阻,所有投资者都可无代价地任意获取所需要的信息。(7) 资本市场没有任何"缺陷",如税收、管理调节措施或卖空限制等。

分析假设(3),下面的证明说明投资者的期望效用函数为均值方差效用函数。

假设投资者的初始财富为 W_0,投资者通过投资各种金融资产来最大化他的期末财富 $\bar{w}$ 带来的期望效用。设投资者的 von-Neumann-Morgenstern 效用函数为 u,在期末财富的期望值 $u(\tilde{w})$ 处,对期望效用函数进行 Taylor 展开:

$$u(\tilde{w}) = u[E(\tilde{w})] + u'[E(\tilde{w})][\tilde{w} - E(\tilde{w})] + \frac{1}{2}u''[E(\hat{w})][\hat{w} - E(\hat{w})]^2 + R_3$$

在此 $R_3 = \sum_{n=3}^{\infty} \frac{1}{n!} u^{(n)}[E(\tilde{w})][\tilde{w} - E(\tilde{w})]^n$

假设上述 Taylor 展开式收敛且期望运算和求和运算可以交换顺序,则投资者的期望效用函数可以表示成:

$$E[u(\tilde{w})] = u[E(\tilde{w})] + \frac{1}{2}u''[E(\tilde{w})]\sigma^2(\tilde{w}) + E(R_3)$$

在此 $E(R_3) = \sum_{n=3}^{\infty} \frac{1}{n!} u^{(n)}[E(\tilde{w})]m^n(\tilde{w})$,$m^n(\tilde{w})$ 表示 $\tilde{w}$ 的 n 阶中心矩。

根据正态分布函数的性质,如果资产的收益率服从正态分布,则

$$E[\widetilde{w} - E(\widetilde{w})]^k = \begin{cases} 0 & (k \text{ 为奇数}) \\ \dfrac{k!}{\left(\dfrac{k}{2}\right)!} \cdot \dfrac{[\text{Var}(\widetilde{w})]^{\frac{k}{2}}}{2^{\frac{k}{2}}} & (k \text{ 为偶数}) \end{cases}$$

将此式代入到上式中可以发现,期望效用仅仅是期望收益率和方差的函数,因此可以用均值-方差来刻画投资者的偏好,设其效用函数为 $U(E(x), \sigma_x^2)$。而假设(1)保证了投资者的均值-方差效用函数 $U(E(x), \sigma_x^2)$ 关于 $E(x)$,σ_x^2 是单调的。

在对假设分析之后,我们来定义市场资产组合。设市场上有 n 种风险资产,一种无风险资产,每种资产的价格为 $P_i(i=0,1,\cdots,n)$,第 i 种资产的可交易数量为 $\overline{N}_i$,$i=0$ 表示该资产为无风险资产,记

$$\text{mkt}_i = \frac{\overline{N}_i P_i}{\sum_{i=0}^{n} \overline{N}_i P_i}$$

称向量 $\text{mkt} = (\text{mkt}_0, \text{mkt}_1, \cdots, \text{mkt}_n)$ 为市场资产组合的初始禀赋。

如果市场上有 k 位投资者,且某一时刻,第 k 位投资者持有第 i 种资产的数量为 N_i^k,若记

$$\omega_i^m = \frac{\sum_{k=1}^{k} N_i^k P_i}{\sum_{i=0}^{n} \left(\sum_{k=1}^{k} N_i^k P_i \right)}$$

则称 $\omega^m = (\omega_0^m, \omega_1^m, \cdots, \omega_n^m)$ 为这一时刻的投资者市场资产组合。

又记 n 种风险资产的收益率向量为 $X = (x_1, x_2, \cdots, x_n)^T$,投资者 k 投资此 n 种风险资产的资产组合向量为 $\omega =$

$(\omega_1, \omega_2, \cdots, \omega_n)^T$,任意两种资产收益率的协方差记为 $\delta_{ij} = \mathrm{cov}(x_i, x_j)$,$i, j = 1, 2, \cdots, n$,其对应的协方差矩阵为 $\sum = (\delta_{ij})_{n \times n}$。特别记向量 $\mathbf{1} = (1, 1, \cdots, 1)^T_{1 \times n}$,并假定 $\sum$ 为非退化矩阵,即 $E(X) \neq k \cdot \mathbf{1}$,第 k 个投资者的效用函数为 U^k,其包含有无风险资产的投资组合(此时 n 种风险资产相对比例不变),期望收益率为 $E(X_p)$,方差为 δ_p^2,无风险资产收益率为 r,则

$$E(X_p) - r = \omega^T [E(X) - r \cdot \mathbf{1}]$$

$$\delta_p^2 = \omega^T \sum \omega$$

$$U^k = U^k [E(X_p), \delta_p^2]$$

则根据假设(1),第 k 个投资者的期望效用最大化目标用数学形式表示为:

$$\max U^k(r + \omega^T(E(X) - r \cdot \mathbf{1}), \omega^T \sum \omega)$$

一阶条件为:

$$U^k_\omega = U^k_1(\cdot)(E(X) - r \cdot \mathbf{1}) + 2 U^k_2(\cdot) \sum \omega = 0$$

则

$$\omega^k = -\frac{U^k_1(\cdot)}{2 U^k_2(\cdot)} \sum{}^{-1} (E(X) - r \cdot \mathbf{1}) = \alpha(k) w_t$$

式中:$w_t = (w_{ti})_{1 \times n}$,$w_{ti}$ 意为全市场组合下第 i 种风险资产的持有比例($i = 1, 2, \cdots, n$),全市场组合可以由基金分离定理推导得到。

此时投资者市场资产组合 $\omega^m = (\omega^m_0, \omega^m_1, \cdots, \omega^m_n)$ 为

$$\omega^m_i = \frac{\sum_{k=1}^{K} \omega^k_i W^k_0}{\sum_{k=1}^{K} W^k_0}, \quad i = 0, 1, \cdots, n$$

式中:W^k_0 为第 k 个投资者的初始财富。

而市场达到均衡的必要条件是任意资产的供求相等,即 $\mathrm{mkt}_i = \omega_i^m$,故对 $i = 1, 2, \cdots, n$,

$$\mathrm{mkt}_i = \omega_i^m = \frac{\sum_{k=1}^{K} \alpha(k) w_{ti} W_0^k}{\sum_{k=1}^{K} W_0^k} = \frac{\sum_{k=1}^{K} \alpha(k) W_0^k}{\sum_{k=1}^{K} W_0^k} w_{ti} = \beta w_{ti}$$

而 $\mathrm{mkt}_0 + \sum_{i=1}^{n} \mathrm{mkt}_i = 1$

则 $\mathrm{mkt}_0 + \beta \sum_{i=1}^{n} w_{ti} = 1$

又知 $\sum_{i=1}^{n} w_{ti} = 1$

则 $\mathrm{mkt}_0 = 1 - \beta$

上式说明 β 表示市场资金总量在风险资产上的投资比例,若记市场在风险资产上的初始资产组合为 $W_M = (W_{M1}, W_{M2}, \cdots, W_{Mn})$,则

$$W_{Mi} \cdot \beta = \mathrm{mkt}_i \quad (i = 1, 2, \cdots, n)$$

将上式与 $\mathrm{mkt}_i = \beta w_{ti}$ 比较可知:

$$W_{Mi} = w_{ti}$$

即 $W_M = w_t$

由基金分离的性质可知,对于全市场组合 w_t,均值为 $E(X_t)$、方差为 δ_t^2 而言,存在如下的关系式:

$$E(X_i) - \gamma = \frac{\mathrm{cov}(X_i, X_t)}{\delta_t^2}(E(X_t) - \gamma)$$

将 $W_M = w_t$ 代入上式有如下定理:

定理 4.1 当市场达到均衡时,任意风险资产的超额收益率与风险资产的市场资产组合超额收益率成比例,即

$$E(X_i) - \gamma = \frac{\mathrm{cov}(X_i, X_M)}{\delta_M^2}(E(X_M) - \gamma)$$

式中：$E(X_M)$、δ_M^2 分别表示市场在风险资产上的初始资产组合 W_M 的期望收益率和方差。

此式即为著名的 CAPM 公式描述（Sharpe（1964），Lintner（1965），Mossin（1965）），显然，满足前述假设的风险证券的配置 w_t 是瓦尔拉均衡配置，根据福利经济学第一定理，该配置也是 Pareto 最优化的（Arrow and Debreu，1954，Mackenzie，1954），因为它使得市场上每一位投资者的效用最大化。

将上式进行变换得

$$E(X_i) = r + \beta_i(E(X_M) - r) \quad (i = 1,2,\cdots,n)$$

其中：$\beta_i = \text{cov}(X_i, X_M)/\delta_M^2$，

将此式代入 $\text{NPV} = C_0 + \sum_{t=1}^{T} \dfrac{C_t}{(1+r)^t}$，有下面的定理：

定理 4.2 在市场主导型金融系统中，企业的经理可以把股东福利最大化，方法是选择投资以做到 $\max \text{NPV} = C_0 + \sum_{t=1}^{T} \dfrac{C_t}{[1+E(X_i)]^t}$，其中，$C_0$ 是投资成本，C_t 是第 t 期的预期现金流量，$E(X_i)$ 是第 i 类证券的预期收益，并由资产定价方程给出。

4.1.3 Pareto 最优：银行主导型金融系统视角

在银行主导型金融系统中，上市证券数量稀少，这限制了 CAPM 模型在该种金融系统中的运用，即很难找到一个能使企业股东福利最大化的贴现率来评估即将实施的投资项目。似乎表明银行主导型金融系统不能实现资源的优化配置，已有的资源配置还可以进行 Pareto 改善（Pareto improvement）。然而，深入研究会发现，银行主导型金融系

统在一定条件下也能实现资源的优化配置。

目前，对金融中介的分类主要有两类：一是存款类金融中介，如银行、储蓄贷款机构等；二是投资类金融中介，如共同基金、保险基金等。无论是存款类金融中介还是投资类金融中介，它们都要发行证券以购买其他证券。所有金融中介购买的证券覆盖了所有企业，只要企业通过发行证券为自己的投资项目融资。这样，银行主导型金融系统就具备了市场主导型金融系统的某些特征，比如说，市场是完全竞争的。只不过在银行主导型金融系统中，全市场组合为金融中介所持有，至于投资者，他们则是通过持有中介机构的股票来持有全市场组合的，因此银行主导型金融系统实际上是以另外一种形式近似地满足了 CAPM 框架所设定的条件，资源的优化配置也能够实现。

定理 4.3 假设银行主导型金融系统中的企业经理拥有足够信息，可以找到与 CAPM 贴现率 $E(X_i)$ 一致的贴现率，并且利用这一贴现率最大化 NPV，则资源配置会与定理 4.2 中市场主导型金融系统条件下一样可以达到最优。

定理 4.3 中提出的关键问题是经理如何拥有足够信息以找出适用于自己产业的贴现率 $E(X_i)$。在市场主导型金融系统中，市场以一种可以即刻使用的形式提供必要信息。无风险收益率可以从债券市场中得到，投资者可以使用历史数据来估算 $E(X_M) - r$ 和 β_i。在银行主导型金融系统中，无风险收益率也可以从债券市场中得到。由于所有金融中介购买的证券覆盖了所有企业，关于 $E(X_M)$ 和 δ_M^2 的信息可以从中介机构的股票价格中得出，除非股票数目太少。在有关美国 1802~1987 年股票价格的研究中，Schwert (1990) 发现，虽然最初只有 12 只银行股票，到 1987 年末则增至代表了范围很广的产业的 1 500 多只股票,但是收益的均值和方差一直非常稳定,这说明通过中介机构的股票价格推导出全市场组合的均值和方差是可能的。

至此仍然不能找出合适的贴现率 $E(X_i)$,因为尽管无风险收益率、全市场组合收益率的均值和方差均已找到,但关键性的 $\text{cov}(X_i, X_M)$ 的计算因为没有可用于产业的股票市场数据而显得十分困难。由于计算 $\text{cov}(X_i, X_M)$ 需计算出各期全市场组合的收益率 X_M 和企业 i 的收益率 X_i,而 X_M 历史序列可以从股票市场中找到,因此计算 $\text{cov}(X_i, X_M)$ 这一任务变为寻找各期的 X_i。一种代替利用股票市场数据计算 X_i 的方法是利用内生的数据。经理应该利用会计数据来计算每一期为所有者产生的自由现金流量,并且计算出相应的收益 X_i。这个数据序列可以被用来找出股票市场收益 X_i 以及 β_i,并由此得出合适的贴现率 $E(X_i)$。

综上所述,在市场主导型的金融系统中,信息的广泛可获得性保证了资源实现优化配置,这一点通过定理 4.2 反映出来;在银行主导型金融系统中信息的非广泛可获得性使人们对资源能否得到优化配置产生了怀疑,定理 4.3 消除了这一疑虑,它说明尽管银行主导金融系统和市场主导型金融系在信息获取方面存在巨大差异,但前者在一定条件下也能像后者一样实现资源的优化配置即 Pareto 最优。

4.2 不同金融系统公司治理的福利比较

金融系统最基本的功能是实现社会资金从盈余者手中

向短缺者手中转移，从而保证了社会生产得以顺利进行，这也是对金融最为传统的认识。然而，随着经济理论的发展，人们对金融的认识也在不断深化、发展。从资金盈余者的角度来讲，建立在期望效用函数基础上的均值-方差分析方法为投资者正确合理的投资指明了方向。不过，金融系统是由资金盈余者和短缺者两类参与主体构成的，无论资产定价理论发展得多么完美，单从资金盈余者的角度分析金融系统总有某种不完善之嫌。正因为如此，以 Modigliani and Miller (1958) 为先驱，Jensen and Meckling (1976)、Leland and Pyle (1977)、Diamond (1984) 为代表的一大批著名经济学家开始从资金短缺者的角度关注金融。其中 Jensen and Meckling 对企业中的外部投资者与内部管理者的委托代理关系进行了刻画，Leland and Pyle 研究了负债金融契约作为投资者用来甄别有价值的投资项目的一种信号的价值，而 Diamond 则从最优激励相容负债契约的角度论述了金融中介和机构存在的必要性及其功能。这些研究实际上是从不同的角度讨论了公司治理的作用，这涉及本章要谈的第二个问题——金融系统与公司治理及其福利含义。

4.2.1 公司治理与委托-代理的关系

西方经济学界对公司治理问题的关注可以一直追溯到 Adam Smith (1776)，Berle and Means (1932) 在其《现代公司与私有财产》一书中则第一次明确提出了"所有权与控制权分离"的观点，他们认为由于这种分离，实际上公司管理者并没有追求股东的利益，相反却在追求自身的利益。由此推动了 Coase (1937)、Jensen and Meckling

(1976)、Fama and Jensen (1983a, 1983b) 以及 Hart (1985) 从委托代理的角度分析公司治理。

目前，理论界由于分析和强调问题的角度不同，加之公司治理这一概念内涵丰富，对公司治理所下的定义有较大的差别。例如钱颖一（1995）将公司治理看做一种制度安排。他认为："在经济学家看来，公司治理结构是一套制度安排，用以支配若干在企业中有重大利害关系的团体——投资者（股东和债权人）、经理人和职工之间的关系，并从这种联盟中实现经济利益。公司治理结构包括：（1）如何配置和行使控制权；（2）如何监督和评价董事会、经理人和职工；（3）如何设计和实施激励机制。一般而言，良好的公司治理结构能够利用这些制度安排的互补性质，选择一种结构来减低代理人的成本。"而 Cochran and Wartick（1988）则将公司治理看做是股东、董事会和经理人员之间的相互作用。他们强调："公司治理包括在高级管理阶层、股东、董事会和公司其他有关利益相关人的相互作用中产生的具体问题。构成公司治理的核心是：（1）谁从公司决策和高级管理层的行动中受益？（2）谁应该从公司决策和高级管理层的行动中受益？当是什么和应该是什么之间不一致时，一个公司治理问题便会出现。"为了进一步阐明公司治理中包含的问题，他们引述了霍坎兹（Bucholz）的论述，将公司治理分为四个要素：管理阶层有优先控制权；董事会过分屈从于管理阶层；工人在企业管理中没有发言权；政府注册规定过于宽容。每个要素关注的对象是这些有关利益人集团中的一个，如上所述，分别是股东、董事会、工人和政府。解决这些问题的办法可以是股东参与、重构董事会、扩大工人民主或严格政府管理，Cochran and Wartick 认为:"理解公司治理中包含的问题,是回答公司治理是什么这一问题的一种方式。"

显然,上述对公司治理的认识均强调公司治理研究的是包括股东在内的利益相关者(stakeholder)之间的关系以及规定他们之间关系的制度安排。不同的观点来自 Fama and Jensen(1983a,1983b)和 Shleifer and Vishny(1997),他们认为公司治理的中心在于确保股东的利益,确保资本供给者可以得到其理应得到的投资回报,因而股东是具有绝对主导地位的,我国学者吴敬琏(1994)也持类似的观点,他将公司治理定义为一种组织结构,并认为:"所谓公司治理结构是指由所有者、董事会和高级执行人员即高级经理人员组成的一种组织结构。在这种结构中,上述三者形成一定的制衡关系。通过这一结构,所有者将自己的资产交由公司董事会托管;公司董事会是公司的最高决策机构,拥有对高级经理人员的聘用、奖惩以及解雇权;高级经理人员受雇于董事会,在董事会领导下组成执行机构,在董事会授权范围内经营企业。"

尽管对公司治理的含义有不同的认识,但不难看出,主要的分歧在于公司治理是确保管理者追求投资者的利益还是追求包括股东、债权人、供应商、雇员、政府、社区等与公司有利害关系的利益相关者的利益。本书认为,与公司雇员或供应商相比,外部投资者将更容易受到权利剥夺的伤害;对公司来说,雇员与供应商始终是有用的,所以他们的风险要小一些。因此,公司治理必须以股东利益为主导,解决好股东、债权人、董事会、经理及其他利益相关者之间相互作用产生的诸多问题。在这一点上,股东比债权人、董事会、经营班子、国家法律及其他利益相关者要高一层次，占主导地位。对公司治理内涵的这一界定，一方面考虑了股东、债仅人等利益相关者相互作用这样一种关系，同时对股东在公司治理中的相对中心或相对主导地位，也作了考虑。毕竟，股东在公司治理中有独特的作用，如股东的监督作用对公司治理而言是非常重要的，因而公司治理研究必须对股东给予特别的关注。

从上述对公司治理含义的剖析可以发现，公司治理之所以成为必要，委托-代理关系是重要的原因之一。Hart（1995）归纳了公司治理理论的分析框架，认为只要两个条件存在，公司治理问题就必然在组织中产生，一是代理问题，确切地说是组织成员（如所有者、经理人、工人和消费者）之间存在利益冲突；二是交易费用巨大，致使代理问题不可能通过契约解决。如果存在代理问题并且合约不完全，则公司治理至关重要。正因为如此，几乎所有的经济学家都强调公司治理的契约性质，即认为公司是各利益相关者通过委托代理关系形成的一组契约。钱颖一（1995）更是直接，认为公司治理的目标在于降低代理人的成本。因此委托-代理和公司治理有十分明显的因果关系，对公司治理进行研究就必须分析其中的委托-代理关系。

4.2.2 企业中的委托-代理关系

这里我们主要分析企业中需要由金融部门来解决的委托代理关系，这类委托-代理关系主要包括两种：股东-借款人冲突和股东-内部管理人冲突。对于不同类型的公司，这两种委托-代理关系并不同样重要。对一些小企业来讲，股东与管理者的重合使得该类企业主要存在的代理关系是股东与借款人之间的冲突。相反对一些大企业来说，股权相对比较分散,股东与管理者的委托-代理关系上升为公司治理主要需要解决的问题。有两个原因决定了这一点:(1)非对称信息的存在使得股东很难监控管理者的行动并判断该种行动是出于公司股东财富最大化目的还是出于提高自己的个人福利目的;(2)对一般的大企业来讲,其股东成千上万,其中任何一个股东对管理者的监督使公司价值的上升都将会被其他股东无成本地获取,这种股东之间的"搭便车"行为使得股东们没有激励去监督管理者。

对于上述不同类型企业的委托代理关系,表4-1给出了简单的概括:

表 4-1   不同类型的企业面临的利益冲突

企业类型 利益冲突	小企业	大企业
股东-借款人	**	*
股东-管理者	*	**

说　明:**代表主要问题;*代表次要问题。

4.2.3　股权融资下委托-代理关系与最优福利

公司治理研究必须对股东予以特别关注,为此,本书根据 Jenson & Meckling(1976)建立的一个模型分析股权融资下股东与内部管理者的委托-代理关系,并讨论代理关系给企业价值带来的影响和内部管理者福利的变化。

在建立模型之前,可以将股权融资下的委托-代理关系及其产生的代理成本简单地进行描述。当企业的管理者持有企业 100%的股权的时候,他既可以获得金钱收益(pecuniary returns)（如工资、奖金），也可以获得非金钱收益（non-pecuniary returns）（如装修豪华的办公室、乘坐豪华的小汽车等）。两种收益是负相关关系：非金钱收益增加，金钱收益就减少，管理者为使自己的效用最大化决定非金钱收益的多少。当管理者通过外部股权融资将其持股计划比例下降时，比如降至80%，即当他从事某些活动获得非金钱收益时，减少的金钱收益并不完全由他自己承担，他自己只承担了其中的80%，其余由外部股东承担，因此，管理者倾向于获取非金钱收益。管理者持股比例越小，这种倾向越强烈。为了减少外部股东的损失，相关的监督约束措施是必要的，这些都会反映在企业股票的价格上。

该模型建立在如下假设的基础上：无税收、无商业信用、外部股东没有投票权、公司仅通过发行普通股融资，没有公司债、优先股、可转换债券、认股权证等复杂的金融工具的发行，外部股东除了利用所有权获取现金流以外不能得到其他效用，仅存在一个管理者，其货币工资为常数，而且在此忽略动态分析，管理者仅就单一的生产-融资进行决策、企业的规模一定、管理者决策时不考虑投资组合和可分散化风险。

定义如下：

- 向量 $X = \{x_1, x_2, \cdots, x_n\}$，内部管理者可以利用一些支出获取非金钱收益，这些活动用向量 X 表示，且非金钱收益对每一项活动的边际效用为正。
- $C(X)$ 表示提供一定数量的 X 形成的成本。
- $P(X)$ 表示提供一定数量的 X 给企业带来的收益。
- $B(X) = P(X) - C(X)$，不考虑这些活动给均衡工资的任何影响的情况下企业的净收益。

令 $\frac{\partial B}{\partial X} = 0 \Rightarrow X = X^*$，则 $X = X^*$ 为企业净收益最大时的支出，即为获取非金钱收益而发生的支出水平为 X^* 时企业取得最大的净收益。对于任何向量 $X \geq X^*$，设 $F = B(X^*) - B(X) > 0$ 衡量为扩大内部人效用而增加 $(X - X^*)$ 的支出时企业的现金损失，亦即内部管理者在必要的非金钱收益之外增加的非金钱收益。假设对于任何给定的现金损失水平为 F，支出水平向量为 $\hat{X}$，$\hat{X}$ 使内部管理者效用最大化。由于讨论中忽略了两个事实：(1) 支出水平 X 应考虑时间因素，应为多期支出而非单期支出；(2) 支出有不确定性，因此应该考虑风险水平。故为解决这些问题，设 C、P、B、F 为这些现金流的当期市场价值。由于内部管理者的非金钱收益和企业的价值负相关，两者的关系可以通过图像来描述，见图4-1。

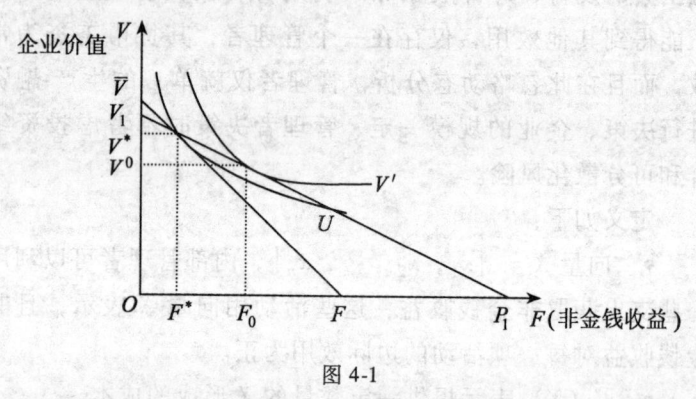

图 4-1

该图像 $\overline{V}F$ 线描述的是内部管理者拥有企业100%股权的情况下其额外增加的非金钱收益与企业的价值之间的关

系。$F=0$ 时，企业具有最大价值 $\overline{V}$，此时支出水平 $X = X^*$，当额外的非金钱收益增加到 $\overline{F}$ 时，企业价值为零，$\overline{VF}$ 线斜率为 -1，因为内部管理者股权比例为 100%，每增加 1 美元非金钱收益将使企业价值减少 1 美元。

此外内部管理者对从企业得到的财富和非金钱收益还有一个权衡比较的问题，设两者形成一条无差异曲线 U（如图 4-1）。图 4-1 由于描述的是内部管理者拥有企业 100% 股权的情形，故企业的价值即其从企业得到的财富。设内部管理者从企业得到的财富对非金钱收益的边际替代率随非金钱收益水平的提高而下降，则无差异曲线向下凸向原点。

对图 4-1 进行下列讨论：

第一，当内部管理者拥有 100% 股权时，企业的价值为 V^*，额外的非金钱收益水平为 F^*，点 (F^*, V^*) 为 $\overline{VF}$ 线与无差异曲线 U 的切点，此时内部管理者的效用达到了最大化。

第二，如果内部管理者将其全部股权转让给外部股东，自己只做管理者，而且外部股东能以零成本使管理者接受同样的非金钱收益，则 V^* 为股权转让价格。

第三，一般情况下，"第二"中的情况不可能发生，内部管理者总是转让一部分股权，使其面临新的约束曲线。设转让 $(1-\alpha)$ 的股权，若未来的买者相信管理者的非金钱收益水平维持不变，他们会出价 $(1-\alpha)V^*$，则新的约束曲线过 D 点。而对于管理者每增加 1 美元非金钱效用而言，他自己承担的份额为 α，故新的约束曲线斜率为 $-\alpha$。过 D 点作斜率为 $-\alpha$ 的直线 V_1P_1，则 V_1P_1 为新的约束曲线，在此称为内部管理者的约束曲线。由于 V_1P_1 与更高的无差异曲线 U' 相切，设切点为 (F_0, V_0)，显然，内部管理者将会使其非金钱效用不平上升到 F_0，因为这时其福利会更大，对应的企业价值为 $V^0 < V^*$。

定理 4.4 对于持股比例为 $(1-\alpha)$ 的外部股东而言，他们会在决定买价时考虑原来独资管理者的行为变化，其结果是他们仅按企业股权变动后的价值的 $(1-\alpha)$ 比例支付买价。

证明 不考虑由于内部管理者反应函数完全信息的缺乏导致的任何不确定因素。如果证券市场很大，只要估计是理性的，误差在各企业之间相互独立，则这种不确定性不会影响问题的最后解决。

令 W 为管理人卖出部分股权后的总财富。它由两部分构成：一个是外部股东的支付额 (S_0)；另一个部分为他在企业中的财富份额 (S_i)，则

$$W = S_0 + S_i = S_0 + \alpha V(F, \alpha)$$

式中：$V(F, \alpha)$ 为股权转让后企业的价值。

图 4-2 中令 $V_2 P_2$ 代表内部管理者的约束曲线，可以证明，股权转让过程中令买、卖双方均满意的价格将使管理者最优化点沿 $\overline{VF}$ 移动。

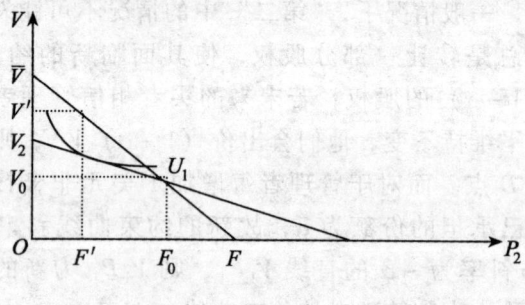

图 4-2

图 4-2 中：V_2P_2 与 $\overline{VF}$ 的交点 (F_0, V_0) 确定的 V_0 决定卖价 S_0，这由 V_2P_2 的求作过程可以得知（V_2P_2 的求作过程是在 $\overline{VF}$ 线上决定卖价点，然后利用斜率为 $-\alpha$ 确定完整的曲线）。

内部管理者的行动目标是使其效用最大化。设 V_2P_2 与某一条无差异曲线 U_1 相切，则切点横坐标 F' 代表其效用最大时的非金钱收益水平，对应的企业财富水平为 V'。

若 $F' < F_0$，则 $V_0 < V'$，外部股东财富 $V'(1-\alpha)$，有 $V'(1-\alpha) > V_0(1-\alpha)$，则交易使外部股东获益，对内部管理者不利。

若 $F' > F_0$，则 $V_0 > V'$，外部股东财富 $V'(1-\alpha)$，有 $V'(1-\alpha) < V_0(1-\alpha)$，则交易使内部管理者获益，对外部股东不利。

最终由外部股东和内部管理者博弈的结果是：$S_0 = V_0(1-\alpha) = V'(1-\alpha)$。命题得证。

根据定理 4.4，现比较各项指标的变化如下：

（1）交易前企业价值为 V^*，交易后企业价值为 V'，则企业价值的减少为 $V^* - V'$。

（2）交易前内部管理者财富为 V^*，交易后内部管理者财富为 $W = S_0 + \alpha V(F, \alpha) = V'(1-\alpha) + \alpha V' = V'$，则内部管理者财富减少了 $(V^* - V')$。

比较（1）、（2）可知，企业价值的减少最终完全由内部管理者来承担。不过尽管内部管理者的财富减少了 $(V^* - V')$，但其个人的非金钱收益却增加了 $(F_0 - F^*)$，差额 $(F_0 - F^*) - (V^* - V')$ 为内部管理者的福利净损失 $(U_1 - U)$。

需要指出的是，上述福利分析中并未考虑外部股东监督控制内部管理者的情形。实际上,经常出现的情形是外部股东花费一定的人力、物力和财力来监控内部管理者以达到抑制其追求非金钱收益的动机,这样的措施包括:审计、正式的控制体系、预算约束等。现在假设在减少代理成本过程中外部股东会实施监督——当然,在一定的激励机制下内部管理者也会自我约束。

另假设内部管理者的股权比例为 α,当不存在监督和约束时,由图 4-2 可知内部管理者的非金钱收益为 F_0。

当存在监督约束时,监督约束的作用在于约束内部管理者获得非金钱收益,则新的非金钱收益水平 $F = F(M, \alpha)$(M 为监督约束支出)。假设 $\frac{\partial F}{\partial M} < 0$,$\frac{\partial^2 F}{\partial M^2} > 0$。

监督约束支出不仅影响内部管理者的非金钱收益,也会影响到企业价值 V,存在监督约束成本的条件下企业价值变为:

$$V = \overline{V} - F(M, \alpha) - M$$

用图像形式反映如下,见图 4-3:

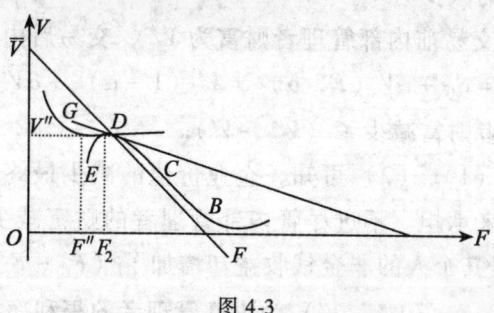

图 4-3

图 4-3 中曲线 BCE 即为新的企业价值曲线,CD 表示与

内部管理者 F_2 的非金钱效用水平相对应的监督约束支出。

同理，新的无差异曲线将会与某条无差异曲线 U_2 和一条斜率为 $-\alpha$ 的直线相交，设交点为 $G(F'', V'')$。

图 4-3 中 B 是不存在监督约束支出的情形，由图 4-2 可知此时企业的价值为 V'，内部管理者的非金钱收益为 F_0。显然发生监督约束支出 M 时，企业价值会上升（$V'' - V'$），内部管理者的福利上升了（$U_2 - U_1$）。

值得注意的是，尽管在有监督约束支出和无监督约束支出的两种情况下企业价值和内部管理者的福利均出现了不同程度的下降，但笔者认为，由于代理成本是由内部管理者承担的，在代理成本必然发生的条件下，内部管理者用最大的激励去减少代理成本。因此，两个均衡点（F_0，V_0）和（F''，V''）均达到了 Pareto 最优。

4.2.4 不同金融系统下公司治理的福利比较

本章的引言部分已经说明，金融系统有参与公司治理的功能，然而，并非所有的金融系统在参与公司治理方面都会产生同样的效果。在此选择美国作为市场主导型金融系统的代表，德国作为银行主导型金融系统的代表，比较两者在公司治理方面的差异、在减少代理人成本的效果方面的差异和有关当事人福利方面的差异。

（一）不同的金融系统下公司治理的差异

前文在对公司治理的含义进行阐述的时候说明了理论界之所以对公司治理所下的定义不同是因为分析和强调问题的角度不同，综合各位学者的意见即可对公司治理有一个比较全面的认识。一般来说，公司治理应该具备两个要素：有形的治理结构和无形的治理机制。所谓治理结构是指企业为达到某种公司治理效果而构建的某种组织结构，治理机制则包括企业中控制权的配置和激励约束机制的实施。

1. 比较美国和德国在治理结构方面的差异。在美国，股东影响公司事件的正式渠道是由股东选举出来的（典型的是每股一票）董事会。董事会由外部董事和作为企业高级主管的内部董事构成。董事会一经选出，就具体制定公司要追求的经济政策，而管理层的作用在于执行董事会决定的政策。为了保持董事会的独立性和客观性，美国企业的董事会一般下设若干委员会，如审核委员会、薪酬委员会、提名委员会等。美国公司治理结构中另外一个值得关注的现象是外部董事在董事会中的比例比较高，一般为75%左右（见表4-2）。

表4-2　　　　美国大型企业中外部董事比例

公司名称	GM	GE	Merck	IBM	ATQT	Dupont	P&G
外部董事与全体董事的比例	14/16	10/14	12/13	9/11	8/10	9/13	13/17

资料来源：La Porta、Lopez-de-Silanes、Shleifer and Vishny（LLSV，1997）。

与美国公司治理结构不同，德国的共同决策体系保证了公司的运作还应该适当地维护雇员的利益，相应地，德国公司的董事会一般实行双层制，即董事会建立两个委员会，一个是管理委员会，一个是监事会，其中管理委员会对公司运行负责，监事会则是公司的控制实体，负责任命管理委员会的成员并且审批公司的重大决策，并监督其行为，但不履行具体的管理职能。在德国生产性企业中，股东推举50%的监事会成员，其余50%的监事会成员是由职工选举的，但股东可以用超过多数的投票越过职工监事会员的限制而拥有控制公司的重大决策权。

美国和德国公司治理结构的重大差别主要有两个原因：(1) 法律基础不一样。世界各国的法律制度可以划分为普通法和大陆法两种体系。以美国为代表的普通法系强调管理者股东具有信托义务，也就是说，法律强烈要求他们代表股东的利益行事。而以德国为代表的大陆法系则强调股东并非公司管理层惟一要负责的群体，治理程序还必须体现雇员的利益。两国法律基础的差别直接导致了公司治理结构的差异。(2) 两国公司股权结构差异甚远。美国公司股权极为分散，目前最大的股东是机构投资者，如养老基金、保险基金、互助基金等各种基金组织在20世纪90年代初期拥有全美大中型企业40%的普通股和40%的中长期债权，由于机构投资者投资对象分散，而且美国法律也限制机构投资者干预公司的运转，因此如何保护这些外部股东的利益就成为需要解决的问题，美国对这一问题的解决办法是在董事会中安置相当一部分代表外部股东利益的外部董事。与美国相反，德国公司的股权集中度较高，而且银行往往是其中的大股东。在德国，公司制度中有限责任公司占总数的90%以上，大企业则大多数是股份有限公司，最大的股东是公司、银行等，个人持股比例较小，所有权集中程度较高。1992年，德国个人投资者仅占公司股份总数的4%，银行是股份公司的大股东，德国所有银行在33家大公司中的投票权占82.7%。银行对公司的控制能力实际上可能更高，因为它们还通过长期贷款和作为小股东的代理人(所谓的开户银行制度)来控制公司,美国和德国公司股权结构的差异可以通过表4-3反映出来。

表4-3　美国、德国公司股权结构的比较(%)

比较指标	美国	德国
上市公司前五位大股东所持股份占公司总股份的百分比(%)	25.4	41.5
上市公司中拥有多数所有权(指一个大股东拥有公司50%以上股份)占上市公司总数的百分比(%)	10.8	25.1
各类股东持股占公司总股份百分比(%)		
其中:个人	30.5	3.0
金融机构	2.0	33.0
非金融机构	7.0	42.0

资料来源:根据有关上市公司资料整理(2003)。

2. 比较美国和德国公司治理机制方面的差异。在美国,为了确保管理者追求股东利益,常用的激励手段是采取高工资、高奖金和股票期权等,而对管理者的约束则可分为内部约束和外部约束两个方面。内部约束主要通过股东大会、董事会来实现。股东作为剩余索取权拥有者享有对董事的挑选,并通过董事会聘任或解聘公司经营者的权力。董事会作为公司的决策机构,有权对经营者的经营活动进行控制,并对高层经理人员有聘用、解雇及工资决定权。但由于董事会中的外部董事都由现任管理层提名从而一般都与管理层结成联盟,因此内部约束的有效性一直遭到广泛的质疑。美国公司对管理者的约束主要通过外部的控制权市场来进行。公司控制权市场可以以三种方式进行:代理人竞争、善意兼并和敌意接管。当部分股东试图说服其他股东采取共同行动并取消现任董事会时,代理人竞争的情况出现。而当两个公司同意合并并创造价值时,善意兼并就会发生。公司控制权市场还可以通过敌意接管运行,这种方式在收购方与被收购方对应价格、将要实施的政策的有效性及其他因素存在矛盾时会发生,敌意投标报价使收购方可以越过目标管理层直接向股东报价。当然,除了公司控制权市场以外,经理人市场也是一种重要的外部约束。在美国,较为发达的经理人市场为董事会提供了选择管理者的余地,从而在一定程度上制约了管理层的自利行为。

与美国不同的是,德国公司治理机制的显著特征是金融机构集中持股和监督。在德国,公司股权的集中使得大股东有动力去监督管理者。德国金融机构股权的重要性以及其控制权市场的缺乏使公司的委托-代理问题可以通过让金融机构作为大公司的外部监督员来解决。

(二)不同金融系统下公司治理的效果

前已论述,公司治理的目标在于减少代理成本。因此评价公司治理的效果关键在于是否减少代理成本,是否使有关当事人的福利得到了改善。

现假设美国和德国公司的管理层均为内部董事。按照本章4.2.3小节的说法,称其为内部管理者。根据前述德、美两国股权集中程度的比较可以认为美国内部管理者持有公司股份的比例 α 较德国内部管理者持有比例 β 小。由本章4.2.3小节分析可知,在不存在监督约束的条件下,内部管理者持有股份比例越低,代理成本 $(V^* - V')$ 越高,因此在这种情况下美国公司的代理成本将较德国公司高。

然而美国发达的公司控制权市场和经理人市场成为监督约束的重要形式,使得尽管内部管理者持股比例比较低,但代理成本将因监督约束支出的发生而有所减少。总之,美、德两国的公司治理均减少了代理成本。根据前面的分析,两国内部管理者均在非现金收益和从公司中得到财富的权衡中实现了效用最大化,达到了 Pareto 最优。

4.3 高新技术融资:不同金融系统的比较

本章前面两节分别从资源配置和公司治理两个角度比较了不同金融系统下企业的福利,但下面的原因使得比较不同金融系统对高新技术融资时的福利很有意义。

首先,发展高新技术是推动经济增长的关键。高新技术具有前导性强、关联度高、附加值高的特点,其每一个创新突破,都会带动一大批新兴产业群的成长,形成新的经济增长点,成为推动经济增长的动力,从而创造新的需求,提供更多的就业机会。20 世纪末期以来,在经济全球化趋势日益强化、现代高新技术的快速发展以及金融创新浪潮的影响下,以美国为代表的西方国家的经济发展表现出由传统的较多依赖于自然资源创造社会财富的经济转向以现代高新技术为基础、以信息技术为核心、以风险资本充分发挥为特征的新经济,高新技术已经成为各国经济增长的引擎。1980 年以来,高新技术产业在发达国家的出口工业和工业增加值中所占的比重几乎翻了一番,通常达到 20%~25%,通信、信息和教育等高科技服务行业的出口增长幅度则更高。目前美国信息产业软件的销售额增长了 4 倍,有 2/3 左右的国民生产总值与电子技术有关,从

1975~1995年的20年间,美国最成功的24家生物和信息技术公司的营业额增长了100倍,达到32 500亿美元,这充分说明了发达国家的经济增长越来越依靠高新技术产业。

其次,尽管不同的金融系统在传统的产业中可以达到同样的Pareto最优,但对高新技术产业而言则不一定。这一点有如下事实为佐证:虽然高新技术对经济增长的推动作用在发达国家体现的比较明显,但是在发达国家之间高新技术发展并不平衡,从而使得经济增长速度也很不平衡(见表4-4)。

表4-4 1992~2003年欧元区和美国经济增长率比较 单位:%

	1992	1993	1994	1995	1996	1997	1998	1999	2000	2001	2002	2003
美国	3.3	2.7	4	2.5	3.7	4.5	4.2	4.5	3.7	0.5	2.2	3.1
欧元区	1.5	0.8	2.4	2.2	1.4	2.4	2.9	2.8	3.5	1.6	0.9	0.4

说 明:欧元区各年经济增长率在欧洲央行网站上并未直接列示,网站上列出的是季度数据,表4-4中各年数据根据已有的季度数据算术平均而来。

资料来源:美国商务部经济分析局网站 www.bea.gov;欧洲中央银行网站 www.ecb.int。

基于以上分析,本节即探讨高新技术的特征并建立一个模型解释不同的金融系统在支持高新技术发展上的差异。

4.3.1 高新技术的特征

20世纪90年代以来的高新技术革命使越来越多的学者将研究的视角转向高新技术,Mikel Landakaso(1997)讨论了如何通过地区政策来推动技术革新,Edward Roberts

(1991) 比较了高新技术产业中的企业家与传统的企业家的区别,而更多的学者则从高新技术金融支持的角度研究高新技术。Richard R. Nelson (1995) 分析了技术变迁与投资的理论; Black B. and Gilson R. 集中剖析了风险资本与资本市场的结构,认为高新技术的发展促进了资本市场交易成本的降低,推进了资本市场的国际化进程; Bhattacharya S. and G. Chiesa (1995) 以及 Yosha O. (1995) 考察了使用双边融资方式(一个贷款者)相对于多边融资方式(许多贷款者)对研发(R&D)项目融资的优势,Berk J.、R. Green and V. Naik (1997) 分析了如何评估研发项目的价值,Allen and Gale (1999) 则从观点多样化角度比较了金融市场和金融中介在给高新技术融资方面的优劣。

本节旨在揭示不同的金融系统在支持高新技术发展方面的差异,因此需要首先了解高新技术将直接影响其融资行为的特征。本书认为高新技术区别于传统技术的地方在于其高风险和投资者因为高新技术未来收益意见的不统一而形成的观点多样化。

(一)高新技术投资的高风险特征

就高新技术发展而言,它在表现出优异于传统技术的高成长性的同时,也无法摆脱其高风险的特征。一般来说,高新技术产业发展创业周期由几个阶段组成,即研究开发阶段、产业化阶段和规模化阶段。不同的发展阶段其风险特征也有差异。研究开发阶段是以高新技术的研究开发为目标的,其最终结果是发展一项高新技术,对应的投融资是具有科技价值的金融认可,其风险表现为高科技转化为现实产品的技术失败风险;产业化阶段是将一项高新技术孕育发展成为一个产业,最终结果是推进该项高新技术为核心的产业,对应的投融资则是具有产业价值的金融行为,其风险表现为高科技产品被市场接受和面对市场竞争的风险;规模化阶段的目标就是获得高新技术的规模经济性,相应的投融资则是具有完全经济价值的金融行为,其风险表现为投资预算的财务风险以及经营风险等。

与高新技术相比,传统技术融资所面临的风险要小得多。一般认为,财务风险和经营风险是其所面临的最为主要的两种风险,因此通过比较高新技术和传统技术融资时的风险可以看出,投资高新技术将面临较大的风险。

(二) 观点多样化

在详细分析观点多样化之前,有必要先了解"先验概率"这一定义。考虑不完全信息下的一个策略性博弈的情形。设存在有限个数目 n 的局中人 $i=1,2,\cdots,n$,与对于其中每个局中人有一个纯策略集 S_i。此外,关于他们中的一些人的偏好存在着不确定性。为把握这一点,为每个局中人 i 引入该局中人可能是某种"类型"的有限集合 T_i,令 $T = \mathrm{X}_{i=1}^{n} T_i$,它表示以所有局中人某种"类型" $t_i \in T_i$ ($i=1,2,\cdots,n$)构成的向量 $(t_1, t_2, \cdots, t_n)$ 为元素形成的集合。若设 P 是在局中人类型的集合 T 上的一个概率分布,使得对于每个别 $t \in T$,$P(t) > 0$,且概率分布 P 是一切局中人用于判断每个局中人类型假设为任何特定值的概率的共同概率分布,则该概率分布被称为共同先验概率。在本章第一节中讨论不同金融系统在资源配置方面的福利差异时即假设企业的经营管理者享有共同的先验概率。共同先验概率假设可用两种方式来理解:第一种,概率分布仅仅是局中人类型上的一种客观经验分布——它由许多过去的观察产生;第二种,共同先验概率假设反映了这样的观点——信念的差异只来自于信息的差异。因此如果不能通过过去的观察产生客观的经验分布或者由于信息来源有限甚至根本就不可能获取信息而产生信息差异则不能假设共同先验概率。如果不存在共同先验概率，则观点多样化成为可能。

对高新技术融资即属于这种情形，当技术创新刚开始发生时，会面临各种不同的风险。除了和技术相关的风险外，在进行最优管理策略决策时几乎没有相关的知识可以采用，所涉及的风险特点也不清楚，通常会存在多种多样的可能性，而每种可能性的优点和不足也不清楚。多种可能性的存在和有力数据的缺乏意味着通常会有相当多的观点，因此这时候假设资金的供给者存在共同先验概率显然不现实。

总之，风险程度和观点多样化程度是高新技术区别于传统技术的两个最主要的方面，Allen and Gale (1999) 证明观点的多样化和风险程度是决定市场和中介相对绩效的关键，市场在为那些新的或几乎是不能获得相关资料的产业，即为缺乏信息和投资人持不同意见的一些产业融资时是特别有效的。

4.3.2 不同金融系统下高新技术融资的差异

（一）风险程度和观点多样化程度的度量

在本节中根据 Allen & Gale 首先建立的一个模型来度量高新技术的风险程度和观点多样化程度，该模型也是比较不同金融系统下高新技术融资差异的基础。

假设：

1. 经济系统只有一个项目（高新技术项目）。

第四章 金融系统中的企业福利分析

2. 有一个由 M 个风险中性的投资人组成的闭联集,每个投资人只有一个单位的资本可用于投资,故全部可用于投资的资金为 M 个单位。

3. 需要投资的项目最初由企业家所有,该企业家缺乏资金,而从投资人那里寻求资金 I 个单位。

4. $M>I$ 使得企业家获得项目的所有剩余收益,而投资人承担机会成本。假设投资人的替代选择是零报酬率的安全资产。

5. 所有投资人起始时刻均对项目一无所知,但若某位投资者支付成本 $C>0$,他将可以获得有关该项目盈利的更多信息,他本人即成为知情者。成为知情者后,该投资人要么由于预期每一单位投资的回报为 $H>0$,从而对项目持乐观态度;要么预期每一单位投资的回报为 $L<0$,从而对项目极为悲观。乐观、悲观分别以 B、$\overline{B}$ 表示。

6. 投资者对该项目持乐观抑或悲观态度要根据市场状态而定。影响投资者态度的状态很多,比如萧条状态和繁荣状态,在股票市场一片繁荣的时候,持乐观态度的将多于持悲观态度的人;而在股票市场一片萧条的时候,持悲观态度的人将多于持乐观态度的人。现不失一般性,设市场状态有两种 A 和 $\overline{A}$,在初始时刻 A 市场状态下,投资者持乐观态度的概率为 δ $(0 \leq \delta \leq 1)$。而在任意时刻,假定 A 和 $\overline{A}$ 两种市场状态下投资者的态度相反,即 A 市场状态下投资者持乐观态度的概率总是等于 $\overline{A}$ 市场状态下投资者持悲观态度的概率。又假设起始时候市场为 A 状态的概率为 r,则为 $\overline{A}$ 状态的概率为 $1-r$。

7. 某位投资者支付成本 C 后成为乐观者的概率设为 α,该项目风险程度以 R 表示。观点多样化程度用 $1-\beta$ 表示,其含义是,若某一投资者对项目持乐观态度从而投资该项目,则另一个投资者持悲观态度的概率为 $1-\beta$,相应地该投资者对该项目也持乐观态度的概率则为 β,即观点多样化程度为 $1-\beta$,表示观点一致程度为 β。

(二) 市场融资和中介融资

在不存在金融中介的条件下,根据前述假设共有三种不同的情况发生在该项目上,从而投资者的收益也有差异。

第一,投资者由于对该项目一无所知,又不愿意支付成本 C 而成为知情者,此时投资者回报为0。

第二,投资者尽管对该项目一无所知,而且也不愿意支付成本 C 成为知情者,但他仍然投资,此时其预期回报 $V_U = \alpha H + (1-\alpha) L$。

第三,投资者支付成本 C 而成为知情者。成为知情者后,当且仅当他是乐观者时他才愿意投资该项目,因此成为知情者的投资回报为:

$$V_M = \alpha H + (1-\alpha) \times 0 - C = \alpha H - C$$

现在讨论存在金融中介的情形。

中介融资存在时,I 个投资者每人支付 C/I 给其中一个管理者,委托该管理者收集有关该项目的信息,从而该管理者成为知情者,其他人依然不知情。他们将是否投资该项目的决策权交给了管理者,之所以如此,是因为管理者的类型和该投资者集体中其他成员的类型之间存在正相关关系,即他们相信,管理者一般会作出代表该集体的决策。设此时单个投资者的预期回报为 V_I。

金融中介存在的情形应该和下面的情形等价:考虑一个典型的投资者,当管理者是乐观的时候,该投资者也很乐观的概率依前面的论述为 β,如果他再拿一单位的资金不通过中介自己投资于该项目,则预期回报率为 $\beta H + (1-\beta)L$。而管理者是乐观的概率为 α,且该投资者需向管理者支付成本 C/I,故最终该投资者的回报率为:

$$\alpha[\beta H + (1-\beta)L] + (1-\alpha)\cdot 0 - \frac{C}{I}$$

由于上述两种情形等价,则

$$V_I = \alpha[\beta H + (1-\beta)L] - \frac{C}{I}$$

比较 V_I 和 V_M,只有当不等式 $\alpha H - C > \alpha[\beta H + (1-\beta)L] - \frac{C}{I}$ 成立时才选择市场融资而非中介融资,解此不等式有 $\alpha(1-\beta)(H-L) > C - \frac{C}{I}$。

定理 4.5 使 $V^* = \max\{0, V_U, V_M, V_I\}$,当 $V^* = 0$ 时,最佳选择是不投资;当 $V^* = V_U$ 时,不知情的投资最优;当 $V^* = V_M$ 时,市场融资最优;当 $V^* = V_I$ 时,最佳选择是中介融资。特别地,当且仅当 $\alpha(1-\beta)(H-L) > C - \frac{C}{I}$ 时,严格地选择市场融资而非中介融资,当且仅当 $\alpha(1-\beta)(H-L) < C - \frac{C}{I}$ 时,严格地选择中介融资而非市场融资。

定理 4.5 表示,高新技术最优融资方式的选择取决于以下各因素:

- 事前的乐观程度 α;
- 观点的多样化程度 $(1-\beta)$;
- 项目的风险程度 R,即 $(H-L)$;
- 信息成本 C 和投资人的数量 I。

现集中分析高新技术区别于传统技术的两个主要方面对其融资方式选择的影响。当 α、R、C、I 不变时观点多样化程度 $(1-\beta)$ 越高，则偏好市场融资的可能性越小。同理，当 α、β、C、I 不变时，高新技术项目的风险程度越高，偏好市场融资的可能性也越大。前已论述，高新技术的特点在于其高风险和观点多样化程度较高，因此根据不等式，通过金融市场而非金融中介进行高新技术融资可能更有效率，从而提高融资的福利水平。

第 五 章

金融系统稳定性的福利分析

由于维持金融稳定的必要性，金融系统的竞争政策十分复杂，更激烈的竞争也许有利于提高效率，但却不利于金融稳定。从福利经济学的角度来讲，相关的问题是：什么是有效的竞争和金融稳定水平，本章利用竞争模型分析这个问题，发现不同的模型给出了不同的答案。竞争和金融稳定之间的关系是复杂的：有时竞争提高了稳定，在一个次优的环境中，比起完全竞争，从整个社会福利来讲，完全稳定也许并不理想。另一方面，金融系统在面对流动性冲击时，又是脆弱的，即一个非常小的流动性冲击，导致了一个大的资产价格波动，或者违约的发生。本章讨论竞争与稳定性之间的关系，以及流动性冲击如何影响金融系统的稳定性，并且如何影响福利，Allen 和 Gale 对这一问题作出了极富创意的分析。

5.1 金融系统竞争与稳定的福利分析

金融业不同于经济中其他部门，竞争政策必须考虑竞争和金融稳定的相互作用,更激烈的竞争也许有利于提高效率,但不利于金融业的稳定。本节将讨论竞争和金融业稳定之间的关系,这种关系并非简单的"权衡",理解为什么更激烈的竞争不利于金融稳定是分析这一问题的出发点。

5.1.1 金融稳定的成本与福利

Keeley(1990)提供了一种理论框架和经验证据,表明了在20世纪70年代和80年代美国撤销对银行部门的管制提高了竞争程度,并且导致垄断租金的减少。只要存款保险能够给他们提供有保证的资金,那些维护自身利益的银行所有者和管理者就会有日益强烈的动机去冒额外的风险。Jensen和Meckling(1976)揭示了机构问题,如果冒险成功,股东将获得回报;如果不成功,则由存款保险基金承担成本。在20世纪80年代,由于银行承担了因机构问题而产生的额外风险,导致了银行破产数量急剧增加。不单是美国显示出在激烈竞争和金融稳定之间存在经验联系,Beck、Demirguc-Kunt和Levine(2003)比较79个国家的数据后发现在集中银行体系中危机发生的相对较少。

各种不同的经验研究发现金融稳定的成本很高,Hoggarth和Saporta(2001)发现各国银行改革的平均成本占各国GDP的16%,对于新兴国家这个数字是17.5%[1],而对于发达国家是12%,正如表5-1所显示的,金融稳定的成本的确很高。

---

[1] 新兴国家的数字不包括中国的数据在内。

表 5-1　1997~2000 年在 24 场金融危机中的平均累积财政成本

	危机的数量	不良资产（整体贷款的百分比）	银行改革的财政成本（GDP 的百分比）
所有国家	24	22	16
新兴市场国家	17	28	17.5
发达国家	7	13.5	12
单独的银行危机	9	18	4.5
银行业和货币危机同时发生的国家	15	26	23
新兴市场国家	11	30	25
发达国家	4	18	16
银行业和货币危机同时发生且以前是固定汇率制的国家	11	26	27.5
新兴市场国家	8	30	32
发达国家	3	18	16

资料来源：Hoggarth 和 Saporta（2001），Costs of Banking System Instability：Some Empirical Evidence。

一次银行业危机的成本估计占 GDP 的 4.5%，虽然这些成本十分巨大，但仍然比银行业危机和货币危机一起发生时的成本要低（据估计为 GDP 的 23%），因为转移了一部分财政成本，所以这些数字并没有代表额外的经济成本。大量的研究利用真实产出与潜在产出的偏离来衡量由于金融危机所导致的累积的产出损失。表 5-2 表示了这些数据。

表 5-2　　　1977~1998 与金融危机有关的产出

	危机的数量	危机的平均时间（年）	平均累积产出损失（GDP 的百分比）
全部	43	3.7	16.9
单独的金融危机	23	3.3	5.6
银行和货币双重危机	20	4.2	29.9
发达国家	13	4.6	23.8
新兴市场国家	30	3.3	13.9

资料来源：Hoggarth 和 Saporta（2001），同表 5-1。

对这些成本的估计，所有危机的平均累积产出损失占 GDP 的 16.9%，在这里双重危机的成本又更高。银行业和货币的双重危机所导致的损失占 GDP 的 29.9%，而单独的银行业危机导致的损失占 GDP 的 5.6%，可是，与财政成本相比，发达国家比新兴国家损失更大。发达国家的损失占 GDP 的 23.8%，新兴国家占 13.9%。

考虑到金融不稳定的巨大和明显的成本，对于政策制定者来说，优先考虑避免金融危机就是自然的。相比而言，衡量集中的效率成本的困难表明了将竞争政策放在次优选择的位置是合理的，集中成本的不确定性和竞争与金融不稳定之间的权衡实际上鼓励了政策制定者以牺牲竞争政策为代价来实现集中。但是，大量的原因说明这种竞争政策服从金融稳定的做法是不明智的。首先，对竞争和金融不稳定之间存在权衡的范围还有疑问，毋庸置疑金融危机的成本很高，但并不意味着需要通过竞争来减少这些成本；其次，金融危机成本的发生不是很有规律，发生的周期不一样。

竞争与金融稳定之间正确的权衡可用模型来解释，我们可从中分析各种不同的竞争与金融稳定水平下的福利损失，从福利经济学的观点来看，什么是有效率的竞争和金融稳定性水平。我们可以用不同的模型来解决这个问题，而且不同的模型提供了不同的答案，在一个次优的世界里，比起完全竞争，人们更倾向于选择集中（Schumpeter，1950），并且从整个社会来讲，完全稳定也许并不理想（Allen 和 Gale，1998）。

针对一个信息不对称的中介化模型，Allen 和 Gale 文献中（2003a）提供了一个福利经济学理论模型的解释。如果金融市场是完备的，且中介机构和消费者的契约也是完备的，则完善且有效率的均衡分配是诱导性的效率，从这个意义上来说，完全竞争对整个社会是有利的。这里没有金融不稳定是因为契约完备是偶然的，因此没有必要去违约。如果合同不完备，完善且有效率的均衡分配是抑制性的效率。如果银行不能履行它所承诺的固定支付，就会产生金融危机，偏离完全竞争也许会提高金融稳定性，但是反而倾向减少福利。这种结果意味着，并不存在这样一个假设，即通过减少竞争来提高金融稳定性使整个社会的福利提高。

5.1.2 金融系统竞争和金融危机模型

在 Arrow-Debreu 一般均衡模型中，福利经济学的基本原则表明完全竞争对效率是一种必要的条件，Allen 和 Gale（2003a）在一个有关完全市场的金融危机模型中得到类似的结果。在这种情况下，完全竞争和金融稳定的效率水平是相容的。从这个意义上来说，竞争和稳定没有权衡。接下来将描述一个包括金融中介和金融市场的金融体系中的完全竞争模型。

(一)金融系统中的竞争模式

这里有三期 $t=0,1,2$,且各期只有一单位商品,此商品用于消费和投资。

经济受两种不确定性因素的影响:首先,个体机构受制于特殊的偏好冲击,这会影响他们对流动性的需求;其次,整体经济受制于能影响资产回报和各个部门间的偏好分配的总体冲击,总体冲击由有限数量的特征状态所表示,所有机构都有一个关于其特征状态的一般的优先可能的密度。当所有的不确定性都在第1期开始得到解决,则总体状态被描述,且每个机构发现其各自的偏好冲击。

每个机构在第0期都有一单位商品的禀赋,在第1期和第2期没有禀赋,因此在第1期和第2期提供消费,他们需要去投资。

这里有回报和流动性结构不同的两种资产:一种是短期资产;另一种是长期资产。短期资产以存货技术为代表,第 $t=0,1$ 期投资于短期资产的单位投入将于第 $t+1$ 期获得单位回报,长期资产回报于两期后产生。在第0期投资于长期资产的一单位货物将于第2期产生一个依靠总体状态随机的超过1单位商品的回报。

投资者的偏好可区分为事前型和事后型两种。在第0期有确定数量的 n 种类型的投资者,分别记为 $i=1,2,\cdots,n$。我们称 i 为事前型投资者,投资者是事前型共识,因此可以签立契约。

在第0期既定的事前型投资者之间是完全相同的,他们在第0期开始时承受个人的偏好冲击。第1期的偏好冲击以 $\theta_i \in \theta$ 来表示,其中 θ 是一个确定的设置。我们称 θ_i 为事后型投资者。因为 θ_i 是私人信息,契约不能是外生有条件的。

投资者只会在第 1 期和第 2 期对消费进行评估。一个投资者的偏好以一个 Neumann-Morgenstern 效用函数 $u_i(c_1, c_2; \theta_i)$ 来表示,这里 c_t 以表示第 $t=1,2$ 期的消费,效用函数 $u_i(.; \theta_i)$ 来被假定对各种类型的 θ_i 为凹型的、递增的且是连续的。Diamond 和 Dybvig 假定投资者均是以下两种事后型投资者的一种:或在第 1 期,或在第 2 期对消费进行评估。

Allen 和 Gale (2003a) 根据金融机构提供给其消费者契约的种类来考虑两种不同的模型。在第一种模型中,合同是不确定的,只受激励相容性的限制。更确切地说,合同应是激励相容性的,并且要求总体阶段和有关个人是事后型的报告是不确定的。各个中介机构提供单一合同,且各事前型投资者与不同的中介相联系。

可以设想金融系统只有一个单一的中介机构,由其为所有的股权型投资者提供合同,一个总体的中介可以担任一个中央计划者,并实施有关风险的激励型的效率分配,如果这样就没有理由去求助于市场,但交易成本防止了这种集中解决问题的方法,这种假设为金融市场提供了一种角色,使得金融机构在分担风险的同时获得流动性。

同时,只有金融市场并不能满足有利的风险分担需要,因为个体经济机构有私人信息,对个体风险而言,市场是不完全的。与此相反,中介机构可以为个人提供激励相容性的合同,并提高市场所提供的风险分担水平。

在 Diamond 和 Dybvig (1983) 的模型中,所有投资者都是事前型的。结果,一个惟一的代表银行可以提供完全的风险分担，且没有必要让市场通过银行提供跨部门的风险分担。Allen 和 Gale（1994）表明风险和流动性偏好的差异对解释资产价格是关键的，这就是允许完全投资型多样化的原因。

在有着完全市场，完全偶发性的激励相容性合同和中介机构的背景下，Allen 和 Gale 证明了以下结论：

当契约是完备的时，中介机构就没有动机去履行它们不能履行的行为。当契约的不完备是强制性的，中介机构在某些情况下违约也许是有利的。在一些违约事件中，假设中介机构的资产，包括其持有的 Arrow 资产，是流动性的，且其获利在中介机构的投资者之间进行分配。对于完全市场，我们有这样一个假设，即银行对其发行的 Arrow 资产违约是无成本的，因此，我们假设这些证券必须被担保且其持有者必须要有优先索取权。在 Arrow 证券持有者被偿付之后，剩下的资产必须按比例支付给其存款者。

命题 5.1 在已确定的假设下，在有关完全市场和不完备契约的模型中，其均衡分配是抑制性的效率。

这是一个重要的结论，它表明在完全市场和完全竞争中，违约的发生在自动均衡中是有利的，旨在提高福利，政府也没有机会去进行干预以防止金融危机。这个结果表明，在一个标准的框架内，获得最佳状态并不要求竞争和金融稳定存在平衡。

（二）纳什-古诺均衡分析

Keeley（1990）发展了一种当有存款保险时，银行两期的风险承担的简单模型。他认为，竞争越激烈，银行承担的风险越大。Allen 和 Gale（2000a）发展了一个竞争和风险分担的简单模型来揭示机构问题。

第五章 金融系统稳定性的福利分析

当企业是债务融资时,维护股东利益的管理者就有可能冒额外的风险,因为债权人承担了额外的风险,而股东将获得额外的潜在利润。当银行的大部分资产以债务(存款)形式存在时,风险转移问题就特别敏感,竞争使风险转移问题恶化,更激烈的竞争会减少盈利或可提供给管理者/股东的准租金,结果,承担额外的风险变得相对更有吸引力。

考虑银行业管制者通过将许可证颁发给有限数目的银行来控制银行业准入后所面临的问题,利用 Cournot 模型,银行可以根据资金供给曲线选择它们所需要的存款数量。这一问题是许可证的最优数目是多少?监管者应该只发放少量的许可证以限制竞争,还是应该发放大量的许可证以鼓励竞争?这一问题通过模型来证明竞争与利润的关系。

1. 静态模型。假设有 n 家银行发放了许可证,分别由 $i=1, 2, \cdots, n$ 表示。每家银行选择一个由完全相关风险组成的资产组合。这一假设相当于假设每个投资的风险被分解为一个共同的成分和一个纯粹异质的成分。如果投资的数目非常大,纯粹异质的成分可以被完全共享。然后这一异质的成分就会从分析中消失,我们就只剩下一个表示系统风险的共同的成分。

一个资产组合由其规模和回报率来刻画。银行的投资有一个两点回报结构:对所投资的每 1 美元,银行 i 会以概率 $p(y_i)$ 收到回报 y_i。他们支付零回报的概率是 $(1-p(y_i))$。银行通过选择其投资的目标回报率来选择其资产组合的风险。函数 $p(y_i)$ 被假定是二次连续可微的,且满足:

$$p(0) = 1, p(\bar{y}) = 0, p'(y_i) < 0$$

$$p''(y_i) \leq 0, \forall 0 < y_i < \bar{y}$$

目标回报率越高,成功的概率越低,成功的概率下降的速度越快。因为投资具有完全相关的回报,所以,资产组合的回报同个人的投资回报有相同的分布。

让 $d_i \geq 0$ 表示银行 i 的总储蓄,它由银行必须投资的资金总数目定义。存在一条向上倾斜的资金供给曲线。如果对存款的总需求是 $D = \sum_i d_i$,那么资金的机会成本是 $R(D)$,这里 $R(D)$ 被假设为可微的函数且满足:

$$R'(D) > 0, R(D) > 0, R(0) = 0, R(\infty) = \infty$$

我们假设所有的存款都被保险过,因此资金的供给独立于银行的资产组合的风险。由于这种后果,我们考虑银行承担存款保险成本的情况。

对银行 i 的支付是其自身资产组合的风险的函数,所有的银行对存款的需求是:

$$\pi_i(y,d) = p(y_i)[y_i d_i - R(D) d_i]$$

此处,$d = (d_1, d_2, \cdots, d_n)$,$y = (y_1, y_2, \cdots, y_n)$。注意这里在计算银行的净回报时,我们忽略了存款保险的成本。

因为银行总是可以通过选择 $d_i = 0$ 保证非负的利润,因此在均衡中它总会赚取非负的回报,即 $y_i d_i - R(D) d_i \geq 0$。

在 Nash-Cournot 均衡中,每一个银行 i 都会选择一个有序队 (y_i, d_i),它是对其他所有银行策略的最优反映。考虑一个均衡 (y, d),其中每一个银行 i 选择一个严格正的数对 $(y_i, d_i) >> 0$。作为最优反映的一个必要条件,这个数必须满足下面的一阶条件:

$$p(y_i)[y_i - R(D) - R'(D) d_i] = 0$$

$$p'(y_i)[y_i - R(D)]d_i + p(y_i)d_i = 0$$

假设这个均衡是对称的,即对于任意 i 来说,一阶条件简化为:

$$y - R(nd) - R(nd)d = 0$$
$$p'(y)[y - R(nd)] + p(y) = 0$$

这意味着:

$$-\frac{p(y)}{p'(y)} = y - R(nd) = R(nd)d$$

命题 5.2 如果 $R(d) \to \infty$,那么在任何一个对称性均衡中,当 $n \to \infty$ 时 $y - R(nd) \to 0$,$y \to \bar{y}$。

增加竞争的效应是使每家银行相对于资金市场规模更小,这反过来降低了在银行决策中的价格效应的重要性。结果,银行的行为更像完全竞争者;同时,只要利润是正的,银行就会增加其业务,均衡要求利润收敛到零,这意味着银行有极大的动机去冒险。在当 $n \to \infty$ 的极限情况中,它们将选择可能是风险最大的投资,以试图赚取更多的利润。

2. 模型化市场。假设我们与一个规模固定的市场打交道,并可以无限制地增加银行数目以达到竞争。通常我们考虑的完全竞争是在银行和消费者都无限增长的约束条件下产生的。这样做的一个方法就是当我们增加银行数量时,通过转换资金供给函数来复制市场。假定存款的回报率是每家银行的存款的函数:$R = R(D/n)$。

假定当银行的数目增加时,存款者的数目也同比例增长,因此相对于一家特定的银行资金供给不变。

模型中这一变化的效果是使它变得更像传统的市场模型,其中,当企业的数目增加时,任何企业按照产品的价格供给的效应都会小到可以忽略。此处在银行数目变得无限大的条件下,按照均衡存款率,银行对存款需求的任何效应也小到可以忽略。为了说明这一点,注意到一阶条件变为:

$$y - R(d) - R'(d)dn^{-1} = 0$$
$$p'(y)[y - R(d)] + p(y) = 0$$

如前所述,我们可以通过假定当 $n\to\infty$ 时,$R(d) \to \infty$,以确保当 $n\to\infty$ 时 α 仍然有界。那么当时,第一个等式左边的最后一项将会消失,剩下一个有限值 (y,d) 满足 $y = R(d)$。将它代入第二个等式中得出 $p(y) = 0$。换句话说,当银行数目增加时,边际利润为零,结果银行会选择越来越有风险的投资。

命题 5.3 如果当 $D\to\infty$ 时有 $R(D) \to \infty$,那么在任何对称均衡中,当时,有 $y - R(d) \to 0$,$y \to \bar{y}$。

在这种情况下,在银行业中我们有一个恒定的规模报酬,因此,在极限上,当单个的小银行的数目很大时,利润一定会收敛到零。换句话说,银行会将存款和贷款的容量不断扩大,直到存款率接近投资的预期回报。但这只给了它们一个极大的激励将风险转移给存款者或存款保险代理中介,因为只有这样它们才能从根本上得到利润。

3. 贷款市场竞争与稳定。Allen 和 Gale(2000a)的模型分析了存款市场的竞争,假设银行直接将存款投资于一个给定风险特性的资产组合,银行直接决定其投资组合的风险。因为利润下降会提高银行的风险偏好,所以竞争加剧会导致风险的增加和稳定性的下降。Boyd 和 De Nicolo(2002)指出有关银行直接投资于资产的假设对结果十分重要。为了证明此结论,他们扩展了 Allen 和 Gale 的模型以便使模型包括企业家。企业家从银行接受贷款并将资金投资于风险企业,每个企业家选择其所投资企业的风险程度,和 Allen 和 Gale 的模型中的银行类似,当利润很低时,银行有更强的动机去冒险。这里银行之间竞争的效果和我们在 Allen 和 Gale 的模型观察的结果恰恰相反。银行之间更激烈的竞争会降低借款者所支付的利率,提高其盈利的可能性并因此减弱冒险的动机,银行业更激烈的竞争将导致金融稳定性的提高。存款市场竞争的效果和以前一样,但 Boyd 和 De Nicolo 能够证明贷款市场的竞争占优势,Allen 和 Gale 的模型中竞争和稳定的权衡在 Boyd 和 De Nicolo 模型中得到修改。当银行业的竞争更加激烈时,很明显,借款者承担的风险将降低且金融稳定性将提高。

(三) 小结

本节讨论了一系列有关竞争和金融稳定的不同模型,包括金融中介和市场的一般均衡模型、机构模型。在一些情况下竞争被认为是理所当然的,而在另外一些情况下则不是,例如在一般均衡模型中,效率要求完全竞争和金融不稳定相结合。

既然因为竞争会导致分配有效率,普遍认为需要竞争,那么设想的权衡将导致对银行部门加强管制来确保竞争和金融稳定的共存。取得这个目标的方法是对银行提出最低资本要求,如果银行的所有者被迫投入大量的资本,他们就不愿意去冒险,因为他们这样做会损失大量资金,从而使银行冒险的动机减弱并可以平等的条款进行竞争。在一个有关道德风险的简单模型的背景下,仅有资本控制是不够的,除了资本控制,控制存款利率也是取得帕累托最优的必要条件。

5.2 金融系统流动性冲击对福利的影响

在一个金融系统的模型中,对于流动性需求的小的冲击,会导致资产价格的大的波动或银行的违约,或是两者同时发生。在理想的经济中,没有任何冲击,存在着许多均衡;但是,在引入流动性冲击后,惟一稳定的均衡是那些考虑了某些重要影响因素的均衡,即外部不确定性的均衡,本节将分析流动性冲击导致资产价格波动引起不同的均衡及其参与者的福利。

5.2.1 流动性与金融脆弱性

历史上有大量的关于金融脆弱性的例子,其中的冲击对于整个经济来说是小的,但却给金融系统带来了巨大的影响。银行破产迫使出售银行的商品存货,在短期内,市场的流动性是有限的,商品的出售会导致更低的价格。价格的降低于是使其他的中介的流动性吃紧并被迫出售,商品价格的崩溃和金融危机便随之发生。1998年美国长期资产管理公司事件中,如果没有纽约联储银行的配合拯救,将会出现资产价格的崩溃和一个广泛蔓延的金融危机。

危机表示资产价格的巨大下降,在这个过程中会影响大量银行偿付能力和它们满足对存款者承诺的能力。如果资产价格的变动足够大,一些银行将被迫进行变现活动;但是,仍然有一些危机,在危机中,银行避免了违约,尽管它们的资产负债受到了巨大的压力。一个对资产回报的大的冲击发生后,银行将不能满足它们的承诺并被迫将资产变现。在危机中,小的或是可以忽略的冲击会引起自增强和自放大的价格变化,使用一般均衡模型的一个简单的形式,可以分析流动性在决定资产价格上的作用。流动性的供给取决于银行最初的资产组合选择,然后,对流动性需求的小的冲击,和固定的供给之间相互作用,引起了资产价格的崩溃。

我们用标准的方式,假设消费者具有随机的时间偏好,来对流动性偏好建立模型。有3个时期,$t=0, 1, 2$,其中合约在时期0签订,所有的消费发生在时期1和时期2。有两种类型的消费者,前期消费者,他们仅仅重视在时期1的消费;后期消费者,他们仅仅重视在时期2的消费。消费者在时期0都是相同的,并且在时期1的开始就知道他们的真实类型,"前期"或"后期"。

在这个经济中,有两种类型的投资,在一个时期后获得收益的短期投资和需要两个时期才到期的长期投资。在流动性和收益间存在着一个替代关系:长期投资具有较高的收益但是需要较长的时间到期(即流动性较低)。相反,在风险和收益间没有替代关系:我们假设资产的收益不是随机的,是为了强调在这个模型中,金融危机不是由资产收益的冲击所引起的。

在模型中,银行被认为是风险分担的机构。他们将消费者的禀赋集中起来,并将其投资到一个由长期投资和短期投资组成的资产组合。作为对得到消费者禀赋的交换,银行给予消费者一个合约,这个合约是一个选择权,在时期1得到一个固定数量的消费,或是在时期2得到一个固定数量的消费。这个存款合约通过跨期平滑存款的收益支付,为消费者提供了对流动性冲击的保险。在银行部门,进入是自由的,在一个竞争均衡中,为了吸引客户,银行必须最大化存款者的期望效用。

一旦流动性的供给由银行的资产组合决策所固定,对流动性需求的冲击将引起实际的资产价格的波动或违约。在短期,流动性的供给由银行在时期 0 时的资产组合决策所固定。在没有违约的情况下,对流动性的需求在短期时是完全无弹性的。如果在流动性偏好高时,银行对流动性的供给足够满足存款者的需求,那么,在流动性偏好低时,一定由过剩的流动性供给。如果利率为零,那么银行将愿意在时期 1 和时期 2 之间持有这个过剩的流动性,一个低的利率意味着资产价格相对地高。但是,资产的价格不能在所有的情况下都是高的,否则在时期 0 卖空资产将十分普遍,没有人愿意持有它。因此,在没有违约的情况下,也会有实际价格的波动。

如果对流动性的需求的一个小的冲击导致了与之不相称的大的对资产价格的波动和违约的影响,那么我们定义一个金融系统是脆弱的。对金融脆弱性的一个测试是,允许冲击变得无穷小,然后看看冲击产生的影响是否消失,如果它们没有,我们就能说这个金融系统是脆弱的,因为相对于其结果而言,冲击是无穷小的。不管冲击的大小是怎样的,都一定存在着实质的资产价格波动或违约,或是两者都存在,在违约的情况下,我们一定会发现正的资产价格的波动,相对于冲击,资产价格的波动不相称地大,即金融系统是脆弱的。

5.2.2 流动性冲击与资产价格模型

存在三个时期 $t=0,1,2$。每个时期中只有一种商品。这个商品可以用来消费或投资,存在两种资产——短期资

第五章 金融系统稳定性的福利分析

产和长期资产。

短期资产是用存量来表示。对短期资产的投资可以在时期 1 或时期 2 进行。在时期 t 投入的每一单位的商品在时期 $t+1$ 的收入为 1，$t=0,1$。

长期资产需要两个时期到期，比短期资产的收益多。对长期资产的投资只能在时期 0 进行。时期 0 的一个单位的投资在时期 2 的收入为 $\gamma > 1$。

事先相同的消费者是一个闭连续集，它的测度是标准化的单位。每个消费者拥有的禀赋为 $(1,0,0)$，其中在时期 0 有 1 个单位的商品，而在接下来的时期中没有商品。在时期 1 有两种（事后的）类型的消费者：前期消费者，他们仅仅重视在时期 1 的消费；后期消费者，他们仅仅重视在时期 2 的消费。如果用 η 表示消费者是前期消费者的概率，用 c_t 表示在时期 $t=1,2$ 时的消费，那么消费者的事先的效用是：

$$u(c_1, c_2; \eta) = \eta U(c_1) + (1-\eta) U(c_2)$$

时期效用函数 $U: \mathbf{R}_+ \to \mathbf{R}$ 是二次连续可微的并且满足一般的新古典的性质，$U'(c) > 0$，$U''(c) < 0$，$\lim_{c \to 0} U'(c) = \infty$。

在这个模型中内部不确定性的原因有三个：(1) 每个单独的消费者面对各不相同的关于其偏好（前期消费者或后期消费者）的不确定性。(2) 每个银行面对着各不相同的关于其存款者中前期消费者数量上的不确定，不同的银行可以位于面对着独立的流动性冲击的地区。(3) 存在着前期消费者在经济中的份额的总的不确定性。总的不确定性表示为一种自然状态 θ，密度函数为 $f(\theta)$。银行的各不相同的冲击表示为随机变量 α，具有有限的太阳黑子和密度函数 $f(\alpha)$。银行在状态 (α, θ) 下，其存款者是前期消费者的概率用

$\eta(\alpha,\theta)$ 表示：

$$\eta(\alpha,\theta) \equiv \alpha + \varepsilon\theta,$$

式中：ε 是常数且 $\varepsilon \geq 0$。假设在状态 (α,θ) 下，银行中前期消费者的比例和其概率 $\eta(\alpha,\theta)$ 是相等的，整个经济中平均的 α，假设是一个常数，等于平均值 $\bar{\alpha} = \sum \alpha g(\alpha)$。因此，只有当 $\varepsilon > 0$ 时才会有总的内部不确定性。

所有的不确定性在时期1出现。θ 的真实值是被公众所观察到的，每个银行的 α 的真实值是被公众所观察到的，每个消费者都知道它们的类型，也就是说，他是前期消费者还是后期消费者。

在时期0，没有为总不确定性进行套期保值的资产市场，比如，没有依自然状态 θ 而发生的阿罗证券。在时期1没有市场能够将未来（时期2）消费转化为当前（时期1）消费。如果 $p(\theta)$ 表示未来消费和当前消费的相对价格，那么在状态 θ 下，一个单位的长期资产在时期1的价值是 $p(\theta)r$。

市场在时期0是非完全的，而在时期1是完全的。我们假设市场的参与是不完全的，在时期1，金融机构能够参与资产市场，而单个的消费者不能。

银行间的竞争是通过为消费者提供作为得到消费者的禀赋交换的存款合约进行的，与之对应，消费者选择银行所提供的最具吸引力的合约。自由进入保证了银行在均衡时的利润为零，均衡时，银行所提供的合约必须在零利润约束的限制下最大化消费者的福利。

不失一般性，我们可以假设消费者在时期0将其所有的禀赋都存入银行。银行投资人均 y 单位于短期资产，投资人均 $1-y$ 单位于长期资产，提供给每个消费者一个存款合约，允许消费者在时期1提款 d_1 单位或在时期2提款 d_2 单位。

不失一般性,我们令 $d_2 = \infty$,这保证了消费者在时期2收到银行资产的剩余部分。于是存款合约的特征就由中期的支付 $d_1 = d$ 来表示。

如果 $p(\theta)$ 表示状态 θ 下时期1的未来消费的价格,那么时期1银行资产的价值是 $y + p(\theta)r(1-y)$。

一个消费者的类型是个私有信息。一个前期消费者不会错误表达他的类型,因为他需要在时期1消费;但是后期消费者可以要求成为一个前期消费者,在时期1提款 d,将其保存到时期2,然后消费。当且仅当在时期2对后期消费者的剩余支付至少是 d 时,存款合约才是激励相容的。由于后期消费者在时期2是剩余的权利要求者,当且仅当

$$\eta(\alpha,\theta) + (1 - \eta(\alpha,\theta))p(\theta)d \leqslant y + p(\theta)r(1-r) \tag{5.1}$$

时,才可能给予其至少为 d 单位的消费。(5.1)式的左边当前期支付消费者 d 和支付后期消费者至少 d 的消费的现值的下限。(5.1)式的右边是资产组合的价值。因此,条件(5.1)是存款合约 d 同时满足激励相容和预算约束的充分必要条件。我们通常指(5.1)式中的不相等为短期的激励约束。

只要银行能够满足激励约束,后期消费者就会在时期2提款。如果(5.1)式不成立,那么所有的消费者都将在时期1提款。在破产的情况下,为了向在时期1提款的消费者提供其承诺的数量 d,银行被要求变现其资产。不管消费者作出何种决定,在时期2提款的消费者比在时期1提款的消费者收到的都要少。所以,在均衡时,所有的消费者都将在时期1提款。于是,每个消费者收到的资产组合的变现价值为 $y + p(\theta)r(1-y)$。

令 $x_t(d, y, \alpha, \theta)$ 表示在时期 t 时的消费,如果银行选择 (δ, Ψ) 并且在时期 1 银行的状态是 (α, θ)。令 $\xi = (\xi_1, \xi_2)$,其中:

$$x_1(d,y,\alpha,\theta) = \begin{cases} d & \text{如果(5.1)式被满足} \\ y + p(\theta)r(1-y) & \text{其他} \end{cases}$$

$$x_2(d,y,\alpha,\theta) = \begin{cases} \dfrac{y + p(\theta)r(1-y) - \eta d}{(1-\eta)p(\theta)} & \text{如果(5.1)式被满足} \\ y + p(\theta)r(1-y) & \text{其他} \end{cases}$$

并且 $\eta = \eta(\alpha, \theta)$。使用这一符号,银行的决策问题可以写为

$$\begin{aligned} & \max E[u(d,y,\alpha,\theta), \eta(\alpha,\theta)] \\ & \text{s.t. } 0 \leq d, 0 \leq y \leq 1 \end{aligned} \quad \text{(DP1)}$$

在给定价格函数 $p(\cdot)$ 下,一个有序偶 (d, y) 如果解决了(DP1)就是最优的。

5.2.3 均衡的福利分析

Allen & Gale (2003) 用一个简单的参数来揭示这个模型的性质,并计算福利,我们将看到对流动性需求相对较小的冲击会给资产价格的波动和违约的概率带来实质性的影响,资产价格的波动和银行违约会给均衡的分布和个体的福利带来真实的影响,此外,这些真实的影响在引发流动性冲击变得无穷小时仍然是实质性的。这被定义为对微小冲击(在极限中,是没有冲击的)的过度敏感性的金融脆弱性。

任何银行中前期消费者的比例是 $\eta(a, \theta) = a + \varepsilon\theta$,其中,$a$ 是一个特有(单个银行特有)冲击,θ 是一个总冲击。为了简化,我们假设随机变量 a 和 θ 有两点取值,

即

$$a = \begin{cases} a_H & \text{w.p.r.} 0.5, \\ a_L & \text{w.p.r.} 0.5, \end{cases} \quad \text{其中} 0 < a_L < a_H < 1$$

且

$$\theta = \begin{cases} 0 & \text{w.p.r.} \pi, \\ 1 & \text{w.p.r.} (1-\pi), \end{cases} \quad \text{其中} 0 < \pi < 1$$

因为 θ 只有两个取值,所以在时期1的未来消费的价格最多有两个值,$p(0)$ 和 $p(1)$。

(一) 无风险的银行

假设银行选择一个存款合约 d 和一个资产组合 y,使其在均衡时没有违约的必要。于是在每一个状态 θ 下,前期消费者在时期1将收到承诺的支付 $c_1(a,\theta) = d$,后期消费者在时期2将收到银行资产组合的剩余部分。预算约束意味着后期消费者的消费是

$$c_2(\alpha,\theta) = \frac{y + p(\theta)r(1-y) - \eta(\alpha,\theta)d}{p(\theta)(1 - \eta(\alpha,\theta))}$$

根据假设,在每个状态 (α,θ) 下激励的约束 $c_2(\alpha,\theta) \geqslant d$ 都是被满足的。因此,银行的决策问题是选择有序偶 (d,y) 使之满足

$$\max E[\eta U(d) + (1-\eta)]U(c_2(\alpha,\theta))$$
$$\text{s.t.} \ c_2(\alpha,\theta) \geqslant d, \forall (\alpha,\theta)$$

结果,一个从未违约的银行为无风险的银行,并把其选择的无风险策略表示为 (d_s, y_s)。

我们的一个目的是说明即使是微小的数量的总不确定性,用一个微小的但仍是正的值 ε 表示,也会给均衡值带来巨大的影响。特别地,它会导致较高的资产价格的波动

或是一个不能忽略其发生概率的违约（或者是两者都发生）。我们先假设在均衡中没有违约的情况发生，并说明这意味着资产价格的高波动性。

考察一下上面的无风险银行的决策问题，并且由此可以不失一般性地假设所有的银行选择同样的合约 (d_s, y_s)。

因为 α 表示纯特质风险，经济中前期消费者的比例是 $\eta(\bar{\alpha}, \theta)$，其中 $\bar{\alpha} = (\alpha_H + \alpha_L)/2$。于是在时期 1 对消费的总需求是 $\eta(\bar{\alpha}, \theta)d$，供给为 y，市场出清的条件要求 $\eta(\bar{\alpha}, \theta)d \leq y$，$\forall \theta$，且互补的松散条件是 $\eta(\bar{\alpha}, \theta)d < 1 \Rightarrow p(\theta) = 1$。根据定义，$\eta(\bar{\alpha}, 0) < \eta(\bar{\alpha}, 1)$，所以明显地，市场出清条件 $\eta(\bar{\alpha}, \theta)d \leq y$ 意味着 $\eta(\bar{\alpha}, 0)d < y$。于是互补的松散条件意味着 $p(0) = 1$。

均衡要求在时期 0 必须持有短期资产；否则在时期 1 将没有消费。但是，因为 $p(0) = 1$，在时期 0，短期资产将被长期资产占优，除非 $p(1) < 1/r$。这说明，在没有违约时，均衡中资产价格的波动是不可避免的。此外，不论任何 $\varepsilon > 0$ 的 ε 的值如何小，资产价格的波动都是不等于零的。因此，只需要一个微小的总不确定性就会引起实质性的价格波动。

以上结论为：不存在违约的均衡本质特点是对流动性的需求和供给都是没有弹性的，于是，需求和供给的小的变动将会使市场出清时的价格产生巨大的改变。

在 $\varepsilon > 0$ 时的均衡中，一定会有违约或实质性的资产的波动（或两者都存在）。

(二) 有风险的银行

避免违约是有成本的，其主要特征是流动性的冲击引起资产价格的波动，满足激励约束 $c_2(\alpha, \theta) \geq d$ 意味着银行要么选择一个小值的 d,这将曲解跨期的消费流;要么选择一个大值的 y,这意味着放弃更高的长期资产的收益。如果避免违约的成本太高,对于银行来说,选择一个会导致违约发生的概率为正的政策 (d,y) 将是最优。所以实际上,可能有一些银行选择违约。

只有当银行在某个状态下违反了激励约束 $c_2(\alpha,\theta) \geq d$ 时,才会违约。因为变量 (α,θ) 有四种可能的组合,所以存在几个银行会违约的可能状态。我们必须考虑违约状态的所有可能的组合,以找出其中银行的合约最优的那个。为了说明,假设银行决策中最重要的因素是资产价格的变动,假设不管 α 取何值时,当且仅当 $\theta=1$ 时,银行才会觉得违约是最优的。于是,如果 $\theta=0$ 时,前期消费者的消费是 d 而后期消费者的消费是 $c_2(\alpha,\theta)$。如果 $\theta=1$,银行违约,每个人得到的银行资产组合的变现价值是 $w(1) = y+p(1)r(1-y)$。因此当 $\theta=1$ 时一个预期违约的银行的决策问题是最大化:

$$\pi E[\alpha U(d) + (1-\alpha)U(c_2(\alpha,\theta))]$$
$$+ (1-\pi)U(y+p(1)r(1-y)),$$

限制条件是:激励约束

$$c_2(\alpha,0) \geq d, \alpha = \alpha_H, \alpha_L$$

我们称这个银行为有风险的银行并且记风险策略为 (d_R, y_R)。

假设在状态 $\theta=1$ 下,不管 α 取何值,有风险的银行违约,在这一假设条件下,在均衡中,一定会有一些银行选择安全的策略。否则,所有的银行都将在 $\theta=1$ 时违约且不得不变现其资产。没有经营良好的银行去购买资产,资产价格 $p(1)$ 将下降为零。明显地,这不可能是均衡的,预

期到了价格 $p(1)=0$，银行会发现在时期 0 选择安全的策略是更有利润的并在时期 1 获得无限大的套利利润。所以，假设有风险的银行在状态 $\theta=1$ 违约下，任何存在违约的均衡将必定是混合均衡，是一个具有正比例的无风险银行和有风险银行的均衡。

无风险的银行在所有的状态下都给予消费者相同的消费 d_S，后期消费者面对着风险。当各不相同的冲击是小的时（$\alpha=\alpha_L$），无风险的银行有过剩的流动性能够以一个低的价格在状态 $\theta=0$ 下全部购买长期资产，所以后期消费者在价格低（$\theta=1$）时比价格高时（$\theta=0$）的情况要更好。当特质冲击高时（$\alpha=\alpha_H$），无风险的银行没有足够的流动性，必须出售长期资产来满足前期消费者的需求。所以，无风险银行中后期消费者的情况在价格高时（$\theta=0$）比价格低时（$\theta=1$）要更好。

在有风险银行中的存款者的情况普遍在价格高时（$\theta=0$）要好。前期消费者收到常量的 d_R，后期消费者将承受 α 变动的风险。当价格低时（$\theta=1$），银行违约，所有的消费者收到银行资产组合的变现价值，因为价格的下降，这个价值是低的。

第六章

金融系统中的个人福利：
中国投资者选择的实证研究

在本章里，我们要比较通过金融市场和金融中介下的交易，一个经济体中的各个行为者（agent）间是如何分担风险的，比如资本市场与银行系统。然后我们会通过比较如何应用于中国目前的金融系统做出推断，以确定投资者如何从最优福利的角度选择不同的金融系统结构。

6.1 引 言

关于风险分担的标准论点是金融市场允许在行为者（agent）间很好地分担风险，这样更容忍风险型的行为者就会比风险规避型的行为者能承担更大的风险。如果市场是完全竞争的，没有交易费用，且信息是对称的，跨域（cross-sectional）的风险分担就会有效地在行为者间分配。但是，这只是一种风险分担形式，即跨部门风险分担。另外一种风险分担形式也同样重要，即跨期风险（inter-temporal）分担或叫代际风险分担（different generations of agents)间分担的风险。就这个方面,已经证明金融中介比金融市场的作用更大,即跨期平滑(inter-temporal smoothing)的作用。

假设一个经济体会无限期地存在下去,$t = 0, 1, 2, \cdots, n$ 有一种存货技术可以将一单位的单个消费物品完整地转化到下一个时期去。还存在一种在一期内有固定供应量的资产(股票)且在以后期内有(净)收益的结构:在偶数期($t = 0, 2, 4, \cdots, n$)获得 0.9 单位,在奇数期($t = 1, 3, 5, \cdots, n$)获得 0.1 单位。经济体中的消费者可以存在两个时期。他们只在生活的后面一个时期里进行消费。在他们的出生期,T 期,每个人都会被赋予一单位可消费的物品。他们会用它来进行投资以便在 $T+1$ 期时有可消费的东西。把 $T+1$ 期的消费取名为 C_{t+1},且它们的效用为 $U = \ln C_{t+1}$。比较两种制度性的安排:资本市场(用来交易股票)和银行(用来进行存款服务)。

可以容易得知在达到金融市场静态均衡时,固定财产的均衡价格是一个单位。在静态均衡时,每期股票的价格都是一样的。这意味着由于行为者可以同样的价格买卖股票且它还付给一定的股息,所以股票主导着存货技术。而正是股票起主导作用,每个消费者都会用他们所有的禀赋来购买它,因而其价格将会变成一个单位。由于行为者在奇数期或偶数期变老,因此均衡消费发生了变化:那些在偶数期变老的,他们会消费 $C_{\text{even}} = 1 + 0.9 = 1.9$;则 $U_{\text{even}} = 0.64$。而那些在奇数期变老的,他们消费 $C_{\text{odd}} = 1 + 0.1 = 1.1$;则 $U_{\text{odd}} = 0.10$。经济体中全部行为者所获得的平均效用为 $U_{\text{market}} = 0.37$。

另一方面,银行,它可以存在两个时期以上(为了简便,假定它们可以永久存在下去)。它从长远来考虑并在不同代里最大化行为者的效用,比如它采用跨期平滑方法。可以很容易地证实,在存货技术的帮助下,一个跨时期和年代的"平滑"消费模式是最好的解决办法。银行可以采取从行为者那里得到存款(禀赋)的方式来实现。当偶数期利润高时,存入 0.4 个单位。当奇数期里资产的收益低时,就取出 0.4 个单位。所以消费就非常的平滑,假如 $C_{bank} = 1.5$;则 $U_{bank} = 0.41 > U_{market} = 0.37$。

从上面的例子我们可以看出,银行的跨期平滑是银行条件下经济体中行为者的平均效用高于金融市场条件下经济体里的效用,在更复杂的情况下,即固定资产的收入并不确定时,我们也可以得到相似的结果。事实上在这种情况下,使用烫平的平均效用不光要更高,而且银行业务在均衡时所达到的帕累托(Pareto)最优也高于金融市场的均衡。所以,一个有高效的银行体系的金融系统能够在含金融市场的系统中起主导作用,原因在于银行能更好地分配风险和熨平内部不同时期内消费的跨期波动(inter-temporally)。这也要求市场不是完全的,否则当收益高时,行为者就会用市场来阻止平滑(smoothing)。因此长期存在的金融机构,如银行,只要不遭受来自金融市场的剧烈竞争就能获得跨期平滑(inter-temporal smoothing),提高投资者的福利水平。

将上述的风险分担原理与中国金融系统的实际结合起来就可以实证地分析金融系统的风险配置。为了分析这一问题,作出一个转换,即金融系统中的风险分担与最优福利是通过投资者的选择实现的,而假设每一个投资者在作出投资决策时,充分考虑到了资本市场的风险分担与金融中介的跨期平滑，通过金融资本的配置来完成，投资选择的分布也就选择和决定了金融系统。

唐寿宁、王晋斌（2002）①指出，金融系统可以看做是全体投资者参与并做出投资决策的决策系统，投资者的选择、投资者利益群体的组合及不同投资者利益群体之间的力量对比，实际上决定着这一决策系统的形态。投资者的风险感受决定着其对不同种类资产的选择，从而决定着对不同金融系统的需求。可以说，金融系统就是在投资者的日常金融活动选择中形成并演变的。董裕平（2003）②也认为，企业与投资者根据自己的经济理性对各种金融契约（即金融资产）加以选择，他们之间的所有博弈行为的结果就体现为一定的金融结构形态，而投资者随着经济前景变化对投资组合的调整会促进金融结构的调整。因此，我们从投资者对不同风险种类的选择入手进行实证分析，以反映出投资者对金融市场与金融中介两种系统类型的偏好情况，并进一步探讨中国金融系统的现状与发展方向，以及这种现象的福利经济解释。

本章结构如下：第一节通过问卷调查获得的样本，对数据进行处理找出变量之间的关系并对变量进行回归分析；第二节对这一结论进行更深层次的分析、研究中国当前资本市场的特征与银行现状，如何影响风险分担；最后是对本章的小结。

---

① 参见奥尔多：《金融系统演变考》，载《投资者选择与金融系统演变》（第一卷第二辑），中国财政经济出版社，2001年版。

② 参见董裕平著：《金融：契约、结构与发展》，中国金融出版社，2003年版。

6.2 实证分析

6.2.1 数据取得与变量描述

根据目前中国金融市场上的资产分布情况，我们选择了储蓄、保险、债券、股票、外汇、期权期货这六种资产进行分析。基于中国金融系统的特殊性，我们将储蓄当做无风险资产，而将债券、保险当做低风险资产，对股票进行单独分析，将期货、外汇作为高风险资产的代表。因为，中国的投资者最了解和信任并广泛参与储蓄行为，而对债券接触认识较少（这与风险存在的效应相似），中国的股市发展状况也很特别，同时，我们将储蓄行为也视做是一种投资选择行为，如此，也更加适合验证我们讨论的主题。设置无风险资产选择情况、低风险资产选择情况、高风险资产选择情况、股票选择情况四个变量，其取值分别用 0、1、2 来表示，0 代表没有选择此类资产，1 代表选择了此类资产中的一项，以此类推。同时另设投资比重、获利最多的资产选择两个变量，分别表示投资者在金融活动中投入的资金占其年收入的比重及投资者在哪一种资产中获得的收益最多。

变量取值的数据来源于 2003 年 7 月在 W 市进行的问卷调查①。调查遵循了抽样调查的随机原则、广泛性原则和代表性原则，共发放问卷 420 份，回收 413 份，回收率为

---

① 该调查于 2003.7~2003.8 在 W 市进行，总共发放 420 份，回收 413 份，此前南方证券进行了类似的问卷调查，但本书没有采用南方证券采集的数据。

98.33%。在保证抽样推断能达到预期的可靠程度和精确程度的要求下,选取适当的抽样单位数,设定抽样误差 $u=5\%$,则其对应 $t=1.96$,$n=t^2p(1-p)/u^2$,其中 $p=0.5$,得到所应抽查的单位数为 $n=384$ 人,而实际调查单位数为 420 人,抽样误差小于 5%,从而使调查结果有较大可信度。问卷问题皆以选择题形式出现,具体见附录。

我们按照随机抽样原则从 413 份问卷中抽取 90 份样本进行分析,抽样方法采用等距抽样,首先对总体 413 份问卷进行排列编号,总体单位数 $N=413$,样本单位数 $n=90$,每两个样本单元间的距离 $K=N/n=413/90=4.59≈5$。从随机数字表中随机地确定一个 1 至 N 之间的数 i,我们所确定的 i 为 2,则第一份样本问卷编号为 2,然后每隔 5 份问卷抽取一份,最后一份被抽中的问卷编号为 87。

月收入、学历和年龄采用定量量表表示(见表 6-1、表 6-2、表 6-3),具体如下:

- 月收入:(1) 1 500 元以下;(2) 1 500~3 500 元;(3) 3 500 元以上。
- 年龄:(1) 30 岁以下;(2) 30~50 岁;(3) 50 岁以上。
- 学历:(1) 初中及以下;(2) 高中或高职;(3) 大专、本科;(4) 本科以上。

表 6-1　　　　　　月收入结构

月收入(元)	1 500 以下	1 500~3 500	3 500 以上
比例(%)	52.4	37.3	10.3

第六章 金融系统中的个人福利：中国投资者选择的实证研究

表6-2　　　　　　　　　年龄结构

年龄（岁）	30以下	30~50	50以上
比例（%）	25.9	58.6	15.5

表6-3　　　　　　　　　学历结构

学历	初中及以下	高中或高职	大专、本科	本科以上
比例（%）	8.2	15.8	61.3	14.7

直方图（图6-1）显示了不同资产的选择比例情况。

图6-1中：横轴的1、2、3、4分别代表无风险资产

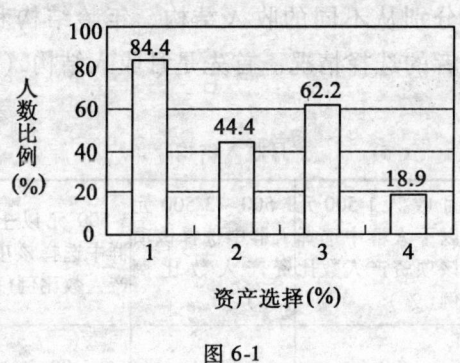

图6-1

（储蓄）、股票、低风险资产（保险、债券）和高风险资产（期货、外汇）。纵轴显示的是选择该项资产的人数占总人数的比例（%）。在90份样本中，共有76人在投资组合中选择了无风险资产（储蓄），占总人数的84.4%。而选择股票的有40人，占总人数的44.4%；选择低风险资产的有56

人,占总人数的62.2%;选择高风险资产(股票单独统计)的仅为17人,占总人数的18.9%。由此可见,首先储蓄仍然是大多数人的投资选择,其次是以保险和债券为代表的低风险资产,再次为股票,最后的高风险资产则相对较少有人涉足。这说明,在我国,人们更多地倾向于通过金融中介来投资,而相对较少地介入资本市场,即使在资本市场投资,也多青睐于债券这类风险较低的资产。当然,我们也注意到,在风险较高的资产中,选择股票的人数占到了总人数的将近一半,说明我国的股市还是吸引了相当多的投资者的。但由于股市尚不成熟,参与成本较高,近年的熊市等原因,相比起股票来说人们还是更加偏好于储蓄类无风险资产。

我们再分别从不同的收入结构、年龄结构和学历结构来分析投资者的选择情况。首先是月收入结构(见表6-4):

表6-4　　　　　　月收入结构

月收入类别 资产类别	月收入1 500元以下人群中选择该项资产人数比例(%)	1 500~3 500元人群中选择该项资产人数比例(%)	3 500元以上人群中选择该项资产人数比例(%)	选择该项资产人数占总人数比例(%)
无风险资产 (储蓄)	92.3	73.4	82.1	84.4
股票	24.6	68.5	79.4	44.4
低风险资产 (债券、保险)	60.3	57.4	81.2	62.2
高风险资产 (期货、外汇)	5.2	35.4	58.9	18.9

从纵向来看，月收入水平在1 500元以下的人群中，选择储蓄的人数比例高达92.3%；月收入在1 500~3 500元的人群中，选择储蓄的人数比例为73.4%；月收入水平为3 500元以上的人群中，选择储蓄的人数比例也达到了82.1%。可以说，在各个收入层次中，储蓄都占到了绝对优势。而在1 500元~3 500元的中等收入层次，股票的受欢迎程度仅次于储蓄，以68.5%位居第二。在1 500元以下低收入水平下，低风险资产成为了人们除了储蓄之外的次优选择。而在3 500元的高收入领域，选择高风险资产的人数有所上升，但仍然少于选择储蓄和低风险资产的人数（见表6-5）。

表6-5

年龄类别 资产类别	30岁以下人群中选择该项资产人数比例(%)	30~50岁人群中选择该项资产人数比例(%)	50岁以上人群中选择该项资产人数比例(%)	选择该项资产人数占总人数比例(%)
无风险资产（储蓄）	85.3	70.1	100.0	84.4
股票	21.4	58.9	48.7	44.4
低风险资产（债券、保险）	67.8	60.5	44.3	62.2
高风险资产（期货、外汇）	19.8	26.3	8.5	18.9

从年龄结构来看，储蓄仍然是各个年龄阶段的投资者

的首选，选择股票的人群主要集中在30~50岁以及50岁以上的人群，低风险资产的选择在各个年龄阶层分布比较均匀，高风险资产也集中于30~50岁的中年阶层（见表6-5）。

从学历结构来看，初中以下水平的人群对储蓄的选择达到了100%，随着学历升高，其选择比例也呈递减趋势。而股票和高风险资产的趋势则正好相反，在低教育水平人群中，选择股票和高风险资产的人都非常少，初中以下人群中甚至没有人涉足高风险资产。而在大专及本科以上教育水平的人群中，选择股票的人就相当多了。与年龄结构一样，低风险资产的选择情况也分布较为均匀，基本都超过了半数（见表6-6）。

表6-6

资产类别	学历类别 初中及以下人群中选择该项资产人数比例(%)	高中或高职人群中选择该项资产人数比例(%)	大专、本科人群中选择该项资产人数比例(%)	本科以上人群中选择该项资产人数比例(%)	选择该项资产人数占总人数比例(%)
无风险资产（储蓄）	100.0	87.2	80.3	74.5	84.4
股票	8.3	28.9	53.6	59.3	44.4
低风险资产（债券、保险）	58.7	65.6	68.9	52.0	62.2
高风险资产（期货、外汇）	0.0	4.3	23.4	49.6	18.9

6.2.2 回归分析

为了进一步探讨不同年龄、学历、收入层次对资产选择的影响，我们进行最小二乘法回归分析。建立年龄、学历、收入与无风险资产选择情况的多元线性回归模型如下：

$Y_j = a_0 + a_1 X_{1i} + a_2 X_{2i} + a_3 X_{3i} + U_i$ （$i = 1, 2, \cdots, 150$; $j = 1, 2, 3, 4$）

Y_1：无风险资产选择情况之取值：0，1。

Y_2：低风险资产选择情况之取值：0，1。

Y_3：高风险资产选择情况之取值：0，1。

Y_4：股票选择情况之取值：0，1。

X_1：学历之取值：（1）初中及以下；（2）高中或高职；（3）大专、本科；（4）本科以上。

X_2：年龄之取值：（1）30岁以下；（2）30～50岁；（3）50岁以上。

X_3：月收入之取值：（1）1 500元以下；（2）1 500元～3 500元；（3）3 500元以上。

下面我们对每一种资产分别做单元与多元回归分析，最后将四种资产的多元回归方程联立，形成完整的资产选择多元回归模型。最后，将单独分析投资比重和获利最多的资产与收入、学历、年龄的关系。

（一）无风险资产选择情况

1. 收入与无风险资产选择情况的单元线性回归（参见表6-7、表6-8）。

表6-7   模型概要

模型	相关系数 R	判定系数 R^2	修正 R^2	估计标准差
1	0.698（a）	0.487	0.481	0.306

说   明：预测值：（常数）收入。

表 6-8　　　　　　　　　系　　数

模型		非标准化系数		标准化系数	t 值	显著性系数
		B	标准误差	β		
1	（常数）	1.381	0.075		18.509	0.000
	收入	-0.346	0.038	-0.698	-9.136	0.000

说　明：因变量：无风险资产。

如表 6-7 所示，收入与无风险资产选择情况之间的回归系数为 0.698，拟合优度为 0.487，表明模型中自变量和因变量之间的相关性比较高。拟合方程如下：

$$Y = 1.381 - 0.346X$$

方程中 X 的系数为负，说明随着收入的增加，对无风险资产的选择倾向呈下降趋势，收入每增加一个单位，无风险选择倾向就下降 0.346。取显著性水平 $\alpha = 0.05$，对回归系数作 t 检验：由于 $N = 90$，当 $|t| > 1.960$ 时，则通过检验。此处自变量 X 所对应的 $|t|$ 值为 $9.136 > 1.96$，X 的系数在 5% 的水平下通过显著性检验。

2. 收入、年龄、学历与无风险资产选择情况的多元线性回归（参见表 6-9、表 6-10）。

表 6-9　　　　　　　模　型　概　要

模型	相关系数 R	判定系数 R^2	修正 R^2	估计标准差
1	0.713（a）	0.508	0.491	0.303

说　明：预测值：（常数）年龄，学历，收入。

第六章 金融系统中的个人福利：中国投资者选择的实证研究

表6-10 系 数

模 型		非标准化系数		标准化系数	t值	显著性系数
		B	标准误差	β		
1	（常数）	1.245	0.174		7.156	0.000
	学历	-0.041	0.038	-0.106	-1.096	0.276
	年龄	0.059	0.046	0.117	1.268	0.208
	收入	-0.284	0.049	-0.574	-5.743	0.000

说　明：因变量：无风险资产。

从表6-9中看出，在收入、年龄、学历与无风险资产选择情况的多元线性回归中，相关系数为0.713，判定系数为0.508，拟合方程如下：

$$Y = 1.245 - 0.041X_1 + 0.059X_2 - 0.284X_3$$

式中：X_1为学历，X_2为年龄，X_3为收入。可以看出，学历和收入前的系数都为负，说明随着学历和收入的增长，对无风险资产的选择倾向呈下降趋势。这意味着，学历和收入较低的人对无风险资产有较大的偏好；而学历高，收入高者对投资领域有着较为深入的了解，具有一定的投资理财专业知识，又有较强的经济实力，承担风险的能力较强，因此倾向于风险较大的资产，参与到资本市场中去。

年龄的系数为正，说明随着年龄的增长，对无风险资产的选择倾向呈上升趋势，年龄每增加一个单位，无风险选择倾向就上升0.059。投资主体年龄越大，其规避风险的愿望就越强烈，随着年龄的增长，他们往往会从资本市场转向金融中介市场，采用跨期平滑的方法实现风险分担。

收入所对应的$|t|$值为5.743 > 1.96，在5%的水平上

具有显著性；而学历与年龄则不太显著，其对无风险资产选择的影响小于收入。

(二) 低风险资产选择情况

1. 收入与低风险资产选择情况的单元线性回归（参见表 6-11、表 6-12）。

表 6-11　　　　　　　　模 型 概 要

模型	相关系数 R	判定系数 R^2	修正 R^2	估计标准差
1	0.043（a）	0.002	-0.010	0.750

说　明：预测值：（常数）收入。

表 6-12　　　　　　　　系　　数

模型		非标准化系数		标准化系数	t 值	显著性系数
		B	标准误差	β		
1	（常数）	0.844	0.183		4.622	0.000
	收入	-0.037	0.093	-0.043	-0.403	0.688

说　明：因变量：低风险资产。

从表 6-11 中看出：收入与低风险资产选择情况之间的相关系数为 0.043，判定系数 0.002，相关性相当低。拟合方程如下：

$$Y = 0.844 - 0.037X$$

收入前的系数为负，数值较小，且从 t 检验值来看显著性不强。

2. 收入、年龄、学历与低风险资产选择情况的多元线性回归（参见表 6-13、表 6-14）。

第六章 金融系统中的个人福利：中国投资者选择的实证研究

表6-13 模型概要

模型	相关系数 R	判定系数 R^2	修正 R^2	估计标准差
1	0.144（a）	0.021	-0.014	0.751

说　明：预测值：（常数）收入，年龄，学历。

表6-14 系　　数

模型		非标准化系数		标准化系数	t 值	显著性系数
		B	标准误差	β		
1	（常数）	1.172	0.431		2.721	0.008
	收入	0.016	0.123	0.018	0.130	0.897
	学历	-0.117	0.093	-0.171	-1.255	0.213
	年龄	-0.066	0.115	-0.074	-0.572	0.569

说　明：因变量：低风险资产。

从表6-13中看出：收入、年龄、学历与低风险资产选择情况的多元线性回归中，相关系数为0.144，判定系数为0.021，拟合方程如下：

$$Y = 1.172 - 0.117X_1 - 0.066X_2 + 0.016X_3$$

其中，收入前的系数和前面的单元回归符号相反，变为正数，说明随着收入的增加，对低风险资产的选择倾向更为强烈。需要注意的是，这并不意味着收入高者倾向于风险厌恶，相反，随着收入的提高，人们整体的投资水平都会提高，在选择更多相对高风险资产的同时，人们并不一定会放弃对低风险资产的选择，投资组合中各种资产的投入数量都有着相应的增加，因此，在收入提高时，低风险资产的选择倾向依然呈小幅上升趋势。

学历和年龄前的系数为负,说明随着学历和年龄的增长,对低风险资产的选择倾向呈下降趋势。

三项自变量的显著性水平都比较弱,此处线性关系不明显。

(三) 高风险资产选择情况

1. 收入与高风险资产选择情况的单元线性回归(参见表 6-15、表 6-16)。

表 6-15　　　　　　模型概要

模型	相关系数 R	判定系数 R^2	修正 R^2	估计标准差
1	0.691 (a)	0.477	0.471	0.589

说　明:预测值:(常数)收入。

表 6-16　　　　　　系　数

模型		非标准化系数		标准化系数	t 值	显著性系数
		B	标准误差	β		
1	常数	-0.671	0.144		-4.675	0.000
	收入	0.653	0.073	0.691	8.963	0.000

说　明:因变量:高风险资产。

从表 6-15 中看出:收入与高风险资产选择情况的单元线性回归相关系数为 0.691,判定系数为 0.477,相关性较强。拟合方程如下:

$$Y = -0.671 + 0.653X$$

收入前的系数为正,随着收入增加,对高风险资产的选择倾向也加强了。

2. 收入、年龄、学历与高风险资产选择情况的多元线性回归（参见表6-17、表6-18）。

表 6-17　　　　　　　模 型 概 要

模型	相关系数 R	判定系数 R^2	修正 R^2	估计标准差
1	0.769（a）	0.591	0.577	0.527

说　明：预测值：（常数）收入，年龄，学历。

表 6-18　　　　　　　系　　数

模型		非标准化系数		标准化系数	t 值	显著性系数
		B	标准误差	β		
1	常数	-0.939	0.302		-3.108	0.003
	学历	0.307	0.065	0.412	4.685	0.000
	年龄	-0.020	0.081	-0.020	-0.244	0.808
	收入	0.413	0.086	0.437	4.804	0.000

说　明：因变量：高风险资产。

从表6-17中看出：在收入、年龄、学历与高风险资产选择情况的多元线性回归中，相关系数为0.769，判定系数为0.591，变量相关性较高。拟合方程如下：

$$Y = -0.939 + 0.307X_1 - 0.02X_2 + 0.413X_3$$

这里年龄前的系数为负，随着年龄的增长，人们越来越少参与高风险资产的投资，正如无风险资产多元回归所反映的，人们更倾向于提供无风险资产的金融中介。学历和收入系数为正，则正好与无风险资产选择情况相反，同样验证了学历、收入越高,人们对风险的偏好与承担能力越强的道理。

在高风险资产情况下,收入和学历的$|t|$值分别为4.685和4.804,都能够通过显著性检验,而年龄系数的$|t|=0.244<1.960$,显著性不强。

股票同样属于高风险资产,但由于股票在人们的资产组合选择中较为典型,因此将它单列一项来分析。

(四)股票选择情况

1. 收入与股票选择情况的单元线性回归(参见表6-19、表6-20)。

表6-19　　　　　　模　型　概　要

模型	相关系数 R	判定系数 R^2	修正 R^2	估计标准差
1	0.769(a)	0.591	0.577	0.527

说　明:预测值:(常数)收入。

表6-20　　　　　　系　　数

模型		非标准化系数		标准化系数	t值	显著性系数
		B	标准误差	β		
1	(常数)	-0.010	0.107		-0.095	0.924
	收入	0.293	0.054	0.501	5.425	0.000

说　明:因变量:股票。

从表6-19中看出:收入与股票选择情况的单元线性回归中,相关系数为0.769,相关性比较高,判定系数为0.591,超过了0.5。拟合方程如下:

$$Y = 0.01 + 0.293X$$

收入前的系数为正,收入越高,对股票的倾向性越强。

2. 收入、年龄、学历与股票选择情况的多元线性回归(参见表6-21、表6-22)。

表6-21　　　　　　　模 型 概 要

模型	相关系数 R	判定系数 R^2	修正 R^2	估计标准差
1	0.712 (a)	0.507	0.490	0.359

说　明:预测值:(常数)收入,年龄,学历。

表6-22　　　　　　　系　　数

模　型		非标准化系数		标准化系数	t 值	显著性系数
		B	标准误差	β		
1	(常数)	-0.630	0.206		-3.064	0.003
	学历	0.298	0.045	0.646	6.691	0.000
	年龄	0.098	0.055	0.164	1.783	0.078
	收入	0.121	0.059	0.207	2.071	0.041

说　明:因变量:股票。

从表6-21中看出:在收入、年龄、学历与股票选择情况的多元线性回归中,相关系数为0.712,判定系数为0.507。拟合方程如下:

$$Y = -0.63 + 0.298X_1 + 0.098X_2 + 0.121X_3$$

学历、年龄、收入的系数都为正,其中学历、收入与股票选择情况呈正比关系的原理与高风险资产一致。而年龄这一项的情况比较特殊,由于我国资本市场尚不发达,人们的资产选择不多,因此持有的风险资产往往以股票为主。炒股并不是年轻人的专利,许多退休者由于有了较多的时间与积攒的财富,也往往投身于股市。另外,年龄项的系数为0.098,并不是很大,说明年龄对股票选择的影响并不太显著,这也正符合了我国股市年龄层分布较广的现状。

由于股票属于高风险资产的一部分,此处的显著性检验也与高风险资产得出的结论一样,学历和收入显著性较强,有5%的水平通过检验;年龄显著性则较弱。

(五)模型:投资选择与学历、年龄、收入的多元回归

Y_1:无风险资产选择情况之取值:0,1。

Y_2:低风险资产选择情况之取值:0,1。

Y_3:高风险资产选择情况之取值:0,1。

Y_4:股票选择情况之取值:0,1。

X_1:学历之取值:(1)初中及以下;(2)高中或高职;(3)大专、本科;(4)本科以上。

X_2:年龄之取值:(1)30岁以下;(2)30~50岁;(3)50岁以上。

X_3:月收入之取值:(1)1 500元以下;(2)1 500元~3 500元;(3)3 500元以上。

将无风险资产、低风险资产、高风险资产、股票四项与学历、年龄、收入的多元回归方程联立:

$$\begin{cases} Y_1 = 1.245 - 0.041X_1 + 0.059X_2 - 0.284X_3 \\ Y_2 = 1.172 - 0.117X_1 - 0.066X_2 + 0.016X_3 \\ Y_3 = -0.939 + 0.307X_1 - 0.020X_2 + 0.413X_3 \\ Y_4 = -0.630 + 0.298X_1 + 0.098X_2 + 0.121X_3 \end{cases}$$

从收入来看,除了无风险资产选择中收入的系数为负,其余三类资产选择都是与收入呈正比关系。其中高风险方程中的收入系数最高,股票次之,而低风险项与股票的收入系数十分接近,随着收入的增加,人们对股票的选择倾向越来越明显,基本呈现从无风险资产转向风险资产的趋势。从学历来看,无风险、低风险资产选择的学历系数为负,高风险与股票选择的学历系数则为正,说明学历越高的人群越倾向于选择高风险资产。从年龄层来看,低风险资产和高风险资产中系数为负,而无风险资产和股票中系数为正,随着年龄的增长,对无风险资产和股票的选择都有增长趋势。且所有年龄系数都较小,均不大于 0.1,说明年龄对资产选择决策的影响并不是很明显。比较学历、年龄、收入这三个解释变量前的系数,以收入的系数为最高,说明收入还是影响投资者决策的决定性因素。

此外,从拟合优度检验来看,无风险资产、股票和高风险资产的值分别为 0.508、0.507 和 0.591,而低风险选择情况回归方程的拟合优度较低,只有 0.021。从显著性检验来看,收入项与资产选择有着比较明显的线性关系,学历在高风险资产和股票方程中也能够比较好地反映因变量变化,而年龄这一自变量与因变量的线性关系则不是很明显。但正如上述所分析的,方程中各个变量前的系数仍然可以反映出我国投资者不同学历、年龄、收入层次对不同资产的选择倾向,从而体现出投资者在资本市场与金融中介之间做出的选择。

(六)投资比重与收入、年龄、学历的回归分析

投资比重与收入、年龄以及学历的回归分析,参见表

6-23、表 6-24。

表 6-23　　　　　　　模 型 概 要

模型	相关系数 R	判定系数 R^2	修正 R^2	估计标准差
1	0.521（a）	0.271	0.257	1.213

说　　明：预测值：（常数）收入、年龄、学历。

表 6-24　　　　　　　系　　数

模型		非标准化系数		标准化系数	t 值	显著性系数
		B	标准误差	β		
1	常数	0.351	0.469		0.749	0.455
	学历	0.084	0.153	0.044	0.547	0.585
	年龄	0.414	0.158	0.192	2.626	0.010
	收入	0.923	0.181	0.422	5.104	0.000

说　　明：因变量：投入资金占年收入的比重。

在金融活动中投入资金占年收入的比重取值：（1）0～5%；（2）5%～10%；（3）10%～20%；（4）20%～40%；（5）40%以上。

$$Y = 0.351 + 0.084X_1 + 0.414X_2 + 0.923X_3$$

从表 6-23 中看出：相关系数为 0.521，判定系数为 0.271，模型的拟合优度较好，年龄与收入具有强显著性，投资比重与学历、年龄、收入呈正相关关系。三项系数均为正，其中收入系数最大，表明收入越多，就越有充足的资本进行投资。

（七）获利最多的资产选择与收入、年龄、学历的多元回归分析

获利最多的资产选择与收入、年龄、学历的多元化回归分析，参见表6-25、表6-26。

表6-25　　　　　　　　　模 型 概 要

模型	相关系数 R	判定系数 R^2	修正 R^2	估计标准差
1	0.411（a）	0.169	0.152	1.537

说　明：预测值：（常数）收入、年龄、学历。

表6-26　　　　　　　　　系　　数

模　型		非标准化系数		标准化系数	t值	显著性系数
		B	标准误差	β		
1	常数	0.173	0.595		0.292	0.771
	学历	0.306	0.194	0.136	1.579	0.116
	年龄	0.249	0.200	0.097	1.247	0.214
	收入	0.777	0.229	0.299	3.392	0.001

说　明：因变量：获利最多的资产选择。

从表6-25中看出：相关系数为0.411，判定系数为0.169，收入因素通过t检验，学历和年龄因素的显著性水平也大大提高。获利最多的资产选择与学历、年龄、收入同样呈正相关关系：

$$Y = 0.173 + 0.306X_1 + 0.249X_2 + 0.777X_3$$

由图6-2可见，储蓄和股票是投资获利的主要方式，分别占到37.29%和26.63%。虽然储蓄的收益率相对于其他风险资产来说是最低的，但是因为其他投资方式的风险和技术问题，使得众多投资者不敢涉足，就算涉足也是赚少

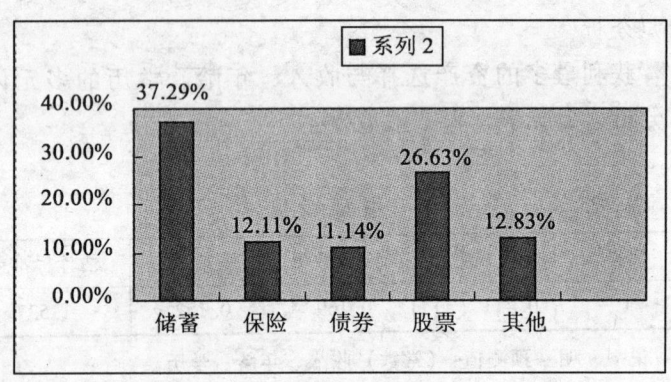

图 6-2 投资获利方式图

赔多。而在股票上的获利，经过调查，也是前两年在牛市的时候居多，近两年获利的个案比较少。另外，在债券和保险上获利最多的市民也占到了 23.25%，以其他投资方式获利最多的也占了 12.83%。

6.3 实证结论的进一步分析

从上面的分析我们可以得到，W 市市民的投资趋向：从收入来看，随着收入的增加，人们基本呈现从无风险资产转向风险资产的趋势；从学历来看，学历越高的人群越倾向于选择风险资产；从年龄来看，随着年龄的增长，对无风险资产的选择有增长趋势；而比较学历、年龄、收入这三个解释变量，收入是影响投资者决策的决定性因素。同时，我们认为，W 市投资者之投资趋向能够代表全国的总体水平，因为 W 市的经济发展状况和金融业发展水平处于全国中上游地位或代表了一般；以上实证研究也基本符

第六章 金融系统中的个人福利：中国投资者选择的实证研究

合投资学之一般定理。

但是，我们不能回避的是，实证分析中的拟合优度和显著性检验水平并不都是像预期的那么合意。其中缘由，我们认为主要有以下四个方面：

- 我国投资者收入水平不高，差距不大。由此，资产选择表现出的相关性不太强。
- 我国投资者更多地趋向于选择储蓄、保险等无风险或低风险资产，而不论收入、学历、年龄因素的变化，对他们的选择都是主要的。
- 我国投资者较强烈地表现为风险偏好的厌恶者，这与国人的传统文化、心理因素有关。
- 再一个颇具中国特色的原因是，我国证券市场的稚嫩与银行系统的相对发达。对此，下面将做重点分析。首先，请看我国银行系统与股票市场基本的发展情况（见表6-27，图6-3）。

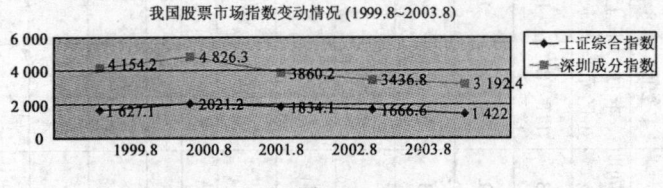

图6-3

资料来源：根据《中国统计年鉴》1999、2000、2001、2002、2003年的数据整理。

我国金融机构的存贷款规模不断扩大，而我国的股票市场却长期萧条（至少近三年是如此）。股票市价总值从48 000多亿元下降到接近40 000亿元，股票成交金额从6 300

表6-27　　我国银行系统与股票市场历年的主要指标

指标	1999年8月 本月(亿元)	1999年8月 比上年同期增长(%)	2000年8月 本月(亿元)	2000年8月 比上年同期增长(%)	2001年8月 本月(亿元)	2001年8月 比上年同期增长(%)	2002年8月 本月(亿元)	2002年8月 比上年同期增长(%)	2003年8月 本月(亿元)	2003年8月 比上年同期增长(%)
金融机构存款余额	103 773	16.3	118 127	13.8	137 138.4	16.1	161 671.1	17.9	197 725.6	22.3
金融机构贷款余额	92 101	13.9	94 874	14.0	107 614.1	12.6	123 483.6	13.3	153 025.2	—
城乡居民储蓄余额	59 187	16.3	62 861	6.2	70 558.5	12.2	83 276.0	18.0	99 255.6	19.2
股票市价总值	29 654.9	—	43 546	—	48 054.6	10.4	46 503.7	−3.2	40 305.7	−13.3
股票流通市值	—	—	—	—	15 937.7	11.5	15 279.8	−4.1	13 063.2	−14.5
股票成交金额	3 502.8	—	6 310.5	—	2 490.9	−60.5	1 886.0	−64.7	1 499.6	−20.5
其中上海	1 989.3	—	3 339.6	—	1 584.8	−52.5	1 112.6	−39.1	942.5	−15.3
其中深圳	1 513.5	—	2 970.9	—	906.1	−69.5	773.4	−43.6	557.1	−28.0
月末上证综合指数	1 627.1	—	2 021.2	—	1 834.1	—	1 666.6	—	1 422.0	—
月末深圳成份指数	4 154.2	—	4 826.3	—	3 860.2	—	3 436.8	—	3 192.4	—
交易印花税	—	—	—	—	19.2	−36.8	7.5	−59.3	6.0	−0.1

资料来源：根据《中国统计年鉴》1999、2000、2001、2002、2003年的数据整理。

多亿元下降到1 400多亿元，上证综合指数从2 200多点跌破
1 400点，深圳成分指数从4 800多点跌到3 100多点；据报
道，90%的投资者都深套其中，有的亏了40%~50%，《中
国证券报》信息中心统计，在沪深两市841只"5.19"以
前上市的A股中，有353只在2003年9月25日收盘还权价
格已经跌破"5.19"行情启动时的价位，占41.97%；目前
市场中的股民保证金余额降至3 000亿元，这一总量只相当
于2000年高峰时7 000多亿元的45%水平，而且，51%的保
证金在1 000元以下，40%的账户为死账户（一年以上无交
易记录），假若按此计算，则当前真正活跃的账户之保证金
余额仅约600亿元！

可以判断，当前，或者近三年，我国的投资者更多地
偏好于金融中介的选择。那么，为何呈现出这一状况呢？
下面，我们将从资本市场和银行系统两个方面探讨中国金
融系统存在这一风险配置状况的原因。

6.3.1 我国资本市场不发达特征分析

（一）风险分担机制

离开阿罗-德布鲁范式，我们看到，市场提供的风险分
担机会是不完全的，这是因为：（1）复杂性。签订复杂的
合约可能是很昂贵的。（2）流动性。为了维持可行的市场，
交易量必须足够大以允许做市商能弥补他们的固定成本，
并保证足够的市场深度以避免价格的过度波动，但这是不
可能实现的，我们只能考察一个有限的证券组合。（3）法
律的不确定性。处于改革与发展中的经济，法律的变动必
然限制投资者的选择。（4）来自标准化的所得。交易证券
需要系列的一般知识和专业知识，而通过标准化的合约减

少了信息成本，也可能抑制了新证券的引入。

目前，我国资本市场的不确定性、不完全性表现突出，市场波动剧烈，风险很大。图6-4、图6-5显示，在QFII眼中，风险因素是他们非常担心的。

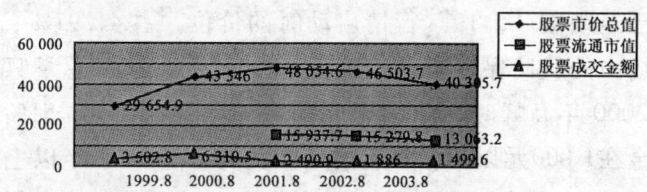

图6-4 我国股票市场变动情况（1999.8~2003.8）单位：亿元

资料来源：根据《中国统计年鉴》1999、2000、2001、2002、2003年的数据整理。

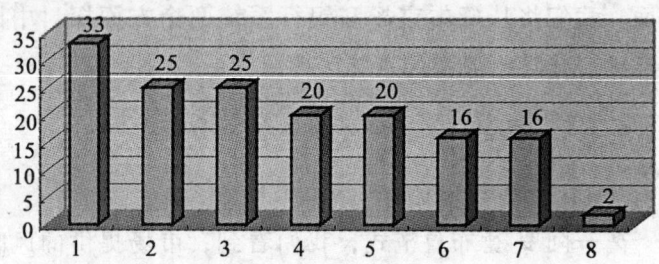

图6-5 阻碍QFII进入的因素被选择的频率

说　　明：（1）信息披露不完善；（2）政策风险太大；
　　　　　（3）无避险工具；
　　　　　（4）市盈率过高；（5）公司治理结构不完善；
　　　　　（6）对市场不了解；
　　　　　（7）其他；（8）股权分割

资料来源：证券时报联合调研组：《东方证券》，2003年。

如何尽可能地进行有效的风险分担呢？我们认为，在长期关系情况下，中介能解决不太专业的投资人存在的信息不对称，并利用他的专长指导投资者获得更有效的风险管理策略。风险管理，已成为中介越来越重要的行为，中介正在利用现有的广泛的市场来转移、转换和重新分配风险，并通过明晰合约与隐含合约这两种方式来实现（Allen and Gale，1999）。

但是，我国金融中介机构的风险管理功能还没有很好地发挥出来，原因有二：一是因为我国金融业实行分业经营模式，银行资金严禁入市，保险资金中，现仅允许寿险资金参与债券投资，如此一来，银行和保险在资本市场的中介功能就不能发挥；二是我国证券市场的中介机构缺乏，基金数量少且规模小，发展很不成熟。所以表现出来的，就是我国资本市场风险很大且分担机制不完全，当然，我国市场的风险分担机制不完全，也与缺乏起对冲作用的金融衍生工具有关。

（二）信息获取问题

我们认为，信息的拥有是重要的，而不像西方一些学者（Hirshleifer1971，Allen1983 and Laffont1985）认为的，更多的信息可能会使人们境况变坏，因为增加的价格不稳定性助长了消费投资的易变性，尤其在中国资本市场上，真实的信息是极度缺少的。中小股东可能没有积极性花时间去理解复杂的、技术化的信息，所以他们可能会忽略这方面的信息而只看底线；同时，掌握着独占信息的经理不愿将这些信息透露给资本市场。无论哪种情况，股票市场都无法有效地获取信息。

中国的这一问题尤为严重，多数投资者获取信息的渠道单一或者缺乏，反映出投资者对信息追寻的消极性。根据 2003 年 7 月的调查显示（图 6-6），65.92% 的受访者都仅通过一种或两种渠道获取信息，而且大都选择现场看盘或报刊阅览的传统方式。

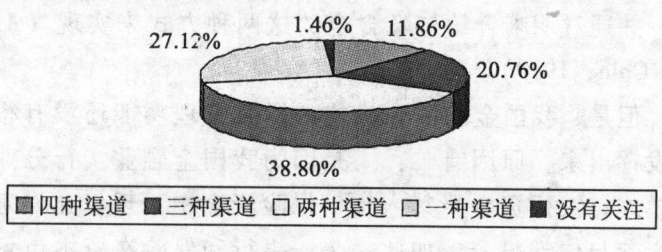

图 6-6 我国投资者信息获取渠道调查

投资者的利益需要通过管制和法律的实施来保障，其中主要的管制是信息披露和会计准则，它们使投资者获得行使权利所需要的信息。实证研究方面，从图 6-5 中可以看到，阻碍 QFII 进入的最重要因素，是我国上市公司信息披露制度的不完善。我们认为，我国上市公司会计信息披露制度的不完善主要表现在以下三个方面：(1) 上市公司会计信息披露制度在某些方面不能满足投资者的需求，比如对人力资源信息、分部信息披露不够，对财务预测信息、物价变动影响几乎没有涉及。(2) 上市公司会计信息披露制度没有得到有效的执行。对 1997 年上市公司年报的抽样调查表明，没有一份年报提供了行业主要统计数据，只有 20% 的年报说明了公司所处行业的总体情况及公司在行业中的地位，但均未说明相关产业政策，只有 1% 的年报提供了公司业务发展规划，然而这一切都是披露制度所要求的。(3) 上市公司经营者提供虚假的会计信息。邱学文先生于 1999 年对 100 名社会证券投资者进行了调查，发现 33% 的被调查者不信任上市公司会计信息，41%的被调查者对上市公司会计信息持"有疑虑但不确定"态度。财政部 2000 年发布的第三号《会计信息质量抽查公告》中，在经审计的 100 户企业，有 81 户存在资产不实问题，83 户存在损益不实问题。

对于资本市场信息获取问题，我们拟提出如下四点建议：一是优化会计信息披露制度，使其反映利益相关者的信息，成为其间冲突与协调的结果，而非政府制定；二是加强对公司信息披露制度落实情况的监督，坚持要求发行者对财务信息广泛披露，其准确性靠负有法律责任的金融中介来实现；三是加强对证券交易违法违规行为的监管和惩治，严禁操纵市场和内幕交易的行为，保护中小投资者的利益；四是大力发展基金等金融市场中介，弥补个人投资者搜寻信息的力不从心。

（三）参与成本分析

伴随着金融市场的扩大和深化，投资者的参与成本有所下降，但通过跨国比较不难发现，我国资本市场个人投资者的参与成本仍然是高昂的。这些参与成本主要包括三个方面：固定的开办成本；信息的边际成本；交易的费用成本。下面将逐一分析：

1. 固定的开办成本。对有限市场参与的一个似乎合理的解释是，学习一只特殊的股票或某种类型的金融工具有固定成本。为了积极参与市场，投资者必须花时间、精力和财力去学习市场是如何运作的、资产回报是如何分布的，以及如何监控跨时期的变化。Brennan（1975）指出，由于存在着上述类型的固定的开办成本（Setup Cost），最佳选择是投资数目有限的资产；King 和 Leap（1984）发现了与此相吻合的经验证据。在我国，开办成本更高，因为我国投资者的总体素质和专业水平都很低，极少有个人投资者熟练于投资分析和运作。

2. 信息的边际成本。信息的收集和处理需要巨大的努力，这同样体现为时间和财力的支出，对市场的监控需要日复一日，由此产生出大量的边际成本。要掌握支付的预期分布是如何变化的及资产组合需要如何调整，这样的监控就是必须的。投资者要想运用动态交易战略创造合成证券，他们就必须连续地跟随市场。而且通过前面的分析，我们已经看到，在我国证券市场上，由于披露制度和会计准则的原因，信息的边际成本是尤其令投资者难以担负的。

3. 交易的费用成本。交易费用包括佣金和证券税收两方面，我国体现为佣金和印花税。佣金方面，历史上我国深沪交易所佣金收费标准一直是单一固定佣金制，其中A股交易按3.5‰收取，B股交易按4.3‰（2001年1月1日B股交易佣金曾经进行过一次调整，由6‰降到4.3‰）收取，证券投资基金交易按2.5‰收取，债券佣金可浮动，但上限为2‰。自2001年5月1日起我国调整了佣金标准，A股、B股、基金的交易佣金实行最高上限向下浮动机制，佣金不得高于证券交易金额的3‰，也不得低于监管费和手续费等。而国外费用，美国的平均每股佣金为5美分，英国的平均佣金费率为0.28‰，其中个人投资者为0.28‰，机构投资者为0.21‰。印花税方面，我国1991年10月印花税率由双向6‰调低为3‰，1997年5月调高为双向5‰，1998年6月再度调低为4‰，2001年11月进一步调低为2‰，而印花税在财政收入中的比重呈现逐年上升态势（从1993年的0.51%上升到2000年的3.63%，但从2001年起又大幅下降,由于降低了税率,更因为我国证券市场近年来的萎靡)。在国际上,大部分的国家和地区对证券交易都采取轻税政策,税率一般保持在3‰以下水平,有的对债券交易实行税收优惠,有的在市场发展初期采取低税率或阶段性零税率。通过这些比较,可以看到,我国证券市场的交易费用是相当高的,但相比之下,机构投资者的税率低一些。

针对这些问题,我们认为,中介能有效地减少参与成本,而个人投资者却难以做到。金融中介的发展有以下几大好处:一是创造具有相对稳定的收益分布的产品,这将使得投资者对他们所持有资产的监控有一个相对稳定且极具价值的基点,如银行提供了稳定的利息(但我国尚为分业模式,有待改革),基金通过专业的风险管理创造稳定的现金流。二是中介拥有信息优势,中介有熟练的投资专家关注市场,施展公关,收集信息,加工并决策,避免了个人疲于奔命地跟随市场。三是中介参与市场的成本低,一方面,由于递增的规模收益,它几乎能以零边际成本为其他所有的客户提供信息,另一方面,中介由于其交易量大,交易费用相对于个人投资者要低。四是节约时间成本,当今人们的时间价值,特别是职业人士的时间价值在过去十几年里大大上升了,中介可以降低人们的风险顾虑,节约投资时间和精力。

(四)收益状况问题

先让我们来看一下沪深股市上市公司收益情况。

从图6-7我们可以看到,我国上市公司平均净资产收益率从1993年的14.7%不断下降,2001年达到最低5.4%,平均每股收益从0.36元一路下跌到0.13元,上市公司总体的盈利能力偏弱、缺乏良好的成长性，而美国 SP500 的净资产收益率为 18.5%，过去 25 年平均值为 18%（张宁，2002）。可以推断，随着我国投资者的日趋成熟，仅仅依靠利好政策难以真正调动起投资者的积极性。然而，不可否认，近些年，深沪两市上市公司的盈利能力逐年下滑，这应是股指出现深幅调整的内在原因之一。

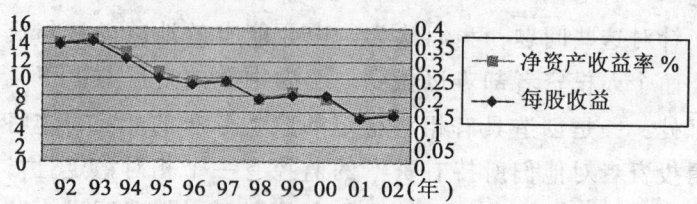

图 6-7　1992 年以来沪深股市上市公司收益情况
资料来源：根据《中国统计年鉴》1992～2003 年数据整理。

在投资者收益方面，根据 2003 年 7 月的调查统计表明（图 6-2），被调查者中有 37.29% 的人认为通过储蓄获利最多，另有 12.11% 的人认为选择保险获利最多，11.14% 的人选择债券，有 26.63% 的人选择股票，但我们从问卷访谈中发现，在股票上的获利，也是前 3 年在牛市的时候居多，近来普遍亏损。据报道，90% 的投资者都深套其中，《中国证券报》信息中心统计，在沪深两市 841 只 1999 年"5.19"以前上市的 A 股中，有 41.97% 的股票在 2003 年 9 月 25 日收盘还权价格跌破"5.19"行情启动时的价位。

而银行等中介却能提供给投资者稳定的收益，并且越来越多的迹象表明，投资者实际上的确在二者之间修改着自己的偏好选择。这一现象，应该是人们追求福利、自主决策的结果,并影响金融系统运作变化。

6.3.2 我国银行系统的风险配置

从调查分析的结果来看,中国居民的投资意向大部分集中在储蓄上。目前,庞大的个人金融资产仍主要以银行储蓄存款的形式存在。中国人民银行发布的调查报告表明,进入2003年,城乡居民储蓄意愿强势不改,储蓄存款仍然是居民金融资产的首选。有34.1%的储户认为在当前物价和利率水平下,"更多地储蓄最合算"。这一比例比上年同期提高7.3个百分点,继续维持高位。从图6-8可知,近五年来,我国城乡居民储蓄余额一直呈增长态势,截至2003年8月底,储蓄余额已达到10.67万亿元。如此大额的资产集中到银行系统,说明我国的银行中介相对于资本市场而言对投资者有着更大的吸引力,下面我们将进行具体分析。

(一)银行系统特征

1. 历史回顾。改革开放以前,我国的银行系统带有浓厚的计划经济色彩,中国人民银行基本上包揽了全部的金融业务。农业合作银行、中国人民建设银行和中国农业银行虽曾于20世纪50年代成立,但后来均因为历史原因而被撤销。这时的银行业属于典型的完全垄断市场。随着我国经济的对外开放和企业对资金需求的增大,我国金融业有了较大的发展空间。20世纪70年代末和80年代初,中国农业银行、中国银行和中国建设银行先后得到恢复。1984年开始,中国人民银行正式执行了中央银行的职能,同时分设中国工商银行。四大国有商业银行业务的恢复打破了中国人民银行完全垄断的局面,初步形成了中央银行监管下的专业银行运作体系。随着四大国有商业银行业务的开

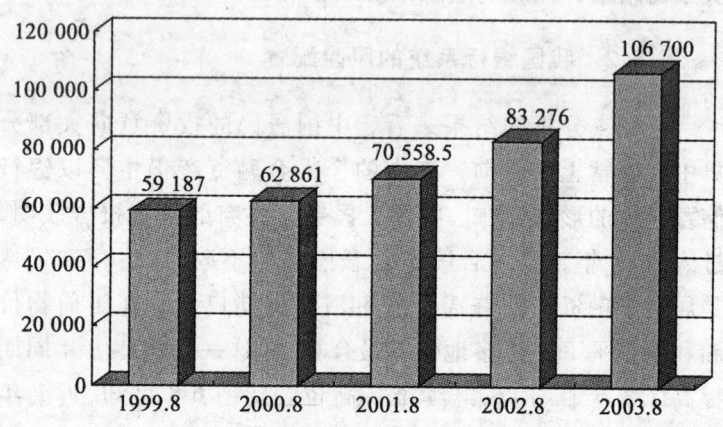

图 6-8 城乡居民储蓄余额增长图（亿元）
资料来源：根据《中国统计年鉴》1999~2003 年数据整理。

展，招商银行、中信实业银行、光大银行、华夏银行、民生银行等 10 余家股份制商业银行也纷纷成立。同时，金融业进一步开放，外资银行相继进入经济相对发达的沿海开放城市开展业务，并与中资银行合作开办中外合资银行。1995 年，随着商业银行法的实施，我国的银行业逐渐形成了适应社会主义市场经济要求的、在中央银行监管下的商业银行运作模式的现代银行体系。我国加入 WTO，面对外资银行的冲击，银行业正在新的改革与调整之中。

2. 现状。我国的银行体系十分庞大，是多层次的。从性质来看，有包括国家开发银行、中国进出口银行、农业发展银行的三家政策性银行和商业银行；从服务范围看，有全国性的、区域性的和地区性的商业银行、城市和农村信用社；从组织形式看，有国有独资的商业银行，也有股份制的商业银行，还有合作性质的信用社。但无论怎样划分,四大国有银行都在我国银行体系中占据了垄断性的地位。资产是评价银行规模的主要指标,从图 6-9 可以看出,国有商业银行在金融资产总额中占据了 69.8% 的份额,而其他商业银行的资产仅占 8.4%。

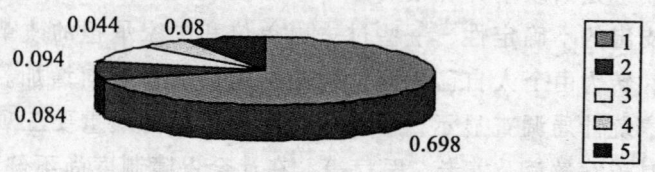

图 6-9 2000 年一季度末金融机构资产分布图
说　明:(1)国有商业银行;(2)其他商业银行;(3)农村信用社;(4)城市信用社;(5)其他金融机构。
数据来源:《中国人民银行统计季报》,2002 年第 2 期,第 64 页。

(二) 银行系统风险配置的福利经济解释

1. 跨期平滑。根据 Allen & Gale 的理论,银行能够通过跨期平滑对投资者的风险进行分担,使得几代人相对市场均衡而言事前境况更好。以市场为基础的金融体系使投资者直接暴露在市场风险之下;而银行中介则通过在不同时期中均衡得失来防止资产价格的过分波动,从而在不同的期限内平滑了投资收益,因而能够向投资者提供保险,使得投资者面临的风险要小得多。对于中国投资者而言,这一效应尤为明显。中国传统思想重视福利的传承,各代人之间的关系不像西方社会那样具有强烈的独立性,而是相互依赖。所谓"前人栽树,后人乘凉",父辈往往为子女考虑,将自己大部分的收入储蓄起来留给后代,以保证后代有足够的能力防范未来资产价值波动的不确定性。前一代人预期储备的代际转移为后一代的效用提供了保障。而银行中介就在这种经济福利的迭代分享中起到了重要作用。

2. 制度变迁风险。在我国，银行中介在风险分担上起到的另一特殊作用是分担制度变迁风险。在收入分配体制、消费体制、社会保障体制、价格体制、教育体制以及金融体制等方面改革深化的背景下，居民更多地面临未来收入与支出的不确定性，一些过去由单位和国家承担的改革成本，转为由个人自己承担，迫使居民的储蓄倾向增加。据国家统计局调查显示，导致居民高储蓄率的最重要三项原因是子女教育、养老、医疗等。在社会保障制度尚不健全、保险业覆盖面不够广的情况下，居民只能通过银行中介所提供的储蓄功能防范这些制度变迁风险。

3. 与资本市场风险分担的比较优势。前文在资本市场的分析部分已经提到，对于城乡居民来讲，股票市场和其他投资工具存在较大的风险，特别是近几年股市缩水较大，一部分股民血本无归，使大多数居民不得不谨慎投资。此外，资本市场所提供的个人投资渠道仍然相当狭窄，新开发的一些投资工具又不被城乡居民认同或熟悉，使得相当一部分居民不敢涉足。与资本市场相比，银行中介的参与成本较低，技术含量不高，任何合法公民都有资格进行存款，除了利息税的征收以外，几乎没有额外的门槛费用。尤其是现在银行卡的普及率日益提高，种类繁多，自动取款机、存款机网点无处不在，给居民存款、取款和用款带来了极大的方便，大量的活期存款以银行卡的形式存在。从收益角度来说，在利率一再调低的情况下，银行给投资者带来的收益虽然不高，但仍具有相当的稳定性。由于我国国有商业银行受国家政策保护的特殊优势，发生挤兑风险的可能性较小。这对具有风险规避特性的大多数中国老

第六章 金融系统中的个人福利：中国投资者选择的实证研究

百姓来说是有很大的吸引力的。从这个角度来说，选择银行中介是大多数居民的首选。在存在资本市场竞争的情况下，可能出现"脱媒"，使银行中介的跨期平滑等功能无法实现。但从我国的国情来看，目前资本市场与银行中介相比竞争力还不强。

需要注意的是，银行本身的风险给其跨期平滑功能的实现带来了隐患。中国银行体系的主要问题是存在大量向市场经济转型过程中出现的不良贷款，如果中国经济增长减慢以及政府和银行部门未能采取适当和有效的措施，这一较高的不良资产率将影响中国金融体制的稳定。

第七章
中国金融系统中企业融资与公司治理的实证研究

金融系统中资源配置存在两个方面的视角，从投资者的角度，本书第六章从投资者的风险分担与最优福利的角度，对中国金融系统中的金融资产配置进行了实证研究，考察了影响投资者选择的因素，分析了中国的投资者把最大部分的金融资产配置到银行的原因，而由于资本市场的高风险特征，中国资本市场的发展受到了抑制。上述结论从投资者选择的角度论证了中国金融系统形成的原因。

从另一个角度讲，金融系统又可以从融资方来进行描述，企业获得资金的来源也决定了金融系统的形式。是什么原因决定了企业的融资决策呢？本书前面的分析表明，资本市场与金融中介都能充当资源配置的角色，差异在于企业从自身的最优福利选择了融资方式，同时在这里引申出公司治理的问题，是什么原因决定了现有的治理结构，这一治理结构是否还有改进的空间？不同的行业从资本市场上获得融资能力如何？在上述所有问题中，中国的金融系统是否有别于经典的市场导向型或银行导向型的金融系统？本章将分析以上问题。

本章结构如下：首先从金融系统的结构以及资源配置的效率总体上评论中国的金融系统；然后从实证的角度研究公司治理的绩效，并运用已有的数据，进行实证研究；最后从不同行业上市公司的首日定价（IPO）以及发行价的高低研究新技术企业与传统产业企业的融资能力及其福利比较。

7.1 中国企业融资来源实证描述

本节首先考察中国的金融系统特征，包括其银行系统和资本市场，以及在总体水平下公司的融资来源。由于中国的发展中国家身份，如果我们将其与其他发展中国家以及除美国和德国外的发达国家进行比较会更清晰。为了比较金融系统的模式，采取了法律和金融文献的方法并尤其用到了在 LLSV（1997，1998，2000）研究中所采用的国家样本。这些样本包括 49 个国家或地区，在 LLSV 文献中，中国除外①。在下面的表格（表 7-1、表 7-2）中，比较了中国和 LLSV 样本中国家的金融系统，采用的金融指标来自 Levine（2000）和 Demirguc-Kunt 和 Levine（2002）。

---

① 由于 LLSV 文献中 49 个国家或地区的样本止于 1999 年，而在这一样本中不包括中国，故在本表中补充了中国 1999 年的数据，没有采纳更新的数据是为了与 LLSV 的样本进行比较。

表 7-1 金融系统比较：银行为基础 vs. 市场为基础的指标

	指标	英国类	法国类	德国类	斯堪的纳维亚类	样本平均	中国
银行和市场规模	银行信贷/GDP	0.408	0.341	1	0.502	0.461	1.113(0.242)a
	管理费用成本/银行总资产总价值	0.03	0.054	0.028	0.028	0.039	0.122
	成交/GDP	0.144	0.045	0.618	0.075	0.154	0.1
	市场资本化/GDP	0.428	0.154	0.438	0.232	0.296	0.323
结构指数：市场 vs. 银行**	结构活动性	-1.57	-2.143	-1.072	-1.957	-1.785	-2.407(-0.878)a
	结构规模	-0.159	-0.785	-1.116	-0.802	-0.598	-1.237(-0.291)a
	结构效率	-6.27	-6.57	-4.814	-6.317	-6.22	-2.653(-4.404)a
	结构合计	0.41	-0.14	0.64	-0.005	0.171	N/A
	结构规章	8.87	9.06	8	7.66	8.69	16
金融发展（银行和市场部门）	金融活动性	-3.27	-4.57	-0.94	-2.99	-3.49	-2.193(-3.721)a
	金融规模	4.422	3.845	5.038	4.58	4.271	-1.023(-2.55)a
	金融效率	1.11	-0.37	2.62	0.99	0.66	-1.947(-0.196)a
	金融合计	0.342	-0.44	1.326	0.43	0.145	N/A

资料来源：除中国外，表中所列国家或地区的所有指标都取自 Levine (2000)；中国的指标都是用 Levine 的定义计算的。a 指括号里的数字表示只发放给私人部门的银行信贷（非总的银行信贷）。

第七章 中国金融系统中企业融资与公司治理的实证研究

表7-2 中国的金融系统：基于银行 vs. 基于市场的指标

	银行、市场、规章指数			
	银行信贷	总成交值	市场资本化	管理费用成本
1997	0.949(0.210)a	0.07	0.235	N/A
1998	1.040(0.217)a	0.073	0.249	0.117
1999	1.113(0.242)a	0.100	0.323	0.122

	结构指数			
	结构活动性	结构规模	结构效率	结构规章
1997	-2.609(-1.099)a	-1.394(0.115)a	N/A	14
1998	-2.652(-1.082)a	-1.429(0.139)a	-3.236(-4.756)a	16
1999	-2.407(-0.878)a	-1.237(0.29)a	-2.653(-4.404)a	16

	金融发展		
	金融活动性	金融规模	金融效率
1997	-2.713(-4.222)a	-1.498(-3.008)a	N/A
1998	-2.573(-4.143)a	-1.351(-2.92)a	-1.989(-0.470)a
1999	-2.193(-3.721)a	-1.023(-2.55)a	-1.947(-0.196)a

资料来源：指数的计算与 Levine（2000）一样；a 指括号中的数字只用到了私人部门银行信贷（并非总的银行信贷）。

第一，在表7-1中，比较了与一个国家 GDP 相关的股票市场和银行的大小。可以发现：无论是从市场的资本总额还是市场中交易的股票价值来看，中国的股票市场都小于大多数国家。应该注意到在计算市场资本总额时，由于非流通股份也包括在内，因此交易的总市值是比市场资本总量更好的计量单位。由于中国的股票市场近十年才融入其经济体系，且规模和效率都还只是处于成长的初期，因此中国目前股票市场所具有的地位也就并不令人感到奇怪。与股票市场相比，中国银行体系的规模要重要得多。银行信贷总量与 GDP 的比率为 1.13，比德国这类国家还要高，而他们正是以其银行在金融系统中占主导地位而出名的。可是当我们只考虑发放给私有经济部门的银行信贷时，其比率立刻就由 1.13 变成了 0.242，这表明绝大部分银行信贷都发放给了公有经济部门（如国有公司和其他集体企业）。而且中国银行系统效率也低下，其管理费用占总资产的比率为 12.2%。而像法国这类国家其管理费用比率在表中为第二高，却也只有 5.4%。

第二，对资本市场和中介机构或银行（"结构指标"）进行了比较。"结构活动"和"结构规模"都是相关的规模指标，他们等同于市场规模/银行规模。其较小的价值表明中国的资本市场要小于银行系统，中国在这两项上得分都最低，说明了中国的银行部门要远大于其资本市场，而且这种银行优势强于资本市场的情况也要高于 LLSV 样本国家的平均水平，第八章将分析这一现象的原因。

第三，比较了金融系统的发展，包括银行和资本市场（"金融发展"）。如果我们将所有的银行信贷考虑在内，那么中国的整体资本市场规模（"金融活动"和"金融规模"）就在 LLSV 国家中位于中间。可是，考虑到所有国家的指标都仅仅基于私人的银行信贷，如用同样方法来计算中国的金融系统，会发现其还不如 LLSV 样本组国家的平均水平（相对于整个经济），只高于整个样本组中最低的法国这类国家的平均水平。按金融系统的效率来说，中国得分要低于所有 LLSV 国家的亚样本国家，从而说明中国的金融系统比绝大多数国家都落后。

从表7-1，表7-2中可以看出金融系统在中国的发展趋势，它清楚地表明：(1) 资本市场和银行的总体规模都在增长；(2) 尽管资本市场相对于银行正变得更为重要，但银行仍然占据主要地位；(3)效率（从银行和整个系统方面来说）仍旧低下。

第四，比较在中国和 LLSV 样本国家里公司是如何筹措资本，首先考察了外部资本市场（LLSV，1997）。从表7-3、表7-4、表7-5中，我们可以看出中国通过外部市场融资与 LLSV 样本国家是不同的，原因在于外部市场的规模和相对重要性（与其他融资渠道相比）都很小。例如，外部资本与 GDP 的比率，LLSV 样本国家的平均水平为40%，中国只有10%。而债务与 GDP（私人部门发行的）的比率，前者为59%，后者只有22%。但如果我们把发行给所有部门的债务（如给中央和地方政府）包括进来，这个比率就会上升到79%。这表明绝大部分"债务"并未通过资本市场而是经历了一个中央计划的系统。Allen、Qian（2002）的研究表明与 LLSV 样本国家相比，中国的法律系统还很落后，对中国和其他国家外部资本市场比较后得出的所有证据都和关于 LLSV 国家（1997）的结论是相一致的。原因在于，总体而言，法律制度不完善，国家容易产生小而且效率低下的外部资本市场和金融系统。但特点在于从中国资本市场筹得的小规模资金并不能和 GDP 快速增长相匹配，因此在替代外部资本市场和融资渠道上，其他融资渠道到底起了什么作用，就是理解中国金融系统的关键。

表 7-3 LLSV 样本国家的外部资本市场（平均水平）

国家	英国	法国	德国	北欧	LLSV	中国（1998）
外部资本/GNP	0.6	0.21	0.46	0.3	0.4	0.1
国内公司/人口	35.45	10	16.79	27.26	21.59	0.68
IPO/GNP	0.68	0.45	0.97	0.57	0.59	0.22
GDP 年增长率	4.3	3.18	5.29	2.42	3.79	5.23
法律条规	6.46	6.05	8.68	10	6.85	5
反对董事的权利	3.39	1.76	2	2.5	2.44	3
同股同权	0.22	0.24	0.33	0	0.22	1
债权	3.11	1.58	2.33	2	2.3	2

资料来源：《LLSV 金融杂志》（1997）；《中国金融与银行年鉴》（2000）。

表 7-4 金融渠道获得资金对固定资产的总投资（所有公司）

百分比	国家预算拨款	国内贷款	国外投资	募款及其他	IPO*	公司债券*
1991	6.9	23.9	5.8	65.0	0.1	4.5
1992	4.4	28.2	6.0	61.4	1.2	8.7
1993	3.9	24.7	7.7	68.7	3.0	1.9
1994	3.2	24.4	10.8	61.5	2.0	1
1995	3.1	21.0	11.5	64.5	0.8	1.5
1996	2.7	19.9	12.0	67.1	1.9	1.2
1997	2.8	19.2	10.8	68.5	5.2	1
1998	4.2	19.5	9.2	68.2	3.0	0.5
1999	6.2	19.2	6.7	67.6	3.2	0.5
2000	6.1	20.3	5.1	68.2	6.4	0.3

续表

百分比	国家预算拨款	国内贷款	国外投资	募款及其他	IPO*	公司债券*
2001	6.7	19.7	4.6	69.6	3.4	0.4
2002	7.0	19.7	4.6	68.7	2.2	0.7

说　　明："*"的两种资金来源只适用于上市公司。
资料来源：上海证券交易所：《中国证券与期货统计年鉴》(2003)；《中国统计年鉴》(2003)。

到目前为止，两个重要的融资渠道来源是自我筹资和银行贷款，与前述关于中国银行部门的资料相一致，银行贷款为公司提供了大部分资金，并组成了公司全部融资需要的绝大部分。例如，上市公司的资金大约30%都来源于银行贷款。

表7-5　自我融资渠道获得资金对固定资产的总投资　单位:%
(2002)

个人企业	0.0	10.46	0.24	59.82	34.48	14.1
	0.0	6.50	0.0	87.88	5.62	9.3
合资企业	0.37	17.16	0.65	62.07	27.51	0.3
股份企业	1.11	26.26	2.38	53.03	27.50	0.3
外资企业	0.26	18.98	41.91	36.68	13.88	4.8
港澳台资企业	0.14	26.11	27.18	37.01	32.82	4.1
其他	2.11	12.80	3.27	64.30	26.01	0.5
所有企业	7.27	20.37	4.79	52.45	18.69	1.0

资料来源：《中国统计年鉴》(2003) 中国统计出版社，2004年版。

自我筹资包括从地方政府和社会以及从内部融资渠道如留存收益中取得的资本，对大多数公司来说，这个种类很广的渠道是最重要的融资来源。股票和债券的发行也很重要，他们也包括在这种融资方式中，但仅限于公开上市交易的公司。

和所有的转轨国家一样，中国原来也依靠制定一个中央计划系统来在大部分公司间分配中央的预算。现在，中央预算只占到中国国有企业总资金来源的10%。还有两个原因在此提出来：（1）考虑到GDP高速增长，政府的税收和其他收入也不断增加，中央预算一直都保持增长；（2）上市公司也从中央预算获得了资金。原因在于一些这个范围的公司过去曾经是国有企业，筹资关系也未完全割断。如果考察外国直接投资问题，按照总规模和在公司中的相对重要性，表明中国的金融系统是从计划，封闭的经济向开放的市场经济演化的。到2003年为止，这一资金来源占到了上市企业（集体所有企业）总融资额的9.5%（7.5%）。部分由于亚洲金融危机的原因，这一比例在随后一年就有所下降，但是随着中国加入WTO，可以预料外国投资的规模和相对重要性就会很快上升到更高的水平。

7.2 中国公司治理特点及福利分析

正如第四章所指出的那样，公司治理过程中产生的代理成本将随着内部管理者持有公司股权比例的下降而上升，因此银行主导型金融系统下的代理成本将比市场主导型金融系统下的代理成本小，而美国、英国发达的公司控制权市场、经理人市场和薪酬激励制度安排则使得其代理成本有所减少。本节将把视角转移到中国，从实证的角度分析中国公司股权结构对公司治理和企业业绩的影响。当然，影响公司业绩的因素还有很多，而不仅仅是股权结构，因此，对中国公司治理的分析还将涉及到其他一些方面，例如：独立董事制度、监事会和薪酬激励制度等。

7.2.1 股权结构与企业福利的实证研究

国内学者对中国公司治理问题的研究主要表现在对上市公司国有股"一股独大"特点上，认识到国有股"一股独大"给公司治理带来的种种弊端。而实证研究则更多地集中在分析股权结构与企业绩效的关系上，如于东智（2003）认为董事持股比例之和、人均持股比例都与绩效指标表现出较强的线性相关性，这说明持股权确实能够激励董事关注公司绩效。陈小悦、徐晓东（2001）的经验研究表明，在非保护性行业，企业业绩是第一大股东持股比例的增函数，但这一关系在保护性行业并不存在。另外，陈小悦、徐晓东（2003）的进一步研究表明，上市公司第一大股东的所有权性质不同，其公司业绩、股权结构和治理绩效也不同。第一大股东为非国家股股东的公司有着更高的企业价值和更强的盈利能力，在经营上更具灵活性，公司治理的绩效更高，其高级管理层也面临着更多的来自企业内部和市场的监督和激励。

从以上的文献回顾可以看出，大家分别从某个角度讨论股权结构对公司治理和企业业绩的影响，缺乏的是全面综合的讨论这种影响。本节的目的，就是对这一问题进行全面综合地分析，探讨公司治理与融资结构的关系以及对福利的影响。

(一) 变量的描述和模型的建立

回顾第四章对公司治理理论的描述，内部管理者（以下称为内部董事）拥有适度的持股权可以缓和他们与股东之间的利益冲突。所以，让内部董事持有本公司的股份是协调他们与股东利益的最直接方法。理论上讲，内部董事持有的股份越多越好，但实际上，他们拥有的股份比例应该适度。因为尽管对于内部董事来说，拥有大量的公司股权使他们相应承受着自身决策所带来的后果，对于持有较少股份的董事来说，持股比例更大的董事更可能做出符合股东利益的投资决策。但是同时，超出一定数额界限的持股权可能会导致公司价值的减损，因为内部董事持有的股权在超过一定水平以后，将可能诱使他们掠夺小股东的财富，会加剧"内部人控制"现象。所以，如下假设是合理的：

【假设1】 持股权的倒U形激励效应假定。内部董事的持股比例与公司绩效存在显著的二次曲线关系，即在一定范围内内部董事持股比例越高，公司绩效越好，超出一定范围后，内部董事持股比例越高，公司绩效越差。

该假设中含有两个变量，即内部董事的持股比例和公司业绩。《公司法》颁布之初，大多数中国公司的董事长兼任总经理，随着监管部门政策效应的逐渐释放，董事长与总经理两职完全分离和两职部分分离的公司数都在逐年增多，两职完全合一的公司数在逐年减少。目前，大多数中国上市公司都选取了两职部分分离的治理形式，两职完全分离的公司仍然处于少数，即大多数的公司总经理来自于该公司的董事，而这位董事一般是第一大股东在该公司的代表。因此，内部股东的持股比例可以用公司第一大股东持有公司股票占公司股票总数的比例来代替。当然，更为科学合理的代替方式是前若干位的大股东持有股权的比例之和。但这增加了实证分析的复杂性，而且根据中国的事实，两种替代方式相差不大，因此，第一大股东的持股比例可以成为内部董事持股比例的理想替代指标。对于公司业绩，一般用 Tobin'Q 值、股票收益率、资产收益率、主营业务收益率、现金流资产收益率和净资产收益率等指标来衡量。其中，Tobin'Q 值意为公司资产的市场价值与其重置成本之比率，对于我国这样一个股票不能全部流通的资本市场来说，公司资产的市场价值用流通股的市场价值与非流通股和负债的账面价值表示，公司资产的重置成本用其账面价值表示；股票收益率用流通股票的年市场收益率表示；资产收益率指公司息税前收益扣除利息费用之后与其总资产之比率；主营业务收益率和现金流资产收益率分别用公司主营业务收益和公司净现金流与总资产相比得来；净资产收益率则是公司净利润和其净资产的比率。除了 Tobin'Q 值外，其余衡量公司业绩的指标均来自于会计数据，完全是一种静态的事后数据，而 Tobin'Q 值不仅考虑到了公司的过去，更代表了投资者对该公司未来的认可，因此用 Tobin'Q 值可以更好地衡量公司的业绩。

如果用 PF 来表示第一大股东的持股比例，Q 表示各公司的 Tobin'Q 值，则根据前面的假设，需要进行参数估计并加以检验的方程是：

$$Q = \beta_0 + \beta_1 PF + \beta_2 PF^2$$

（二）样本的选择

本章采用 2002 年 12 月 31 日在上海证券交易所与深圳证券交易所上市的 452 家 A 股公司作为样本进行研究，为了研究的目的,金融性公司被排除在外。这 452 家公司是从 2003 年 4 月 30 日已公布年报的公司中选出的。将这些公司中的亏损企业及流通股本小于 4 000 万股的公司剔除,便只剩下 452 家公司了。作出这种剔除的一个原因是想部分地消除因上市公司上市额度制度,而导致的亏损企业壳资源价值偏高(因而亏损股票股价偏高)这一影响因素,以及因流通股本太小而使公司股价偏高这样的影响因素;另外一个原因是各个上市公司这两个指标数据不能过分特别。例如,一般认为,Q 值在 5 以上属于极端值,究其原因,这些 Q 值超过 5 以上的公司大多是因特殊原因而股价偏高,或总资产值偏小,因此将 Q 值超过 5 以上的公司又作了剔除。

(三)统计结果与研究结论

本次回归计算过程利用社会科学用统计软件包(SPSS10.0)完成,回归结果如下:

$$Q = 1.64 + 1.66PF - 1.54PF^2$$
$$(7.06)\ (2.54)\quad (2.16)$$
$$R^2 = 0.68, F = 12.59$$

由回归结果可以知道,无论是拟合系数、参数的显著性检验还是方程的显著性检验,该方程均通过,因此可以得出结论,尽管内部董事的持股比例高的时候会降低代理成本,但是当内部董事的持股比例高过一定的程度时,对公司的业绩而言将不是一个好的兆头。公司业绩与第一大股东的持股比例之间的关系可以用图像反映如下(见图 7-1)。

图 7-1 说明,第一大股东占有公司总股本比例如果低于某一值(具体来说是 54%),那么随着其股本比例的提高,

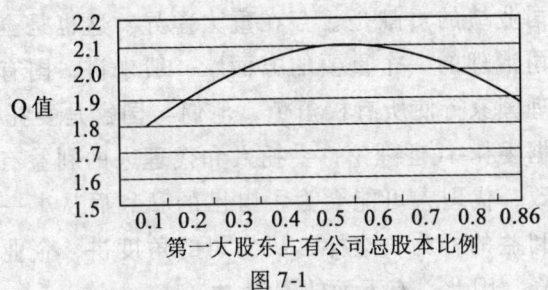

图 7-1

公司价值将会提高；但当第一大股东的持股比例高过这一临界值，则随着股本比例的提高，公司价值将会减少。可能的解释是当第一大股东的持股比例很高的时候，大股东就有可能侵犯小股东的利益从而使得小股东的利益得不到保护，这也是当前学术界兴起投资者保护研究的原因。

　　上述结论可以很好地解释中国、美国和德国在公司治理方面的差异。根据第四章表 4-3 的描述可以知道，美国和德国上市公司中前五位大股东所占股份总和占公司总股份的比例分别为 25.4% 和 41.5%，而根据徐晓东、陈小悦 (2003) 的结论，中国上市公司第一大股东如果是国有股股东，则第一大股东股份占公司总股份的比例的平均数是 44.7%，如果是非国有股股东，则平均数是 38.6%，可以推断，若按照上市公司中前五位大股东所占股份总和占公司总股份的比例这一指标来衡量，中国将远远高于美国和德国。根据回归方程，中国企业的业绩将位于最大值以下。因此，对中国上市公司而言，一个顺理成章的政策措施是减少大股东因为股权比例过高带来的非经济效应。

（四）大股东所有权性质对公司业绩的影响

　　众所周知，中国许多上市公司的大股东都是国有股东。

在所占股份比例相等的情况下,国有大股东和非国有大股东对公司业绩的贡献是否存在重大差异?这也是全面考察中国公司治理的一个重要的方面。一般来讲,国有股东由于是代理国家行使所有权角色,他们与国家是委托-代理关系,根据委托-代理理论,委托人和代理人的利益有时候不完全一致,代理人可能会为了自己的私利而从事一些有违委托人利益的行为,这样,从公司的角度讲,企业价值将有所下降。因此,有下面的假设:

【假设2】 对于假设1,考虑第一大股东的所有权性质时,第一大股东为国有股的上市公司价值变化的临界值小于非国有股(包括国有法人股和其他股东)为第一大股东的临界值。即是说,国有股若为第一大股东,随着其股权比例的增加,上市公司的业绩将很快走下坡路。

为了检验假设2的正确性,将452家样本公司分为两类,第一类为国有股第一大股东的上市公司,第二类为非国有股第一大股东的上市公司。对这两组样本分别进行检验,回归过程同前。结果如下:

- 若第一大股东是国家,回归方程为

$$Q = 1.28 + 1.56PF - 1.73PF^2$$
$$(12.0)(4.7) \quad (2.65)$$
$$R^2 = 0.84, F = 17.35$$

- 若第一大股东不是国家,回归方程为

$$Q = 1.96 + 1.83PF - 1.49PF^2$$
$$(10.02)(3.1) \quad (2.85)$$
$$R^2 = 0.71, F = 9.23$$

可以看出,上述两个方程均能通过参数的显著性检验和方程的显著性检验,而且拟合系数也不错,因此,这两个方程可以很好地反映第一大股东分别是国家和非国家法人或自然人时企业业绩和第一大股东持股比例的关系。

第一大股东是国家时，如果国家持股比例低于45%（1.56/（1.73×2）），那么随着国有股权比例的提高，公司业绩将会得到提高；但是如果超过了45%，情况则相反。第一大股东不是国家时，如果其持股比例低于61.4%（1.83/（1.49×2）），那么随着第一大股东持股比例的提高，公司业绩将会得到提高；但如果超过了61.4%，情况则相反。显然，国有股为第一大股东的上市公司的临界值低于非国有股为第一大股东的上市公司。这说明假设2是正确的。

假设2直接的政策含义是大力推行国有股减持工作，提高中国上市公司的整体业绩。需要指出的是，国有股减持应该和股票全流通联系起来，因为国有股如果不流通，则很难保证做到"同股同权"，从而流通股东的利益受到损害成为必然。另一方面，股票全流通对国有股东来说也是一种约束，因为如果国有股东因为各种原因导致企业业绩不佳，势必成为公司控制权市场上被兼并、收购的对象，因此股票全流通从某种程度上说是公司治理机制的一种形式。若国有股流通问题迟迟不能解决，那么上市公司业绩下滑又是必然的，因此最终会损害资本市场的融资功能，损害中小投资者的福利。

7.2.2 监事会制度与股东福利

目前中国公司治理组织一般形式是董事会、监事会和经理层"三驾马车"格局，其中监事会专门负责监督董事、经理行为。我国《公司法》规定，监事会是由股东会选举产生的，履行监督公司业务执行状况以及检查公司财务状况的监督机关。一方面，监事会应当保护股东利益，防止随着董事会权力的日益扩大，而股东大会不能有效行使监督权的情况下代替股东行使监督权，监督董事会，防止董事会做出损害股东利益的行为。另一方面，监事会应当保护债权人利益，防止损害债权人利益的行为发生。由于公司承担的有限责任是以牺牲债权人的利益为前提的，因此应当防止公司的财务会计有任何的虚假记载及其他损害债权人利益的行为。

监事会能否起到应有的监督作用，首先取决于我国《公司法》是否赋予监事会足够而有效的制约权限，其次还取决于我国《公司法》是否建立了一套促使监事会忠实、诚信和勤勉地履行其职责的制约机制，当然要起到应有的监督作用，监事会成员自身的素质应该过关。遗憾的是我国公司监事会在这三个方面都有缺陷。

(一) 监事会缺乏充分而有效的监督权限

我国监事会所享有的法定职权是有限的，《公司法》规定我国监事会享有检查公司的财务，对董事、经理执行公司职务时违反法律、法规或者公司章程的行为进行监督，当董事、经理的行为损害公司利益时，要求董事和经理予以纠正，提议召开临时股东大会，列席董事会等职权。监事会的这些职权如财务查询权、董事会列席权，或许可以使得监事会能够了解公司的经营状况，甚至还能发现董事、经理的某些损害公司或者股东利益的决议和行为，但这些职权根本不足以使监事会完成其所应承担的监督任务。假定通过出席董事会，监事会发现董事会提议的一项重大的关联交易有损于公司的利益，因而试图反对董事会就该议案作出相应的决议,但由于我国《公司法》没有赋予监事会以投票表决权或者否决权,因此他们的反对没有任何意义,他们根本不可能制止董事会通过相应的决议;再假定通过查询权,监事会发现公司董事、经理所进行的一项重大的关联交易确实损害了公司利益。这时如果监事会试图制止这项交易,它所能采取的全部措施仅仅是:(1)根据《公司法》第126条第3项的规定要求董事和经理纠正损害公司利益的行为;(2)根据《公司法》第126条第4项的规定向董事会提议召开临时股东大会。但是,如果董事会不理睬监事会的要求,既不停止交易的进行,又不召集临时股东会,那么,监事会对这些损害公司利益的行为就无能为力。由此可见,根据我国监事会目前所拥有的法定权限,监事会既不能够阻止董事会通过一项有损于公司利益的决议,也不可能制止董事、经理正在进行的有损于公司利益的行为。

(二)缺乏有效的督促监事会依法履行职责的制约机制

在督促监事会依法履行其职责方面,我国《公司法》并没有规定相应的具体措施。《公司法》既没有明确规定依法行使其职权是监事会的法定义务,也没有规定监事会不履行其法定义务时,必须承担的法律责任。这就是说,即使监事会没有依法履行其监督职责,而且由此给公司利益造成了损失,他们也无须承担任何法律责任。实际上在现行《公司法》的框架内也难以追究监事会的法律责任。因为既然我国《公司法》没有赋予监事会充分而有效的监督权限,就不能要求他们做超越其职权范围的事,更不能因为其不为而追究其法律责任。但这样对于监事会而言,也就缺少了忠实、诚信和勤勉地履行其职责的外在压力。

（三）监事会成员素质偏低，难以胜任监事工作

我国公司监事会成员素质普遍偏低，主要表现为：一方面，许多公司监事会成员多为政工干部，法律、金融、财务和工程方面的专业人士较少。绝大多数监事不懂管理，缺乏财会知识，没有审计意识，监事看不懂会计报表、不懂账册是很平常的事。这是制约监事会发挥作用的一个客观因素。另一方面，一些监事由于年龄偏大，长期在计划经济体制下工作，意识的惰性、体制的惯性和利益的刚性，把监事会当做是可有可无的机构，难以很好地履行监事的职责。

由上可见，由于我国《公司法》不完善和监事会成员自身的素质较低等原因，我国监事会正确有效的履行监督职责缺乏必要的主、客观条件，因此监事会根本无法有效地制约董事会和经理层，防止董事和经理损害公司及股东利益的行为。正因如此，监事会监而不事，流于形式也就不可避免了！

7.2.3 独立董事制度对企业福利的改进

其实，在我国股份有限公司尤其是上市公司中，不仅监事会软弱无力，形同虚设，而且股东大会对董事会的约束能力也不强。比较普遍的现象是董事会独揽大权，不受制约，内部人控制严重。为了医治这一病症，国内学术界开出了许多良方，在公司中建立独立董事制度就是其中之一。这一建议已被我国有关部门采纳。2001年8月16日，中国证监会发布了《关于在上市公司中建立独立董事制度的指导意见》，其中规定，各境内上市公司应按照该意见修改公司章程，聘任适当人员担任独立董事。2002年1月7

日,中国证监会又与国家经济贸易委员会联合发布了《上市公司治理准则》。该准则第 49 条再次强调,上市公司应按照有关规定建立独立董事制度。

当然,规定归规定,这项制度的实际执行效果如何呢?可以肯定的是,目前大多数上市公司都有了自己的独立董事,因此需要进一步探讨独立董事在改善我国公司治理方面所起到的作用。实际上,有学者已经开始了这方面的工作,如于东智(2003)通过实证分析得出结论,独立董事并没有使得中国上市公司治理状况有显著改善,一个重要原因是引进独立董事制度以后,公司的业绩与以前相比没有太大的提高,本书重点指出独立董事制度本身存在的问题。

从当前来看,推行独立董事制度至少存在三大问题:

第一,缺乏独立董事专才。按照中国证监会的要求,独立董事人才应具备四个条件:有志于担任上市公司独立董事,有志于为促进上市公司规范运作做出贡献;符合《公司法》及其他相关规定,具备担任董事资格;具备上市公司运作基本知识,熟悉相关法规、规章;具有五年以上法律、会计、经济或其他相关工作经验,有足够时间或精力履行独立董事职责。从实际情况看,这样的人才不多。

第二,独立董事难独立。作为独立董事,要切实履行自身的职责,必须投入相应的体力和智力劳动,因此应该有所报酬。否则公司不给报酬,别人自然不会尽力操心,最终使制度流于形式,监督机制名存实亡。

第三,独立性的要求使独立董事失去了勤勉履行其职责的内在动力。根据独立性的要求,独立董事必须完全独立于公司及其主要股东或者公司的实际控制人。因此,从法律关系来考察，除了职务关系外，独立董事与公司没有任何利益关系，他也不是公司中任何一类股东群体利益的代表。这就出现一个问题：独立董事为什么要替一个与他没有利益关系的公司或者股东监督公司的董事和经理，维护他们的利益？没有任何理由。这就是说，独立性的要求使我国独立董事失去了切实履行其职责的内在动力。从事实上存在的利害关系来分析，独立董事和公司之间存在着聘用关系，这种聘用关系实质上是由公司的大股东和董事会决定的，因而，独立董事很可能代表大股东或者董事会的利益，而不太可能维护公司的利益，更不可能维护中、小股东的利益。实践中，大部分独立董事不出席董事会，对公司事务不闻不问，这本身就是独立董事不关心公司利益的体现。

因此，至少在目前，独立董事由于其本身存在一些难以克服的问题，不能期望这项制度能立即改进中国的公司治理水平。正如证监会史美伦副主席2002年11月所说："现在引进独立董事制度，是个新的尝试。对独立董事，我们暂时不抱很大希望，我们希望通过独立董事建立公司的问责制度。我们希望3~5年时间建立公司治理的一套文化，当然，短时间内独立董事未必能马上发挥作用，但是5~7年之后，独立董事的作用会更突出，公司治理会更加透明。"

7.2.4　企业的福利计划与激励机制

所谓薪酬激励机制是通过一定的制度安排将有关人员的个人利益和公司的长远利益联系在一起，从而使这部分人员为公司和股东价值的最大化而尽心尽力。在这里，薪酬是一个组合概念，有薪酬包的含义，由基本工资、奖金、福利计划以及长期激励四个部分组成。这里的薪酬激励主要指包括股权、期权和分红计划等在内的长效激励。

中国公司的激励机制是从1984年开始酝酿探索的。为寻求对企业高层管理者产生长效的激励效果，在西方股票期权风起云涌并取得成效的同时，国内许多上市公司，将西方股票期权制度进行变通，制定出适合本公司的股票期权激励计划。经过将近20年的发展，到目前为止，这一制度在实践中虽然形式不断翻新，但并没有从根本上解决问题，特别是薪酬激励。其主要问题表现在：

第一，企业"无股可期"。国外经理人员所需的股票来源主要有三：（1）大股东转让；（2）公司发行新股票；（3）由库存股票账户付出。我国国有企业在股份制改造时没有预留股份，在这种情况下对经营者实行激励性股票期权时，股份缺乏来源。而且我国现阶段，许多企业产权不清，股权难以界定，造成企业无股可期，无法实行激励性股票期权。

第二，股票期权制与现行法律、法规或政策相矛盾。《公司法》规定，上市公司不能持有自己的股份，也不能回购本公司的股份。这样，公司回购本公司股票以奖励经理就违背了《公司法》的规定。同时，《公司法》第147条规定"公司董事、监事、经理应当向公司申报所持有的本公司股份，并在任职期间不得转让"；《股票发行与交易管理暂行条例》第38条规定"股份有限公司的董事、监事、高级管理人员……将其所持有的公司股票在买入后6个月内卖出或者在卖出后6个月内买入，由此获得的利润归公司所有"。1998年12月，中国证监会规定不再批准内部职工股上市流通，这样，以内部职工持股方式由企业核心技术人员行权的股票期权同样无法在股票市场上流通，股票期权的激励作用大打折扣。

　　由此可见，薪酬制度在中国的有效实施所遇到的障碍主要来自于法律方面，因此合理的政策措施是抓紧修改《公司法》、《证券法》中与建立有效、灵活的激励机制形成障碍的条款。除了允许上市公司进行股票回购外，在公司注册上应实行授权资本制，从而允许公司向激励对象分期、分批地增发新股，以较低成本实现股票奖励和股票期权的授予。这时股权激励对上市公司不仅不是现金流出，反而可能是现金流入。同时，应允许高级管理人员在满足一定的持有期限后逐步出售所持有的公司股票。同时尽快出台《信托法》实施细则、《股票期权管理办法》及相关的实施细则，为股票期权计划的推出、员工持股的规范运作提供法律依据。

7.3　公开上市融资：新技术产业与成熟产业的实证检验

　　关于企业福利分析的第三个主题是新技术融资与成熟产业融资的差异。经济增长取决于技术变迁的速度、新产品开发以及我们从同样的资源中获得更大福利的途径，新技术的金融支持及其绩效可以影响金融系统的福利。新技术的障碍在于很难评估价值，不仅因为几乎不存在关于它们可能盈利的信息，而且也没有先验的信息可借鉴，因此，对那些拥有新技术的创新者而言，要说服投资者进行新技术的投资是困难的。而市场与中介在新技术的融资绩效上存在着很大的差异，原因在于它们在减少收集和加工信息成本上的差异性，对观点的多样化的处理。本节主要集中于中国的实证，出发点是考察不同行业，新技术与传统产业在资本市场上初始发行的融资能力以及首日定价（IPO）的高低，比较新技术与传统产业在资本市场的融资能力，实证选取了三组样本，分别是新技术类小盘股、制造业类中盘股以及基础行业与服务行业类大盘股，研究影响定价的因素，并对实证结论加以分析。

7.3.1 首次公开上市融资的影响因素

（一）IPO 与不同产业的差别

在发展新产业方面，基于股票市场的经济，如19世纪的英国和20世纪的美国，要比基于金融中介的经济，如德国和日本，更成功。例如，铁路首先发展于19世纪的英国并主要通过伦敦证券交易所来筹措资金。在20世纪期间，美国在发展新产业并为其筹资上成为了最成功的国家。在20世纪之交，美国成功地发展了汽车产业，尽管汽车是在德国发明的。在第一次世界大战之后，商业航空产业的主要发展也是在美国，在第二次世界大战后的计算机产业和最近的生物技术和（某种程度上）网络产业上，它也取得了类似的成功。此外，德国和日本，都是基于金融中介的经济国家，却擅长于传统和成熟的行业，在此背景下最近的例子是两国的汽车行业和日本的电子行业。

Allen 和 Gale（1999）提出了假设论点（theoretical arguments）用来解释不同产业融资现象，市场是和昂贵的信息获得相联系的，在信息获得情况下，投资者再决定是否进行投资，在银行情况下，昂贵的信息获取被授权给经理。

在此情况下，基于经验的证据很少，而且有各种不同的观点，如美国和英国基于股票市场的经济，倾向发展完善的制度以获取和披露信息，且对投资者而言，信息成本也很低。因为投资者能以低成本收集信息，并且那些期望高收益的投资者能为新公司提供融资，所以市场运作良好。相反，当存在观点多样化时，由中介雇用的代表就不能很好工作。投资者会理性地预期到他们很可能和经理意见不统一，所以在不能独自获得信息时就不愿意提供资金。

然而，在为成熟行业提供资金上，银行要比金融市场更有效。原因是由于在成熟行业该如何被管理问题上存在广泛的一致，所以银行投资决定的代表就可以有效地工作。因此，个体投资者就感到没有必要去获取昂贵的关于这些行业运行状况的信息，这和通过代表在信息获取上得到的规模效应一起，使得以银行为基础的体系更有效。

经常争论的一个观点是：美国近年在发展新行业方面如此成功的一个原因是强大风险资本的存在。例如，Kortum 和 Lerner（2000）证明在美国，风险资本在一个行业的投入程度和取得专利比率之间存在着很强的关系。风险资本应被视为市场融资而非中介融资，原因在于风险资本家能很容易地通过以 IPO 方式在市场上出售公司变现。这个市场使得他们愿意在初期提供种子资金，能在市场上获得高价的现象与只有那些抱有赞成观点的人才会提供资金的理论相一致。

（二）IPO 融资与定价的影响因素

上市公司首次公开发行后的第一个交易日的表现是很多公司重大的事件，由于没有以前的交易记录，加上有限的财务信息，对于该公司上市首日的定价表现的观点存在着巨大的分歧与不确定性。有一些公司存在着相对高的上市首日定价；而另一些公司存在着相对低的上市首日定价，上市首日定价的高低直接影响着一级市场上投资者的申购收益率，也影响着该股票二级市场的长期表现，决定是否获得一个较高的长期回报还是一个较糟糕的后市表现，Aggarwarl and Rivoli (1990), Ritter (1991, 1995) 研究了许多这方面的事例。

Hough and Loughran (2001) 等学者的研究结论论证了 Miller (1977) 的观点，对于 IPO 定价的不确定性会造成短期的价值高估和长期的不良表现。特别是确定了早期市场指标对长期表现的预见力。Miller 认为 IPO 的价格由"看高该新发行的股票投资优势而把这些新发行的股票加入自己的投资组合中的"乐观投资者决定，随着公司更多信息的出现，价格开始自由浮动到基本价值。尽管 Miller 提出了上述观点，但没有发现直接证实 Miller 假设的 IPO 研究，难点在测量潜在投资者之间信念的离散程度，因此，不能实证地区分影响 IPO 定价的影响因素。

尽管如此，Hough and Loughran 还是通过研究几个首日提示性因素对 IPO 首日定价的影响：首日首次交易报价差异，第一次交易的时间以及上市首日大额成交（大于1 000股）占首日总成交的比例，这些变量分别描述了不同的 IPO 参与者面临的不确定性。由于上述三个揭示性因素仅仅是上市首日的表现的统计结果，为了消除这种看法，如果进一步考虑：(1) 发行的规模、风险资本基金参与程度；(2) 在所有不同规模的企业（大企业与小企业）的子样本中考虑揭示性因素的强度；(3) 讨论 IPO 的市场融资规模、发行价、风险资本融资对 IPO 首日定价的活跃程度。上述研究提供了一个研究 IPO 首日定价影响因素的启示，并提示通过 IPO 定价研究，观测融资能力的大小。

在影响 IPO 上市首日定价的模型中，Rock（1986）模型是一个经典模型，主要是基于信息不对称的假设。Rock 模型认为，不同的市场主体对可能影响价格的敏感信息的获得能力是不同的，这点在 IPO 首日定价中具有非常重要的意义，因为 IPO 公司的定价没有现成的市场交易价可供参考，于是他把投资者分成知情的和不知情的。不知情的投资者不能确定公司的真实价值，但可以通过花费成本来获得这方面的信息，从而成为知情的投资者，这既可以体现在新股发行中，也可以体现在上市首日定价中，对于知情的投资者，他们只有在新股发行价比公司真实价值低的时候才会去申购新股，只有在 IPO 上市首日定价低估时才会在上市首日买入，由于我国新股发行的中介者在上市首日都有一个超额利润，因此，不确定性的焦点就在于 IPO 首日定价，为知情投资者与不知情投资者共同作用的结果。

我国学者王晋斌（1997）对新股申购超额报酬进行了测定，并对可能的原因进行了解释，并运用修正的 Rock 模型，选用 1997 年上市的 52 只新股为样本，对我国的一级市场做了检验，发现考虑中签率、申购成本以后，申购新股的收益率高于无风险收益率。宋逢明、梁洪昀（2001）研究了发行市盈率放开以后 A 股市场的初始回报，发现影响初始回报的主要因素来自二级市场，如股价总体水平和大盘指数的高低，行业平均市盈率，并且投资者在股票上市之初抛售股票获利了结的愿望十分强烈。张琦、张永攀、王少敏就新股发行以及初始回报进行了分析，认为影响新股定价的因素为发行市盈率、发行价、发行数量以及发行与上市时二级市场的状况，显然他们认为这些因素是影响 IPO 定价的重要因素。2001 年 1 月～2002 年 6 月又对不同行业上市的初始回报进行了实证分析，首日收盘价最高的为信息软件、医药和电子元器件行业，最低的为冶金、水泥、交通以及农业，而制造业、传媒、商业等行业定价居中。该模型最有参考价值的是分析了新技术行业与成熟行业融资与定价能力的关系，从而可以分析不同产业公司的融资绩效。

综上所述，国外的学者与国内的学者对 IPO 上市首日定价的问题研究有如下两个特点：（1）国外研究 IPO 上市首日定价的影响因素与中国实际有所不同，比如首笔买卖差价、首笔交易时间、首日交易大笔买卖占总交易量的比例等；同时也有与中国类似的考虑因素如公司规模、流通股本、发行价的高低以及机构（风险基金）的参与程度；（2）国内的学者更多地从 IPO 上市首日的回报率来研究上市首日定价问题，建立上市首日回报率与影响因素之间的模型，而不是上市首日定价与影响因素之间的模型，更多地研究建立上市发行价及其影响因素之间的关系。因此，以上海 A 股市场为例，考虑三组不同发行规模的样本，因为按发行规模分组大体上也体现了新兴行业与传统行业的特点，分别考虑 IPO 首日定价与影响因素之间的关系，建立它们之间的模型，确定不同产业在一级市场的融资能力。

7.3.2 研究样本与变量选取

（一）研究样本选取

本书研究样本为上海证券交易所上市的 A 股，数据来源于中国证券在线网、中国证券报，上海证券报以及证券时报刊登的招股说明书及公司年报。时间跨度从1994年1月到2002年10月。本书选取了62家上市公司,按流通盘的大小分为三组,第一组选取上交所20家具有典型意义的小型高科技上市公司,流通盘从1 000万~8 000万元,行业覆盖电子、软件、生物技术、通信各种类别的高科技公司;第二组选取20家中盘上市公司,其流通盘从8 000万~2亿元之间,行业覆盖能源、交通、运输、制造业上市公司;第三组选取22家大盘股上市公司,其流通盘从2亿~27.5亿元,覆盖了钢铁、石化、航空、通信、原材料、银行等行业。本书选取这些样本是为了比较不同流通盘以及不同行业IPO首日定价的不同特点,以分析影响因素的强弱程度和定价特征。

(二) 变量选取说明

本书的被解释变量为上市首日的收盘价,而没有把上市首日的回报率作为变量,原因是国内已有众多学者作过这方面的研究,积累了相当多的数据,而把上市首日定价作为变量的模型,国内这方面的研究不多,同时为了比较不同类别的样本公司定价的高低。

在选择影响上市首日定价的因素中选取了四个解释变量,然后讨论解释变量对上市首日定价的影响,相关系数高低以及构建拟合方程。

1. 上市发行的流通股本。上市前发行的流通股本反映了实际上市流通的规模,由于中国上市公司的历史原因造成了特殊的股本结构,绝大多数上市公司股本不能全流通,因此,总股本的大小对IPO上市首日定价参考价值不大。在本书选取的样本中,按流通盘大小分为三组,这三组样本覆盖了上交所上市的A股流通盘的区间,从最小的1 000

万股到最大的 27.5 亿股。

2. IPO 的发行价格。社会公众股的发行价是 IPO 上市首日定价的重要依据，IPO 的发行价格也应当是一级市场投资者申购的重要参考指标，但由于中国一级市场申购的超额回报，存在几乎无风险收益，任何股票不存在发行不出去的风险，而只是申购超额回报的高低，但不同行业、不同流通盘的大小又与发行价有关联。因此，发行价是影响首日收盘价的重要因素。

3. 上市当年的预测每股税后利润。上市当年的每股税后利润为当年预测的每股税后利润，以上市前公布的招股说明书为准，上市已公布年报或中期报表则以年报或中期报表为准。

4. 上证综合指数收盘点。选取上证综合指数是因为该指数为上交所全部上市公司的加权平均值，客观上反映了二级市场的总体兴旺与低迷状态，投资者对市场总体系统性风险的敏感程度。同时，考虑上证综合指数与上证 30 指数相比，具有更高的参考价值，故选取上证综合指数作为解释变量。

7.3.3 模型构造与模型检验

（一）样本情况说明

本书按 IPO 上市的社会公众股流通盘大小分为三组样本。第一组为小盘高科技类股票，流通盘在 1 000 万～8 000 万元之间；第二组为中盘制造业类股票，流通盘在 8 000 万～20 000 万元之间；第三组为大盘股上市公司，流通盘在 20 000 万～275 000 万元之间，包括国企大盘股，也包含民营上市公司大盘股，行业覆盖了交通、运输、原材料、能源与金融等。表 7-6、表 7-7、表 7-8 列出了共 62 个样本的基本情况。

表 7-6　　　　　　小盘高科技类样本

序号	上市公司	上市当天指数	流通股本(万)	发行价(元)	预期每股收益(元/股)	当天收盘价(元)
1	用友软件	2 203.370	2 500.00	36.68	0.400	92.00
2	太太药业	2 223.060	7 000.00	24.80	0.820	41.79
3	烽火通信	1 902.990	8 800.00	21.00	0.440	27.08
4	亿阳信通	1 991.560	4 000.00	18.24	0.585	63.55
5	歌华有线	1 930.130	8 000.00	15.50	0.570	28.45
6	凯乐科技	1 902.550	5 500.00	9.48	0.390	22.88
7	大恒科技	2 067.490	5 000.00	9.00	0.280	36.65
8	华微电子	2 020.230	5 000.00	8.42	0.310	23.69
9	清华同方	1 250.270	3 780.00	8.28	0.620	33.90
10	长江通讯	2 069.760	4 500.00	8.18	0.560	47.18
11	复星实业	1 271.060	7 500.00	7.15	0.408	24.70
12	东软股份	793.560	1 700.00	6.98	0.609	14.10
13	张江高科	613.960	2 250.00	6.15	0.265	22.62
14	同济科技	717.380	1 300.00	6.00	0.308	27.19
15	大唐电信	1 207.820	7 500.00	5.98	0.351	17.60
16	首创科技	560.800	1 350.00	5.80	0.147	8.40
17	海星科技	1 370.390	6 800.00	4.68	0.214	18.57
18	东湖高新	1 246.300	6 400.00	4.50	0.190	15.49
19	天坛生物	1 348.590	4 800.00	4.07	0.220	21.55
20	长安信息	683.070	1 356.20	1.00	0.239	13.80

表 7-7　　　　　　　中盘制造业类样本

序号	上市公司	上市当天指数	流通股本(万)	发行价(元)	预期每股收益(元/股)	当天收盘价(元)
1	中国国贸	1 158.70	1.6	5.46	0.23	5.85
2	莱钢股份	1 213.89	0.8	6.73	0.573	10.75
3	莲花味精	1 179.07	1	7.01	0.33	10.22
4	兖州煤业	1 316.44	0.8	3.37	0.29	7.69
5	凌钢股份	1 720.24	1	5.58	0.46	8.95
6	桂冠电力	1 747.24	1.1	6.40	0.348	18.25
7	赣粤高速	1 758.54	1.2	11.00	0.499	17.80
8	南钢股份	1 903.15	1.2	6.46	0.50	8.91
9	维维股份	1 928.11	1.0	10.28	0.36	17.46
10	营口港	1 491.67	1.0	5.90	0.24	11.07
11	天房发展	1 856.53	1.2	5.00	0.156	11.68
12	新农开发	1 116.41	0.9	3.86	0.221	7.33
13	昌河股份	2 170.52	1.1	7.28	0.21	13.85
14	宁沪高速	2 045.89	1.5	4.20	0.16	7.42
15	盘江股份	2 214.26	1.2	6.00	0.185	12.25
16	抚顺特钢	2 073.48	1.2	5.50	0.21	7.18
17	中远航运	1 628.14	1.3	7.39	0.24	12.20
18	中化国际	1 697.74	1.2	8.00	0.33	11.31
19	上海能源	1 847.54	1.1	9.00	0.41	12.60
20	京能热电	1638.20	1.0	5.00	0.10	11.87

表 7-8　　　　　　　　大盘股样本

序号	上市公司	上市当天指数	流通股本(万)	发行价(元)	预期每股收益(元/股)	当天收盘价(元)
1	北大荒	1 603.91	3	5.38	0.25	7.63
2	海螺水泥	1 515.39	2	4.1	0.18	6.47
3	安阳钢铁	1 934.49	2.75	6.8	0.347	6.85
4	江西铜业	1 535.59	2.3	2.27	0.11	4.61
5	山东基建	1 623.88	5.05	2.6	0.124	4.52
6	酒钢宏兴	2 071.27	2	5.5	0.37	6.7
7	招商银行	1 667.52	15	7.3	0.32	10.66
8	福建高速	1 956.97	2	6.66	0.35	8.85
9	中国石化	1 895.17	28	4.22	0.25	4.36
10	中海发展	1 571.61	3.5	2.36	0.106	4.44
11	宝钢股份	2 050.36	18.77	4.18	0.35	6.09
12	民生银行	2 049.03	3.5	11.8	0.29	18.56
13	华能国际	1 751.18	3.5	7.95	0.73	13.64
14	钢联股份	2 011.16	3.5	5.18	0.32	6.4
15	邯郸钢铁	1 205.43	3.5	7.5	0.536	7.91
16	海南航空	1 444.24	2.05	4.6	0.20	6.0
17	齐鲁石化	1 322.29	3.5	5.0	0.241	5.25
18	武钢股份	1 626.84	3.2	4.3	0.29	4.86
19	上港集箱	1 998.43	2.1	11.98	0.603	20
20	福建高速	1 930.14	2	6.66	0.321	8.85
21	中国联通	1 535.37	27.5	2.3	0.12	2.87
22	上海航空	1 524.08	2	5.33	0.061	6.81

（二）变量的相关性分析

为了分析各变量之间的相关性，首先建立解释变量之间的相关系数分析表，以判断解释变量与 IPO 上市首日收盘价的相关程度。本书采用 SPSS9.0 软件的 Pearson 积矩相关系数，如表 7-9 所示。

表 7-9　小盘高科技股样本的相关系数表

		收盘价	当天指数	发行价	流通股本	预期收益
收盘价	相关系数	1.000	0.642**	0.820**	-0.067	0.414
	显著性系数	0.000	0.002	0.000	0.780	0.069
当天指数	相关系数	0.642**	1.000	0.665*	0.533*	0.469*
	显著性系数	0.002	0.000	0.001	0.015	0.037
发行价	相关系数	0.820**	0.665**	1.000	0.173	0.469*
	显著性系数	0.000	0.001	0.000	0.465	0.022
流通股本	相关系数	-0.067	0.533*	0.173	1.000	0.215
	显著性系数	0.780	0.015	0.365	0.000	0.362
预期收益	相关系数	0.414	0.469*	0.508*	0.215	1.000
	显著性系数	0.069	0.037	0.022	0.022	0.000

说　明：**，在 $\alpha = 0.01$ 的水平上具有显著的相关性；*，在 $\alpha = 0.05$ 的水平上具有显著的相关性（样本容量为 20）。

由相关系数表可知：收盘价与当天指数之间的相关系数为 0.642，上证指数越高，收盘价越高，使二者相关系数为 0 的假设检验成立的概率为 0.002，故存在相关关系。发行价与收盘价之间的相关系数为 0.82，且发行价与收盘价间的相关性最高，使二者相关系数为 0 的假设检验成立的概率为 0，故相信它们存在较高的相关关系。流通股本与收盘价之间的相关系数为 -0.067，使它们相关系数为 0 的假设检验成立的概率高达 0.78，说明二者之间不存在明显的负线性相关关系，但不排除二者存在非线性相关关系的可能性。税后利润与收盘价之间的相关系数为 0.414，税后利润越高，收盘价越高，它们之间存在一定的相关关系（见表 7-10）。

表 7-10　　　　　　　中盘股样本相关系数表

		收盘价	当天指数	发行价	流通股本	预期收益
收盘价	相关系数	1.000	0.349	0.729**	-0.160	0.246
	显著性系数	0.000	0.132	0.000	0.499	0.296
当天指数	相关系数	0.349	1.000	0.251	0.321	-0.174
	显著性系数	0.132	0.000	0.286	0.167	0.462
发行价	相关系数	0.729**	0.251	1.000	0.042	0.520*
	显著性系数	0.000	0.286	0.000	0.862	0.019
流通股本	相关系数	-0.160	0.321	0.042	1.000	-0.314
	显著性系数	0.499	0.167	0.862	0.000	0.177
预期收益	相关系数	0.246	-0.174	0.520*	-0.314	1.000
	显著性系数	0.296	0.462	0.019	0.177	0.000

说　明：**，在 $\alpha=0.01$ 在水平上具有显著的相关性；在 $\alpha=0.05$ 的水平上具有显著的相关性（样本容量为 20）。

由中盘股的相关系数表可以看出：当天指数与收盘价之间的相关系数为 0.349 具有一定的正相关关系，显然当天指数在中盘股中对收盘价的影响要弱于小盘股，说明随着流通盘的增加，指数的影响随之减弱。

发行价与收盘价之间的相关系数为 0.729，发行价越高，收盘价越高，且使它们相关系数为 0 的假设检验成立的概率为 0.01，故相信它们之间存在较高的线性关系。流通股本与收盘价之间的相关系数为 -0.160，使它们相关系数为 0 的假设检验成立的概率高达 0.499，说明两者不存在明显的负线性相关关系,但不排除存在非线性关系的可能。

预期收益与收盘价之间的相关关系为 0.246,存在弱的正相关关系,说明预期收益对收盘价的影响不大(见表 7-11)。

表 7-11　　　　　大盘股的相关系数表

		收盘价	当天指数	发行价	流通股本	预期收益
收盘价	相关系数	1.000	0.413	0.943**	-0.281	0.636**
	显著性系数	0.000	0.056	0.000	0.205	0.001
当天指数	相关系数	0.413	1.000	0.401	0.086	0.314
	显著性系数	0.056	0.000	0.064	0.704	0.155
发行价	相关系数	0.943**	0.401	1.000	-0.282	0.686**
	显著性系数	0.000	0.064	0.000	0.204	0.000
流通股本	相关系数	-0.281	0.086	-0.282	1.000	-0.149
	显著性系数	0.205	0.704	0.204	0.000	0.509
预期收益	相关系数	0.636**	0.314	0.686**	-0.149	1.000
	显著性系数	0.001	0.155	0.000	0.509	0.000

说　明:**,在 $\alpha=0.01$ 的水平上具有显著的相关性(样本容量为 22)。

对大盘股而言,当天指数与收盘价的相关系数为 0.413,说明存在一定的正相关关系。

发行价与收盘价的相关系数为 0.943,且发行价越高,收盘价越高,相信它们之间的相关系数为 0 假设检验成立的概率为 0.01,故相信它们之间存在高度的正相关关系。

流通股本与收盘价之间的相关系数为 -0.281,存在较弱的负相关关系,流通股本越大,收盘价越低。

预期收益与收盘价之间的相关系数为 0.636,说明存在较高的正相关关系,预期收益越高,收盘价越高,使二者相关系数为 0 假设检验成立的概率为 0.01，故相信二者之间存在相关关系。

(三) 构建拟合方程

本书首先采用简单的多元线性回归模型：

$$CLOP = a_0 + a_1 ISSP + a_2 NNSH + a_3 EAPS + a_4 INDEX$$

式中：

CLOP：上市首日收盘价；

ISSP：发行价；

NNSH：流通盘大小；

EAPS：每股税后利润；

INDEX：上证综合指数。

对三组样本进行回归分析，在检验回归模型时，如果建立的数学模型不能很好地拟合原始数据，就对数据进行不同形式的变形，作出解释变量与被解释变量之间的散点图，在拟合方程的过程中采用逐步回归进行拟合，最后得到三组样本定价的回归模型如下：

1. 小盘科技股回归模型分析，具体情况如下：

$$\ln CLOP = -2.729 + (2.112 \times 10^{-2})ISSP + 0.838\ln INDEX$$

$$(-1.709) \quad (1.890) \quad (3.361)$$

$$+ 4.406 EAPS - (9.28 \times 10^{-5}) \cdot NNSH$$

$$(0.882) \quad (-2.427)$$

$R^2 = 0.765$，调整后的 $R^2 = 0.702$，F 值 $= 12.211$

根据 F 统计值，我们可以判定回归方程总体线性在 99% 水平以上显著成立。由 R^2 数值可知，方程的拟合优度也较高。而且除解释变量预期收益外，回归方程的三个解释变量显著性水平均超过或达到 95%，这说明发行价、当天指数、流通股本是三个影响当天收盘价的主要因素。

第七章 中国金融系统中企业融资与公司治理的实证研究

小盘股中收盘价受预期收益的影响不明显，这说明对小盘高科技类上市公司更看重公司的成长性股价极具想象空间，这一点与传统的定价特征不一样。不论传统的资产定价理论还是专门给高科技企业股票定价的理论都强调未来收益在资产定价中的作用，但由于高技术的盈利特点与高成长性，使用当年的预期收益不能反映其未来的预期，在回归方程中对收盘价表现为不明显。还有一个原因可能存在业绩的信息不对称，投资者在考虑业绩因素时，已经考虑了信息不对称的风险。

从回归方程可以看出，小盘股当天收盘价与发行价之间呈正相关关系，假设其他变量不变，发行价增长1%，收盘价将增加 $0.02112 \times$ 发行价%。这说明小盘股在二级市场上的定价与一级市场上的发行价密不可分，发行价越高，其首日定价越高，这一结果说明首日定价与投资者对小盘股的认同有关，也与一级市场投资者的机会成本高低有关。

小盘股收盘价与当天收盘指数自然对数之间呈正相关关系。假设其他变量不变，上证指数每上涨1%，收盘价上涨 0.838%。这说明小盘科技股的上市首日定价与指数的高低有较强的线性正相关关系，指数高上市的小盘股有一个高的定价，同时也预示着指数回落时，这类股票有一个较长期的弱市表现，这可以从本书小盘高科技股样本上市后的表现得到验证，当指数回落时，高科技类上市公司下跌的幅度更大于其他类的股票。

小盘高科技股与流通股本之间呈负相关关系，假设其他条件不变，当流通股本上升1%时，收盘价将下降 $9.28 \times 10^{-5} \times$ 流通股本（%），或者表述为流通股本增加1 000万时，收盘价下降 9.2795%，这与中国股市长期看重小盘股，定价高企的现象是一致的,其含义是,小盘股具有较高的股本扩张潜力,经过反复除权,可以使股价不断降低。同时,在做庄盛行的情况下,流通盘小所用的资金较少,便于庄家操纵股价。

2. 中盘股回归方程分析,具体情况如下:

$$\ln CLOP = 1.432 + 2.19 \times 10^{-4} INDEX - 7.1 \times 10^{-5} NNSH$$
$$(3.827) \quad (1.471) \quad\quad (-2.864)$$
$$- (0.676) EAPS + 0.861 \ln ISSP$$
$$(-1.495) \quad\quad (4.479)$$

$R^2 = 0.705$,调整后的 $R^2 = 0.626$,F 值 $= 8.946$

根据 F 统计值,我们可以判断回归方程总体线性在 99% 水平以上显著成立,由 R^2 数值可知方程的拟合度也较高,而且回归方程的解释变量流通股本、发行价的显著性水平达到 99%,说明流通股本与发行价是影响首日收盘价的主要因素。

当天收盘价与流通股本之间呈负相关关系,假设其他变量不变,流通股本增加 1%,收盘价将减少 $7.1 \times 10^{-5} \times$ 流通股本%,或者表述为流通盘每提高 1 000 万股,首日收盘价下降 7.099 7%。与小盘股比较,虽然同为负相关,但负相关程度有所降低,说明随着流通盘的增大,流通盘大小对首日定价的影响在下降。

收盘价与发行价是对数形式的正相关关系,假设其他变量不变,发行价每提高 1%,收盘价将上升 0.861%,二者有较高的正相关关系。与小盘价比较,中盘股的发行价对收盘价的影响进一步提高,而发行价与税后利润有关,故中盘股的定价较小盘股更看重当前的利润,而不是股本扩张能力。

在中盘股中,当天指数对收盘价的影响不明显。说明中盘工业类个股的收盘价受指数的影响较小,随着流通盘的增长,其稳定股指的作用越来越强。中盘股首日定价与指数的关系显示,在指数高位上市的股票不会有长期的弱市,至少长期表现要好于小盘,股票的定价有一定抵消系统风险的能力。

从回归方程可以看出,每股预期收益与收盘价的自然对数有弱的负相关关系。这一结论似乎与人们传统的理解不一致,即每股税后利润与上市首日收盘价不会呈负的相关关系,但这一结论可以解释为预期的税后利润越高,投资者的怀疑程度越大,投资者把税后利润的信息不对称风险考虑进来了。

3. 大盘股回归方程分析,具体情况如下:

$$CLOP = -14.042 + 1.546 ISSP + 1.807 \ln INDEX - (1.58 \times 10^{-6}) NNSH$$
$$(-0.769)\ (7.839)\quad (0.721)\qquad\qquad (-0.343)$$
$$- (0.6) EAPS$$
$$(-0.206)$$

$R^2 = 0.893$,调整后的 $R^2 = 0.868$,F 值 $= 8.946$

根据 F 统计值,我们可以判定回归方程总体线性在 99% 水平以上是显著的,由 R^2 数值可知,方程的拟合程度也较高。但注意到回归方程中解释变量除发行价显著性水平超过 95% 以外,其他三个解释变量对收盘价的影响都不显著,因此重新构造拟合方程如下:

$$CLOP = -12.685 + 1.538\ ISSP + 1.593 \ln INDEX$$
$$(-0.746)\ (11.355)\qquad (0.686)$$

$R^2 = 0.892$,调整后的 $R^2 = 0.881$,F 值 $= 78.387$

从新构造的回归方程来看,虽然方程拟合度没有明显的提高，但是 F 值进一步提高，表明剔除两个解释变量后的方程显著性大大提高。新回归方程的解释变量中，当天指数显著性水平仍然较低，表明上证指数对首日收盘价的影响不明显，这一点与小盘股，中盘股的情况不一样。其原因是大盘股具有定价偏低的特点，主要考虑到大盘股炒作所用的资金巨大，股本扩张的潜力不足，因此，即使指数高企，也不一定能获得一个高的定价。还有一个原因是中国股市目前没有股指期货，因此大盘股对股指的杠杆效应没有体现出来，所有这些都导致大盘股的定价对指数不敏感。因此，投资大盘股是一个有效规避指数风险的方法之一。据统计，2002 年上市流通盘上 2 亿以上的大盘新股，即使以开盘价买入，随后的股价走势都为其提供了良好的获利机会，在指数下跌的过程中，大盘股是最能抗跌的板块，这一结果支持了模型的结论。

从回归方程可以看出，首日收盘价与发行价之间呈正相关关系，假设其他变量不变，发行价每上升 1 元，收盘价将上升 1.538 元。这意味着发行价对收盘价具有决定性的影响，可能的解释是对大盘股的定价主要考虑一级市场的投资者收回其机会成本，而盈利能力如何，指数高低以及流通股大小影响较小。而目前大盘股的上市首日定价相对于发行价有一个稳定的初始回报率，也说明发行价对大盘股定价的影响。

在新的回归方程中每股税后利润大小对收盘价影响不大，说明投资者的投资理念中没有蓝筹股的概念，原因是大盘股价格低，现金分红少，甚至不分红，税后利润高低并不直接导致投资者的股利增加，导致了税后利润对收盘价影响不明显。

7.3.4 小　　结

本章考察了三组样本股票的上市首日定价的影响因素，从相关性和线性回归模型可以看出，影响其定价的最主要解释变量为发行价、上证指数、每股预期收益与流通股本的大小。随着流通盘的增加，四个解释变量的解释能力体现出一定的差异性，说明这四个变量对三组样本收盘价的影响不一样。

发行价对三组样本都具有显著的解释力，而且随着流通股本的增大，产业由新技术向传统产业变化，其解释力逐渐增加，对首日定价的影响越来越显著。随着新技术含量的下降，上市首日定价相对于发行价的涨幅越来越小，同时稳定性越来越大。其原因可以解释为流通盘越大，一级市场的投资者急于收回资金的成本和申购的超额利润确认，随着流通盘的增加，二级市场上投资者推高股价的能力越来越弱，流通盘越大，股本的扩张潜力越小。因此，新技术企业的融资能力要明显高于传统产业。

上证指数的影响表现为随着流通盘越来越大，指数对收盘价的影响越来越弱，在大盘股样本中，指数几乎没有什么影响。这一结论表明，从二级市场上的投资者来说，最应该回避的是在指数高企时候的小盘高科技类股票，在二级市场上会随着指数的回落走出一个长期弱市。同时，大盘股由于对指数的高低不甚敏感，故从投资的角度来讲，可以在一定程度上回避指数造成的系统性风险，从市场的角度可以作为稳定大盘的工具，克服中国股市波动幅度大的特点，这一结论与当前的政策取向是一致的。这一结论显示，新技术企业的定价更依赖于资本市场的繁荣程度，而传统产业与指数的关联度较小。

　　流通股本的大小对首日定价的影响体现在流通股本越小,首日定价越高;流通盘越大,上市首日定价越低。其原因是投资者看重股本的扩张潜力以及再融资能力,由于坐庄所需的资金少,上市首日机构投资者介入小盘高新技术股的可能性要大于大盘股和中盘股,故小盘股的上市首日更可能获得一个高的定价,其含义是首发与再融资效率高。

　　每股税后利润对三组样本的影响都不明显,这与其他几个解释变量不一样。这一现象有两个方面的解释:(1)在没有放开发行市盈率的时代,由于发行价按一定的市盈率水平确定,故税后利润影响体现在发行价中,同时,从前面相关性分析中可知,三组股本发行价与每股税后利润都有较高的线性相关关系。(2)中国股市一直没有绩优蓝筹股的概念,投资者获得的现金股率很少,甚至根本没有现金分红。体现在定价模型上,就表现为税后利润对首日定价影响不大,模型的结论支持了这一经验的假设。观点的多样性无法在中国资本市场上得到检验,其原因是成熟产业也没有经验数据,故高新技术的观点多样化在中国资本市场更容易克服。

第八章

中国金融系统稳定性的最优福利解释

金融系统的稳定性与脆弱性之间,有着密切的联系,也存在差别。差别主要体现在西方的文献研究中,金融系统的稳定性对应着该系统中的竞争,金融脆弱性主要研究银行业流动性问题。然而更多的时候可以理解为,金融系统稳定意味着金融不脆弱,金融系统脆弱意味着金融不稳定,金融系统不稳定与脆弱可能导致金融危机,但这不等于金融危机,金融危机会造成极为严重的、破坏性的后果,可以表现在金融领域、经济的各个方面甚至社会的其他方面,而中国金融系统稳定性有独特的特征,本章将分析中国在这方面的特征与福利经济含义。

8.1 引 言

所谓金融脆弱性,被定义为对微小冲击的过度敏感性,指对流动性需求相对较小的冲击会给资产价格的波动和违约的概率带来实质的影响,而资产价格的波动和银行违约会给均衡的分布和个体的福利带来真实的影响；此外，这些真实的影响在引发其流动性冲击变得无穷小时仍然是实质性的。如果定义 ε 为一个流动性冲击，那么在 ε 趋于零时的极限中，资产价格的波动是不等于零的，小的冲击带来了与之不相称的大的影响，则这一金融系统是脆弱的。

Diamond 和 Dybvig（1983）认为银行体系脆弱性主要源于存款者对流动性要求的不确定性，以及银行的资产较之负债缺乏流动性之间的矛盾。另一方面，金融市场上的脆弱性主要被认为是来自于资产价格的波动性及波动性的联动效应（Jorion 和 Khoury，1996），我们这里要考察的金融脆弱性指银行体系的脆弱性，这里关注的金融危机也意指银行危机。

如何理解金融危机呢？我们假设消费者具有随机的时间偏好，来对流动性偏好建立模型。有3个时期，$t=0，1，2$，其中合约在时期0签订，所有的消费发生在时期1和时期2。有两种类型的消费者，前期消费者，他们仅仅重视在时期1的消费；后期消费者，他们仅仅重视在时期2的消费。消费者在时期0都是相同的，并且在时期1开始就知道他们的真实类型，"前期"或"后期"。如果在时期1的点上，因为某种原因，出现了一个流动性冲击，导致了时期2的消费者提前在时期1取款，放大了流动性需求，并远远大于银行所能提供的流动性供给，于是，单个的银行挤兑发生了。当银行业恐慌波及开了，随之一系列银行同时发生挤兑，此时，金融危机便发生了。银行别无选择地变现资产，资产价格也急速下降，这一暴跌进一步恶化了私人部门的资产负债表，于是，整个系统危机便会发生。

金融危机由来已久，且持续不断。16世纪欧洲银行家对国王贷款风潮的破灭,18世纪英国南海泡沫和法国密西西比泡沫影响深远,美国在1819年至1907年间发生了11次较大规模的金融危机,20世纪30年代的大萧条更是史无前例。据Lindgren、Garcia和Sala(1996)的统计,1980~1996年,共有133个IMF成员国发生过银行部门的严重问题或危机,Honohan(1996)称20世纪末发生的金融危机的频度和规模是"史无前例的"。这里还有一个值得一提的特别案例,关于日本20世纪90年代以来的衰退,长期以来日本银行业存在问题,实体经济也低靡,但日本的银行危机却没有爆发也不见资产质量改善,这是一个值得思索的问题,关于日本银行业的讨论,Rishi Goyal和Ronald Mckinnon(2003),Nobuhiro Kiyotaki和John Moore(2003),作了精彩的论述。

金融危机是每一个国家都不愿遭遇的事件,因为它的负面效应太大,比如金融机构经营困难、加重财政负担、降低货币政策效率、影响经济增长等。Sala(1996)发现,1975~1994年,没有发生银行危机的国家的经济几乎一直在增长,而发生银行危机的发展中国家在危机后5年中的经济增长慢至仅1.3%。Edward J. Frydl(1999)计算了银行危机对经济增长的影响(见表8-1)。然而,比较金融系统的文献(Allen和Gale,2000)却强调金融危机是坏事,也是好事,人为阻止挤兑的发生,从福利经济的角度讲不是最优的,这给金融危机的研究提供了新的视角(见表8-1)。

那么,中国金融系统的稳定性与脆弱性又如何呢?中国的金融危机存在吗?接下来,我们将在第二节对我国金融脆弱性做一个侧重流动性方面的基本测评;在第三节重点讨论中国呈现某些特征的原因;在第四节里,我们会分析中国这一问题的演化趋势并做简要总结。

表 8-1　　银行危机对经济增长的影响

危机持续时间(年)	发生危机国家数	i 危机期间平均 GDP 增长率	ii 危机前 10 年平均 GDP 增长率	增长率之差 ii - i
1	17	3.18	2.86	-0.32
2	9	2.01	4.34	2.33
3	7	-0.93	2.60	3.53
4	6	-0.50	2.62	3.12
5	4	3.11	4.58	1.47
6	1	2.25	5.16	2.91
7	2	2.84	7.06	4.22
8	1	2.64	1.19	-1.45
9	1	2.79	5.42	2.63
10	1	2.47	2.54	0.07

资料来源：Edward J. Frydl, (1999)。

8.2　中国金融系统稳定性测评

8.2.1　中国金融系统稳定性测度

我们将对中国银行业做一个基本指标的测度。在此,我们选取了银行资本充足率、不良贷款率、存贷款比例、存款结构、贷款结构、利润状况、资产利润率等系列核心指标,意在反映中国银行业的抗风险能力,尤其是其发生流动性风险的可能性,从而考察中国银行业的稳定性与脆弱性状况(见表

8-2、表8-3)。

表8-2 我国国有独资商业银行资本充足率状况
(1995~2001年)   单位:亿元

年份	资本总额	资产总额	资本充足率
1995	32 875.30	49 945.70	4%
1996	42 122.28	59 470.50	3%
1997	51 220.53	72 134.50	3%
1998	60 378.85	82 592.20	5%
1999	69 324.91	91 763.00	4%
2000	76 945.23	98 388.90	5%
2001	87 509.53	103 248.70	5%

资料来源:《中国金融年鉴》(1995~2002年);中国人民银行2001年报。

表8-3 国内外银行总资产风险承载水平
(2000年)

银行名称	资本充足率(%)	资产(1)	贷款占资产比重(%)	不良贷款率(%)
四大国有商业银行平均	≤5	11 858 330	59.0	25.37 (2)
香港汇丰银行	13.20	1 761 970	37.0	5.2
花旗银行	11.23	902 210	41.0	1.9
德意志银行	12.60	940 033	40.0	1.4
渣打银行	14.00	102 280	51.0	4.8
美洲银行	11.56	260 159	61.0	1.0

资料来源:各银行2000年年报(1)四大国有商业银行数据单位百万元人民币,汇丰银行为百万港元,其他银行为百万美元。(2)2003年底四大国有商业银行平均不良贷款率降到17.8%。

从表 8-2 和表 8-3 看出,我国国有商业银行的资本充足率长期维持在 4% 左右,最高没有超过 5%,甚至在 1996 年和 1997 年这一指标仅有 3%;与西方国家的几家银行相比,相距甚远,要达到巴塞尔协议要求的 8% 的水平尚有一段路要走(见图 8-1)。

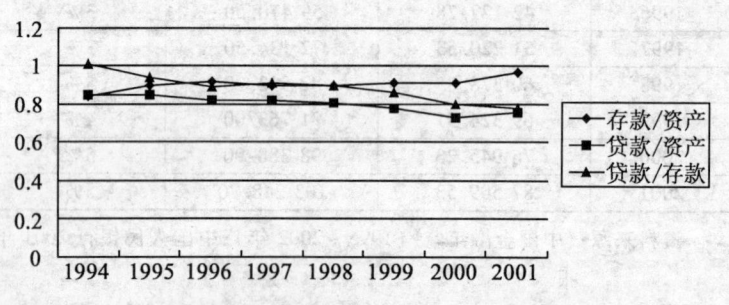

图 8-1

资料来源:《中国金融年鉴》(1994~2002 年)。

并且,我国国有商业银行的不良贷款率,2000 年平均为 25.37%,2003 年有所改善,降到 17.8%,但仍然大大高于国外商业银行的水平(见表 8-4、表 8-5)。

表 8-4　　　　我国各类金融机构存贷款情况
（1995~2004 年）　　　　单位:亿元

年份	存款总额	贷款总额	资产总额	存款/资产	贷款/资产	贷款/存款
1995	53 862.2	50 538.0	59 699.4	0.90	0.85	0.94
1996	68 571.2	61 152.8	74 466.7	0.92	0.82	0.89
1997	82 390.3	74 914.1	91 774.2	0.90	0.82	0.91

续表

年份	存款总额	贷款总额	资产总额	存款/资产	贷款/资产	贷款/存款
1998	95 697.9	86 524.1	106 411.9	0.90	0.81	0.90
1999	108 778.9	93 734.3	119 872.0	0.91	0.78	0.86
2000	123 804.4	99 371.1	135 434.0	0.91	0.73	0.80
2001	143 617.2	112 314.7	147 826.8	0.97	0.76	0.78
2002	170 917.4	131 293.9	204 371.1	0.84	0.64	0.77
2003	220 363.5	169 771.0	244 016.6	0.90	0.70	0.77
2004.11	252 638.7	186 436.8	272 328.2	0.93	0.68	0.74

资料来源:《中国金融年鉴》(1995~2003年);中国人民银行2004年统计数据。

我国各类金融机构信贷情况

表8-5 　　　　　　　　　(1994~2001年)　　　　　　　　单位:亿元

年份	存款总额	贷款总额	资产总额	存款/资产	贷款/资产	贷款/存款
1994	40 472.5	40 810.1	47 958.9	0.84	0.85	1.01
1995	53 862.2	50 538.0	59 699.4	0.90	0.85	0.94
1996	68 571.2	61 152.8	74 466.7	0.92	0.82	0.89
1997	82 390.3	74 914.1	91 774.9	0.90	0.82	0.91
1998	95 697.9	86 524.1	106 411.9	0.90	0.81	0.90
1999	108 778.9	93 734.3	119 872.0	0.91	0.78	0.86
2000	123 804.4	99 371.1	135 434.0	0.91	0.73	0.80
2001	143 617.2	112 314.7	147 826.8	0.97	0.76	0.78

资料来源:《中国金融年鉴》(1994~2002年);中国人民银行2003年统计数据。

表 8-4 反映出我国国有独资商业银行 1995~2004 年间，存款相对于资产的比例在不断上升，贷款相对于资产的比重围绕 0.62 小幅波动，贷款/存款这一指标总体上趋于下降。而在表 8-5 和图 8-1 中，我们更清楚地观看到我国银行业的整体状况，存款相对于资产的比例从 1994 年的 0.84 上升到 2001 年的 0.97，贷款相对于资产的比重一路下跌，从 1994 年的 0.85 到 2001 年的 0.76，贷款/存款也从 1994 年的 1.01 一路跌到 2001 年的 0.78。对这一图景明确的表达就是，我国银行业在此期间出现"吸存"与"惜贷"并存的局面，且越来越突出（见表 8-6）。居民在不断将钱存入银行，银行却拿着有成本的钱难以贷出去，这一现象在近年来也引起各界的广泛关注（见图 8-2）。

我国各类金融机构贷款结构

表 8-6　　　　　（1995~2004 年）　　　　单位：亿元,%

年份	各项贷款	短期贷款		中长期贷款		信托及其他类贷款	
		绝对额	比重	绝对额	比重	绝对额	比重
1995	50 538.0	—	—	10 140.8	20.1	—	—
1996	61 152.8	—	—	12 153.6	19.9	—	—
1997	74 914.1	55 418.3	74.0	15 468.7	20.6	4 027.1	5.4
1998	86 524.1	60 613.2	70.1	20 717.8	23.9	5 193.2	6.0
1999	93 734.3	63 887.6	68.2	23 968.3	25.6	5 878.4	6.2
2000	99 371.1	65 748.1	66.2	27 931.2	28.1	5 691.8	5.7
2001	112 314.7	67 327.2	59.9	39 238.1	34.9	5 749.4	5.2
2002	131 293.9	74 247.9	56.6	48 642.0	37.0	8 404.0	6.4
2003	169 771.0	87 397.3	51.5	67 251.7	39.6	15 121.4	8.9
2004.11	186 436.8	90 650.1	48.6	78 892.9	42.3	16 893.8	9.1

资料来源：《中国金融年鉴》(1995~2003 年)；中国人民银行 2004 年统计数据。

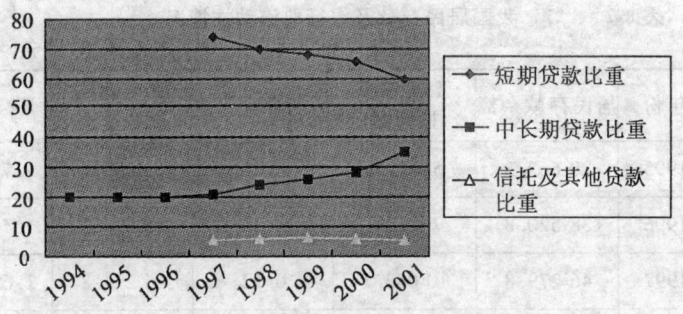

图 8-2

资料来源:《中国金融年鉴》(1994~2002年);中国人民银行2003年统计数据。

表8-6和图8-2反映的是我国各类金融机构1994~2001年间的贷款结构演变情况。趋势非常明显,短期贷款占总贷款的比重在不断下降,中长期贷款比重一路上升,从1994年的19.7%到2001年的34.9%,这两类贷款可以说在数年间发生了某种质的改变(见图8-3)。这意味着金融系统中资金流动性大大下降,资产变现能力下降,贷款的收回风险增加(见表8-7)。

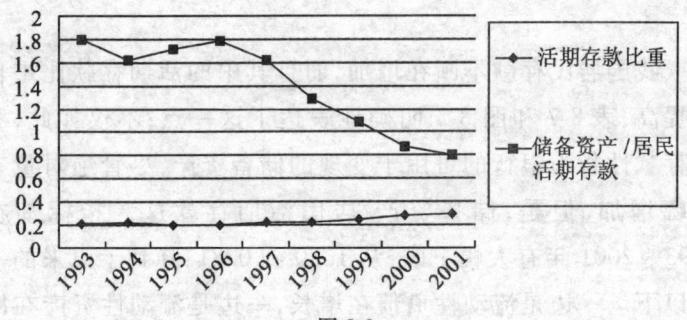

图 8-3

资料来源:《中国金融年鉴》(1993~2002年);中国人民银行2003年统计数据。

表 8-7 　　我国居民存款及银行业流动性情况
（1995～2004 年） 　　单位：亿元

年份	居民存款余额	I 其中活期存款	活期存款比重	II 流动性储备资产	II／I
1995	29 662.3	5 884.1	0.20	10 095.6	1.72
1996	38 520.8	7 647.4	0.20	13 694.9	1.79
1997	46 279.8	10 053.1	0.22	16 274.8	1.62
1998	53 407.5	11 615.9	0.22	15 005.8	1.29
1999	59 621.8	14 666.7	0.25	15 919.1	1.09
2000	64 332.4	18 190.7	0.28	16 082.2	0.88
2001	73 762.4	22 327.6	0.30	18 065.2	0.81
2002	86 910.7	28 121.7	0.32	20 281.5	0.72
2003	110 695.3	36 218.2	0.33	31 600.9	0.87
2004.11	124 321.7	41 858.5	0.34	32 035.0	0.77

资料来源：《中国金融年鉴》（1995～2004 年）；中国人民银行 2004 年统计数据。

我国居民存款不断在增加，而且其中的活期存款比重也在提高，表 8-7 和图 8-3 明确地表达了这一点；不仅如此，我国存款性货币银行的可用于变现的储备资产，尽管绝对量有小幅增加，但是，储备资产/居民活期存款这一指标却在 1993～2001 年有大幅下跌，从 1.80 到 0.81，降到了原来的一半以下。一边是流动性负债在增长，一边是流动性资产在减少，我们可以明显感受到银行业的流动性状况在恶化（见表 8-8、图 8-4）。

表 8-8　　国有独资商业银行的利润变化情况
（1990~2001年）

年份	银行税前利润（亿元）				
	合计	中国工商银行	中国农业银行	中国银行	中国建设银行
1990	225.34	132.50	12	61.61	19.23
1991	1 710.54	1 592.41	16	83.33	18.80
1992	298.49	161.47	19	102.32	15.70
1993	208.34	82.18	27	98.39	0.77
1994	109.48	46.43	5.26	54.25	3.54
1995	255.45	46.69	43.40	104.00	61.72
1996	269.00	58.10	46.81	115.76	48.33
1997	108.29	30.51	7.86	58.74	11.18
1998	77.05	34.52	-9.13	35.22	16.44
1999	282.46	168.94	-3.55	43.41	73.66
2000	320.78	173.57	2.97	59.41	84.83
2001	230.08	58.88	11.23	108.05	51.92

资料来源：《中国金融年鉴》（1990~2002年）；中国人民银行2001年报；中国人民银行2001年版。

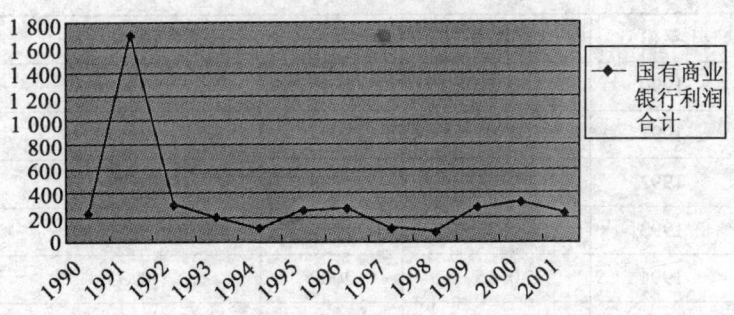

图 8-4

资料来源：《中国金融年鉴》（1990~2002年）；中国人民银行2001年报。

表8-8与图8-4描绘的是国有商业银行1990～2001年的利润变化情况。20世纪90年代初期,由于严重的垄断效应,四大国有银行的利润净额还比较高;但在1997年之前,整体呈现为利润下降态势;在1997年后四大国有银行的利润总额有所回升,但也主要得力于中国工商银行和中国银行的拉动,中国农业银行的利润状况在1997年后还存在恶化态势(见图8-5、表8-9)。

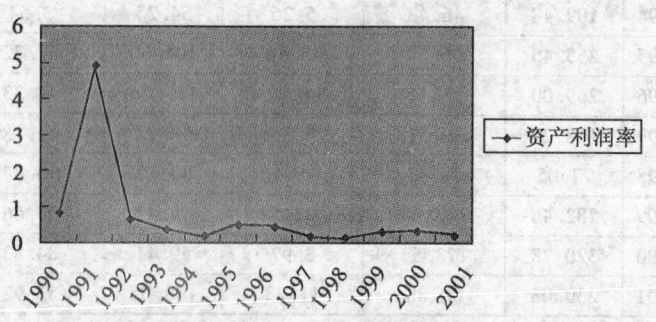

图8-5 独资商业银行的资产利润率情况(1990～2001年)

表8-9　　　　　　　资产利润率

年份	资产利润率(%)	年份	资产利润率(%)
1990	0.79	1996	0.45
1991	4.91	1997	0.15
1992	0.66	1998	0.09
1993	0.36	1999	0.31
1994	0.15	2000	0.33
1995	0.51	2001	0.22

资料来源:《中国金融年鉴》(1990～2002年);中国人民银行2001年报。

第八章　中国金融系统稳定性的最优福利解释

我们还进一步分析了中国国有商业银行的盈利能力,图 8-5 和表 8-9 表现出了其 1990～2001 年的资产利润率变化状况。这一指标也与前面利润总额的情况达到了一致性,国有银行的资产利润率在 1998 年跌到最低点,仅为 0.09！中国的储蓄者在面对银行如此低的盈利能力时,是如何保持他们对银行的信心的,对此我们将在本章第三节加以详细探讨。

通过上面一系列数据、指标和分析,我们所面对的现实是:中国银行业资本充足率很低、不良贷款率很高、吸存惜贷、流动性水平在下降、盈利能力不理想。毫无疑问,这里面掩藏了严重的不稳定因素,这就是关于中国金融系统稳定性与脆弱性问题。

关于中国金融稳定性与脆弱性的测量研究,目前,有代表性和系统性的要数伍志文和毛一文。伍志文(2002)做了中国问题的实证,毛一文(2002)完善了指标体系。

伍志文(2002)就我国银行体系脆弱性状况的测度进行了初步的定量和定性分析,并运用最小二乘法、Probit 模型、Logit 模型三种方法,选用 21 个指标就银行体系脆弱性状况的成因进行了量化分析。该研究发现财政赤字/GDP、通货膨胀率、进口增长率、固定资产投资增长率、1 年期流动贷款利率、存贷款利差、ΔV_2 等几个指标对银行体系脆弱性状况有着比较明显的影响。该研究还做了回归分析,但出现了与西方学者的研究成果完全相反的结论,比如中国的不良贷款与自有资本/资产比率呈反向变动,与储蓄存款/资产比率成正相关等。对反常结果没有做确定性的解释,可能的推测为:(1)与数据来源有关;(2)源于中国银行体系的特殊性,例如现阶段我国行政金融特征,经济金融转轨阶段,制度因素比市场因素发挥着更加重要的作用,产权制度等制度因素对银行脆弱性的影响等。

尽管伍志文(2002)未对深层次原因做出详细讨论,但该研究在对中国金融脆弱性的测量方面却是具有开创性的。并且,他对中国金融脆弱性的判断,与本书对此问题的测评,也取得了一致。那么,到底是什么导致了中国金融系统本质上的脆弱性或者称其为稳定性隐患呢?

8.2.2 原因探讨

银行与企业及个人的信息不对称,是金融脆弱性的内在原因;但这种信息不对称,主要是源于外部的缺陷,比如中国作为转轨中的发展中国家,国有企业严重依赖银行,银行自身管理不善,改革对银行的期望与要求过高过大,贷款人的约束和信用缺乏等。

(一)银行自身不够完善,尤其是制度不健全

银行业国有控股,产权主体虚置(江春,2000)。目前我国国有商业银行在商业银行体系中占主导地位,我国现有四大国有独资商业银行的资本金全部由国家财政承诺或拨付,国家拥有100%的股权,国有商业银行在一定程度上代表着国家信誉。我国现有全国性股份制商业银行共11家,其控股股东或主要股东基本是全国或地方性大中型国有企业。我国地方性商业银行主要包括由各地的城市信用社改制而成的城市商业银行(或农村商业银行)以及各地其他存款机构,这些商业银行尽管股权结构比较复杂,但有一个共同点,就是主要股东都是当地政府相关单位或当地的国有大中型企业。因此,总体而言,我国商业银行产权虚置问题严重。

公司治理框架很不健全,机制不完善。由于长期以来受计划经济的影响,我国的国有独资商业银行一直保持着浓厚的行政色彩,可以说是一个行政化的机构。在这种体制背景下,我国国有独资商业银行的公司治理结构还很不健全,如股东会和董事会尚未建立,监事会也是由原中央金融工委派驻。在现有的体制和公司治理条件下,一方面是国有独资商业银行的高级管理人员由政府任命,另一方面将控制权授予了经营管理人员,而国有独资商业银行的剩余索取权属于国家。在信息不对称严重,并缺乏有效监督的条件下,由于经营管理人员对银行资产具有较大的自主权,所以很容易出现内部人控制问题,进而产生严重的道德风险。

缺乏有效的激励和约束机制。由于我国国有独资商业银行行政化特点,所以对其业绩的考核也存在很大的缺陷。同时,由于国有独资商业银行中控制权与剩余索取权严重分离,银行经营管理者的工资基本上按照国家规定,而其他一些收入的发放可能在某种程度上偏离其业绩。在业绩考核不够科学、薪酬发放还不够规范的条件下,很难形成有效的激励机制。

(二)国有经济严重依赖国有银行,且缺乏约束机制

国有企业是我国经济体系的主体,也是我国金融机构的最主要客户。长期以来,国有商业银行与国有企业之间形成了一种资金供给关系。同时,我国资本市场不发达,致使国有企业筹资渠道单一,大中型国企80%的资金来源于银行贷款,平均资产负债率高达70%以上,表8-10、表8-11对中国企业资金来源结构有一个反映:

表 8-10　　　　　　　中国企业资金来源结构　　　单位：10 亿元，%

年份	1995		1996		1997		1998	
银行贷款	1 014	88%	1 114	83%	1 140	77%	1 152	83%
直接融资	138	12%	232	17%	340	23%	243	17%
股票	15	1%	43	3%	129	9%	83	6%
债券	22	2%	27	2%	25	2%	15	1%
短期融资券	101	9%	163	12%	186	13%	144	10%
企业融资总量	1 152	100%	1 346	100%	1 480	100%	1 395	100%

资料来源：《中国金融统计》(1996~1999 年)。

表 8-11　　　　　中国非金融企业部门融资比例　　　单位：亿元

年份	2000 年	2001 年	2002 年
金融市场融资总量	17 163	16 555	24 233
其中：贷款	12 499 （占 72.83%）	12 558 （占 75.86%）	19 228 （占 79.35%）
国债	2 478 （占 14.44%）	2 598 （占 15.69%）	3 718 （占 15.34%）
企业债	83 （占 0.48%）	147 （占 0.89%）	325 （占 1.34%）
股票	2 103 （占 12.25%）	1 252 （占 7.56%）	962 （占 3.97%）

说明：指住户、企业、政府部门，不包括金融机构。

资料来源：《中国金融统计》(1996~2003 年)。

国有企业影响我国金融脆弱性的原因主要在于：一是企业往往视银行的钱为国家的钱，使用贷款不讲效率，信用意识淡薄；二是国有企业大面积地经营管理不佳，亏损面大，银行因此而承担的呆账坏账很多。梁媛（2002）也通过对

1981~2000年相关数据的回归分析证实,国有企业的预算约束行为对银行体系风险的影响是显著的。

(三)政府在经济改革中对银行的不合理期望和要求

一个垄断的国有银行组织当然满足了政府分配和控制金融资源的利益偏好,于是,国有银行承担并积累了大量经济体制改革转嫁过来的风险。

国家作为国有银行公共产权的代表,根据自己的意志,利用行政手段赋予了国有银行较多的政策性业务,使得国有银行有了很强的社会属性。即便专业政策性银行成立并运转以后,这种政策性业务负担对于国有商业银行来讲,仍然是巨大的。地方与中央以各种形式分割着金融资源,对其进行着不合理干预与控制,期望并要求银行承担经济改革所带来的风险。

在第二章中,我们讨论了政治力量对金融系统发展、演化乃至逆转的作用原理,同样在我国也明显地看到了政治因素的巨人效应,不同的是,我国不但是金融垄断者拥有着优势,而且,国有经济的既得利益者以更大的政治力量,影响着金融部门的资源配置。

(四)银行业监管不力

在监管理念上,习惯于计划性、行政性的管理模式,尚不适应市场经济发展的要求;同时,对金融机构正常的业务创新与违规经营区分不清,抑制了银行的生机。在监管体制设计方面,长期缺失,直到2003年才成立了银监会。对银行财务监管的内容上,偏重业务范围,轻视安全性和盈利性。这可以从监管当局对银行检查评级的考核指标中反映出来(见表8-12)。虽然信贷规模和经营业务合法性也成为考察对象,但其着眼点不是经营安全,而是对经营范围的限制。

表 8-12　　中美两种银行检查评级考核指标对比

CAMEL 体系	中国的评价体系
资本充足性 20%	资本充足性 5%
资产质量 20%	资产质量 20%
管理水平 20%	经营管理状况 15%
收益状况 20%	盈利水平及其分配 10%
流动性 20%	负债清偿能力 15%
—	信贷规模适度 10%
—	经营业务合法性 25%

（五）法治理念和信用文化的缺失

LLSV(1997,1998,2000)的研究表明,法律与金融系统的形成有着密切的联系,法国式罗马法制度的国家为投资者提供相对弱的法律保护,对应于窄小的资本市场。Qian(2000)发现,与 LLSV 中的国家和 Levine 的样本相比,中国的法律制度还要远落后于他们。中国的法律法规的确很不健全,不但不能满足发展资本市场的需要,而且就保护银行(中介)的利益或保障存款人的利益也难以充分实现,银行被迫长期背负着大量不良资产。我国迄今还没有一部统一的金融法律,而各法律、法规、条例混乱并经常冲突。如企业破产兼并政策与《担保法》关于担保追索权问题就有冲突。并且,法律法规执行难,往往胜诉后仍然得不到执行,造成诉诸法律无实效。

信用文化的内涵包括债务人的偿债意愿、偿债意识、偿债行为、偿债记录和违约惩罚等。信用文化的实质是债务人与债权人之间的一种默契,即彼此均对对方负有责任和义务。而信用文化缺失是中国金融业面临的严峻问题。《财经时报》2001 年 6 月 6 日报道,截至 2000 年末,在工、农、中、建、交五大银行开户的改制企业 62 656 户,涉及贷款本息

5 792亿元,其中有逃废债企业32 140户,占51.29%,逃废贷款本息1 851亿元,占31.96%。

8.3 中国金融系统稳定的福利解释

8.3.1 中国的特征与悖论

中国金融系统本质上是脆弱的或者称其为存在稳定性隐患,如果按照西方关于银行流动性和金融危机的经典理论判断,当流动性冲击发生的时候,会发生银行挤兑,接着出现传染,于是爆发危机,中国应该会引发或发生过金融危机。但事实告诉我们,中国没有。当然,我们应该将银行挤兑或恐慌与银行危机区分开来(前者是单个和独立的,后者是一个系统性事件),中国也曾发生过银行挤兑,尽管非常罕见,主要指海南发展银行倒闭和农村合作基金会的清理整顿事件。下面,我们就这两个案例做一下回顾。

海南发展银行于1995年8月开业,据1997年《海南年鉴》称,该银行收息率为90%,未发生一笔呆滞贷款。1997年12月16日,中国人民银行批准,宣布关闭海口市人民城市信用社等5家违法违规、并已不能支付到期债务的城市信用社,其债权债务由海南发展银行托管。海南省其余29家信用社除一家仍独立经营外,全部并入海南发展银行。1998年春节过后,不稳定的因素开始出现了。于是,挤兑开始在海南发展银行出现了。为了应付越来越多的挤兑者,海南发展银行一些营业部又开始高息揽储,但有过取款痛苦的人们,也没有再将钱存入的念头和举动;海南发展银行只得加大向债务人讨债的力度,但归于无效;1998年5月,海南发展银行又在深圳设立分行揽储,但一切并未如人愿。1998年6月21日,中国人民银行发出公告:"鉴于海南发展银行不能及时支付到期债务,决定1998年6月21日关闭海南发展银行,对海南发展银行进行关闭清算;指定中国工商银行托管海南发展银行的债权债务。"

关于中国农村合作基金会的案例,温铁军(2000)的研究将其划分为:萌发阶段(1984~1986年)、改革试验阶段(1987~1991年)、高速扩张阶段(1992~1995年)、整顿发展阶段(1996~1998年)和清理关闭阶段(1999年1月以后)。20世纪90年代,乡镇企业迅猛发展,但1995年以后的3年全国出现中小企业经营困难,甚至破产。各地农村合作基金会普遍面临坏账累积,利息负担沉重,流动性危机突显的问题。1999年1月国务院宣布全国统一取缔农村合作基金会。

以上我们追述了发生在中国的仅有的两起挤兑(我们姑且将基金会与商业银行放在一起),但我们想再次强调的是,这仅仅是独立的挤兑行为,尽管发生了流动性冲击,但并未导致传染或金融系统层面的一致行动,我们依然可以判断,中国是没有出现过金融危机的。而且,我们也普遍地感受到,目前中国的金融系统仍然是相对稳定的,至少在短期内,没有发生危机的可能。

那么,这儿显然存在一个饶有意味的悖论:中国金融系统是脆弱的,但中国却并未出现金融危机且还比较稳定。到底应该如何理解呢?

8.3.2 对悖论的解释

(一) 国家声誉

在第二节中,我们分析了我国银行业流动性状况,我们看到,我国银行业平均资本金充足率长期地远远没有达到巴塞尔协议规定的8%的底线,然而,中国却基本上没有爆发流动性危机。我们将这一问题的首要原因归结为国家声誉的存在,它使得存款和资本金实现"沟通"或可称其为"合谋",也即国家声誉使得存款充当了弥补资本金不足的角色。关于国家声誉和存款如何弥补了资本金,张杰(2003)[①]对该问题作了精彩的论述:

设:E代表资本金,r_s表示国家声誉,D表示存款。在国家声誉"入股"的场合下,国有银行的资本结构可以刻画为:

$$E = r_s \cdot D$$

若国家声誉"入股"是充分的,即$r_s = 1$,则$E = D$,意味着存款完全充当了资本金。如果此时净资本为负,国有银行也能正常运营。但如果国家声誉退出($r_s = 0$),即$E < 0$,则国有银行就如同一般商业银行,只有选择倒闭。

"正是国家声誉与居民存款的绝妙组合才构成国有银行特殊而完整的资本结构,既然如此,保持存款的增长也就等于维持国家的声誉。"张杰(2003)还研究了国家面临国有银行信贷失败导致的金融风险压力时将会采取信贷约束,从而必然出现存差,存差又作为超额准备金充当资本金角色。国家把从信贷约束挤出来的风险十分巧妙地转移到国有银行的存款安排之上,因此,存差蕴藏了深刻的风险内涵,它既是处理由信贷约束挤出的风险的装置,又承担着维护国家声誉的义务。"从根本上说,国有银行信贷行为与存款行为的分离均衡是国家控制国有银行的绝妙制度设计(张杰,2003)。"

---

① 有关这一问题更全面的阐述见张杰:《国有银行的存差:逻辑与性质》,载《金融研究》2003年第6期。

我们认为,国家声誉"入股"也即国家担保,即国家保证在银行出现挤兑和危机的时候,出面保护储蓄者的利益。同时,这种担保在社会主义初级阶段,不但对国有独资银行有效,对非银行性储蓄金融机构和股份制商业银行依然有效,因为他们本质上仍然是公有或国家控股。银行国有制固然是大量不良债权产生的重要根源,当金融风险来临时,它同样也是中国广大零散储户信心的源泉。我们可以看到,在其他国家,政府在银行体系出现危机时常常采取将问题银行"短暂国有化"的办法,来增强公众的信心。在中国,大多数居民认为银行倒闭的可能性很小,无论是对是错,大家似乎普遍相信政府会出面挽救破产的银行,尤其是那些大型的国有银行。政府从一开始就承担了向零散储户支付存款的责任。而关于海南发展银行倒闭和农村合作基金会事件,更是国家出面保障了存款人的利益,这也可以想象为什么没有演化成金融危机。

国家声誉与居民存款的默契组合以及中国的银行信贷行为与存款行为的分离均衡,的确是一种绝妙的制度状态。首先,这种制度状态即使不能肯定是国家的事前设计,也可以判断是国家、国有性银行、储蓄者以及其他利益相关者多方参与下的博弈后的事后结论。其次,这种制度状态的巧妙,相对于理想状态而言或许是一种次优选择,但在如今的中国,这种次优选择恰恰是一种最优,因此是一种有利于福利的制度安排。

(二)中介与市场间的壁垒:冒险的约束

强有力的宏观调控是社会主义市场经济的特征,银行业分业经营是国家宏观调控的典型表现。分业经营制度实质上是对银行资产选择的管制,隔离商业银行业务、证券业务与保险业务是其最主要的内容,它是一种银行审慎经营管制手段,也是一种对冒险的约束。

在1993年之前,中国实行的是混业经营制度。1980年国务院下达的《关于推动经济联合的暂行规定》中指出,"银行要试办各种信托业务",同年中国人民银行下达了《关于积极开办信托业务的通知》。20世纪80年代末国家开创了证券的发行市场与流通市场,上海市的几家银行先后设立了证券部,之后各家银行都成立了证券兼营机构。1990年底上海证券交易所成立和1991年初深圳证券交易所成立后,出现了独立于银行的专营证券商。我国商业银行参与证券业务的主要形式是建立全资或参股的证券公司或信托投资公司证券部,从事的主要业务是企业证券的发行、代理买卖和自营。1992年以后,社会上出现了房地产热和证券投资热,大量的银行资金通过国债回购、同业拆借等方式进入证券市场,严重干扰了正常的金融秩序,中国出现了泡沫经济。基于股市投机行为严重、金融市场发育很不完全、缺少有效的监管措施等状况,为减少银行信贷资金的风险、避免金融危机的发生,从1993年7月开始我国大力整顿金融秩序。1993年底,中共中央、国务院及时提出了金融业"分业经营、分业管理"原则,1993年12月25日《国务院关于金融体制改革的决定》对"分业经营"作出了进一步规定。

在承担国家的发展与"向市场经济转型"的双重重大职能的情况下,我国金融业的风险防范优先的政策决定了我国的银证分业架构。从演变过程看,银证分业的政策实际是清理整顿的结果:20世纪90年代初,我国在短短的几年中便初步形成了"混业"的架构:银行可以办证券,证券公司也可以变相通过各种形式从事银行业务,并最终造成了严重的后果,这不是真正的混业,而是证券公司和银行都在从事"混乱"的、无章可循、无法可依、内部缺乏风险控制、外部缺乏有效监管的业务。于是,在后来的清理与规范过程中,通过分业打断银行与证券的资金通道也就成了最简便、也最自然的选择。

考虑到银行破产的巨大成本和金融危机的沉重代价,把商业银行经营活动限定在风险较小的领域,可以压制银行的冒险动机,约束银行的冒险行为,降低银行间的竞争压力,维护金融系统和整个社会的稳定。因此,分业将会提高社会福利水平——至少过去和当前的选择在既有的环境条件下都是最优的福利选择! 现阶段中国资本市场风险非常高,金融法律法规不够健全,因此限制商业银行进入资本市场有利于降低银行资产风险乃至破产风险与危机概率,从而提高社会整体福利水平。

(三)储蓄者行为分析

中国的储蓄者有什么样的行为特征呢? 也即,我们很关心中国投资者的储蓄偏好如何(见图8-6)。2003年7~8月的413份问卷有所反映(关于问卷情况请参见第五章)。我们的问卷问题是:

您是通过哪些方式进行投资的? (可多选)

A. 储蓄　B. 保险　C. 债券　D. 股票　E. 基金、信托　F. 外汇　G. 期权、期货　H. 黄金、白银等其他交易。

该题的统计方式比较特殊,我们将样卷上的A~H八个选项分成了两个部分,其中A~C为无风险和低风险资产,D~H为高风险资产。1表示在A~C选择两项或以上并且在D~H中选择一项或以上;2表示A~C 1项,D~H 1项;3表示A~C 0项,D~H 1项;4表示A~C 2项,D~H 0项;5

第八章 中国金融系统稳定性的最优福利解释

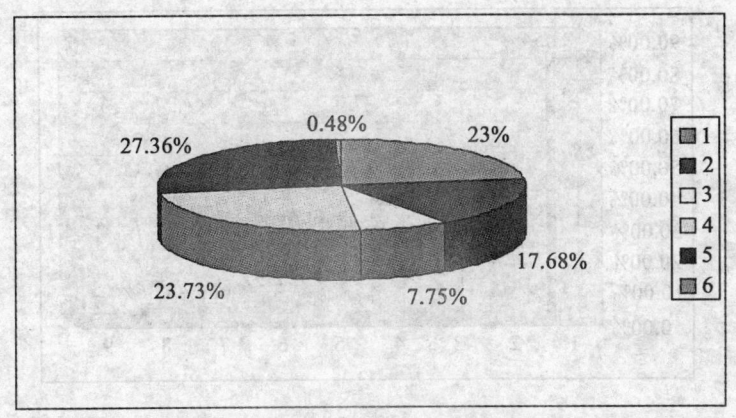

图 8-6　选择金融投资方式的统计分析

表示 A~C 1 项,D~H 0 项;6 表示没有通过上述方式进行任何投资。

从图 8-6 中看出,有 23% 的人较好的合理配置了自己的资产,做到既有无风险资产和低风险资产,又拥有一部分高风险,高回报的资产,资产组合设置不错;但同时也应看到多数市民对投资方式的谨慎态度,选择 4 和 5 的人占到了总比重的 51.09%,多数市民持有的金融资产方式较为单一,其中以储蓄和保险最为常见,另外附一张 A~H 选项调查的具体情况如图 8-7 所示。

图 8-7 中:1 表示储蓄;2 表示保险;3 表示债券;4 表示股票;5 表示基金、信托;6 表示外汇;7 表示期权、期货;8 表示黄金、白银等其他交易;9 表示无选择。

绝大多数受调查者选择了储蓄!我们毫不怀疑,人们对储蓄的偏爱,这或许与发达国家的投资者有巨大的差别,而的确表现出了中国特色。

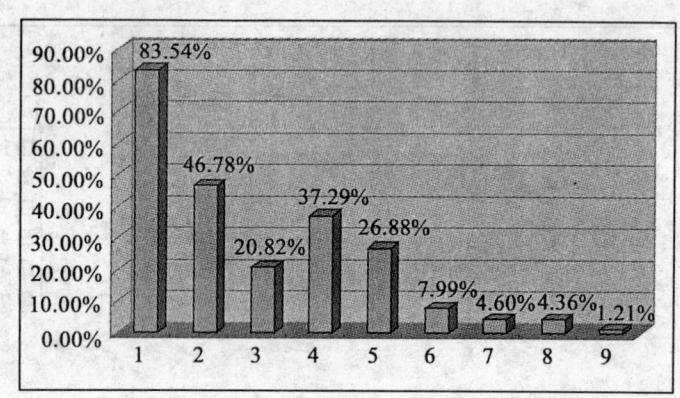

图 8-7

追根溯源,首先,源于公众对预期的不确定性。人们对改革引发的变化,比如政策、法律、保障问题、改革的未来等感到不确定或潜在的不安;人们对其他投资选择感到巨大风险,比如资本市场的大起大落和不规范不透明,不能很好地进行投资组合与实现跨域的风险分担,于是投资者需要银行来为他们提供跨期的风险平滑。结论是:人们对储蓄有了一种长期而普遍的心理依赖,再加上国家声誉"入股"中国银行业,前面也已讲到,这更增强了人们对银行业的信心。

另外,中国居民抗风险的能力比较差。整体的国民收入还不高,资产管理的理念不深入,多数人的投资分析能力不强。这样一来,若要进行多样化的投资选择,就需要投入巨大的学习成本。于是,我们看到,人们相当心安而比较满足地将钱存入了银行,尽管银行存在不良资产,但人们也没有过多地怀疑,从而保持了稳定的信心。

以上我们分别从国家、银行、个人的角度,讨论了中国金融系统特征之背后的原因,并试图对中国金融系统稳定性与脆弱性悖论做一些解释,当然原因或许是多方面的,这里我们以一个视角对关键的几个地方进行了探讨。

我们可以看到,国家、银行、储蓄人以及相关利益者一直在进行着一场博弈。在具体的环境条件下,各方寻找着自己的占优策略,并最终呈现为一种均衡状态,这种均衡状态就是中国金融系统的最优福利选择。

8.4 中国金融系统稳定性的趋势分析

首先,我们来探讨中国金融自由化趋势与金融稳定。

前面我们分析了中国金融系统稳定性与脆弱性的状况,并对中国的特征进行了解释,认为目前中国金融系统的均衡,是一种福利经济学上的"次优"均衡。但当前的均衡不等于未来的均衡,现有的均衡也不等于趋势演变下去的均衡。那么,随着中国金融系统的发展演变,该系统的福利状况又会如何呢?

中国的这种系统演变主要是指金融自由化趋势,金融自由化在相当程度上会激化金融固有的脆弱性,促进金融危机的发生。Williamson(1998)研究了1980~1997年间35个发生系统性金融危机的案例,发现有24个金融危机案例与金融自由化有关,特别是智利、阿根廷(1980)、墨西哥(1994)、泰国和菲律宾(1997)、土耳其、美国、委内瑞拉等国家。1997年,Asli Demirguc-Kunt 和 Enrica Detragiache 运用计量方法研究了65个国家或地区1980~1994年的情况,也发现金融自由化虚变量与金融危机概率之间存在显著正相关。甚至麦金农(1993)指出,即使在宏观经济十分稳定的情况下,金融自由化仍会增加金融脆弱性。以下趋势会进一步加重金融的脆弱性。

8.4.1 国有银行产权改革

国有独资商业银行产权关系不明、产权主体虚置,会引致一些难以克服的"制度性缺陷",比如:产权不清不能形成有效的激励-约束机制,普遍存在较高的"道德风险",经营管理效率严重低下;无法建立规范的法人治理结构,导致经营风险难以有效控制且无法分散风险,最终导致的两个最严重后果是银行运作效率非常低下和滋生巨额不良资产。

因此,我国国有独资银行的产权改革势在必行,这一方面有利于银行提高资产质量和资本金充足率,但另一方面也意味着国家声誉的逐步退出,根据前面的分析,当前我国国家声誉"入股"巧妙地使得存款充当了资本金,倘若银行缺少了国家担保而完全按照市场规律运作,那么我国银行业资本金严重不足的风险就会暴露出来,因而可能产生银行流动性冲击,至少在短期内会加剧金融脆弱性。

可见,国家的淡出对银行资本金充足率的影响是双面的。要消除负面效应,可以采取如下对策:坚持国家控股的股份制改造,建立公开的存款保险制度等。

8.4.2 家庭的投资选择多样化

在本章第三节中,我们讨论了中国储蓄者对储蓄的长期而普遍的心理依赖,这种心理依赖会随着金融自由化的发展而有所改变吗?人们的信心会受到金融自由化的冲击吗?

前面分析到,这种心理依赖产生的原因主要体现在两方面:一是资本市场风险大,投资者选择范围受限;二是居民整体素质不高,学习的成本很大。

第八章 中国金融系统稳定性的最优福利解释

但我们完全有理由预测,政策的开放,法律的完善,资本市场的壮大,必将为投资者提供更多的投资选择机会;国民素质的提高,家庭理财理念的增强,个人收入的增加,人们也必将选择多样化资产组合(见表8-13)。除了选择储蓄外,家庭将加大持有保险、债券、基金、股票、外汇、衍生产品、黄金、房产、收藏品等。

表 8-13　　　　　家庭资产投资选择分析

资产类型	投资风险	投资回报	投资条件	投资时效	税捐负担	变现能力
储蓄	无	小	有收入	慢	利息所得税	快,通涨可能损失
保险	基本无	保值	一定收入	快	免税	较快,可能损失小
国债	基本无	确定	有收入	一般慢	免税	快,无损失
其他债券	小	确定	一定收入	一般慢	所得税	较快
基金	较小	稳定	一定收入	较慢	所得税	较快
股票	高	不确定	一定资金和专业知识	不确定	印花税和交易费	快,可能有损失
外汇	高	不确定	一定资金和专业知识	不确定	交易费	快,可能有损失
衍生产品	一般高风险	不确定	一定资金和专业知识	不确定	交易费	快,可能有损失
黄金	小	较小	一定收入	慢	无	较快
房产	较小	大	大笔资金和知识	慢	增值税	慢
珍藏品	一般较小	大	一定收入和知识	慢	无	较慢

如此而来,预期银行存款将会下降,长期里甚至可能发生锐减,影响银行流动性状况,这也可能对中国未来的金融稳定不利。

8.4.3 资本市场与货币市场的互动

近年来,我国一直禁止信贷资金流入股市,但由于股市的高投机性,能获得暴利,已经有大量银行信贷资金通过各种渠道间接流入股市。

刘邦驰、耿虹等(2000)对1997年信贷资金流入股市的情况进行了实证研究。发现1996年我国股市资金结构中个人投资者资金只占39%,机构信贷融资占47%,国债回购市场融资占14%。国债融资是我国证券公司融资的主要渠道,其实质是证券公司以国债为抵押向银行借款,是信贷资金流入股市的一种渠道。国债回购市场与股市的资金活动联系密切。对1995年1月到1996年12月间每月股市成交额和每月国债回购交易量进行回归分析,发现前者是后者的1.6倍,且后者对前者影响显著。国债回购市场对股价上涨有明显的推进作用。选取个人开户数、股市成交额和经济景气指数为控制变量,对同一样本期内深圳成分股指数和国债回购交易量进行回归分析,发现当全国国债回购市场月累计交易额每增加10亿元,深成指增长140点左右。

可见,即使在不允许银行资金流入股市的情况下,信贷融资也可以暗度陈仓,推动股价上涨。由于有高收益可能性的存在,银行就总是有冒险的动机与激励。中国金融运行势必走向混业经营,在混业经营环境下,金融市场的竞争也必然加剧,竞争有利于鼓励银行冒险行为。不难预见,如果允许银行直接或间接参与证券交易,很可能导致银行将更多的短期储蓄资金用于高风险经营。当银行发生流动性冲击的时候,就不得不变现金融资产,当大量资产期待变现的时候,资产价格也必然下跌,从而减少了资产价值,仅仅有市场的存在并不能够确保银行在适当的时候获得流动性。当中介与市场相互传染时,就增加了股市泡沫,也危及银行体系稳定,影响实体经济发展。

8.4.4 对外开放的冲击

根据 WTO 有关协议,我国将逐步取消对外资银行外币业务、人民币业务、营业许可等方面的限制,承诺内容如下(见图 8-8、表 8-14):

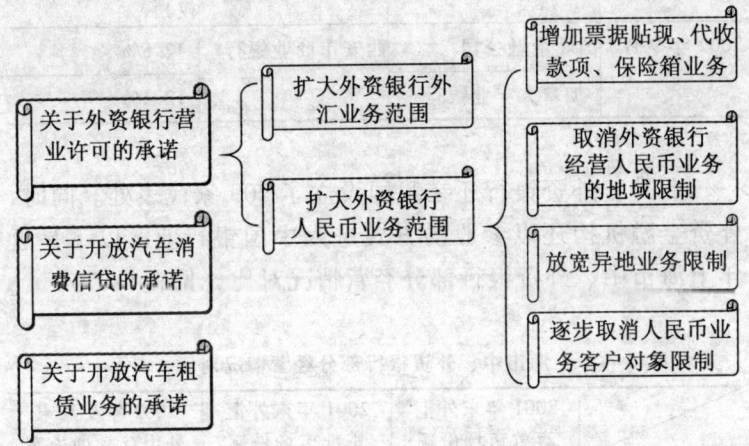

图 8-8 我国加入 WTO 关于开放银行业的承诺

截至 2004 年 4 月,共有 19 个国家和地区的 64 家外资银行在华设立了 192 家营业性机构,其中 88 家已获准经营人民币业务,在华外资银行的资产总额已达 495 亿美元。

表 8-14　　　　　外资参股中资银行一览表

时间	外方	国内银行	参股金额和比例
1996年10月	亚洲开发银行	中国光大银行	1 900万美元,3.29%
1999年9月	国际金融公司	上海银行	约2亿元人民币,5%
2001年11月	国际金融公司	南京市商业银行	2 700万美元,15%
2001年12月	汇丰银行	上海银行	6 260万美元,8%
	国际金融公司(增持)		2 500万美元,2%
	上海商业银行(香港)		1.95亿元人民币,3%
2002年8月	花旗银行	上海浦东发展银行	5%(存在认股选择权)
2002年9月	国际金融公司	西安市商业银行	12.5%
	加拿大丰业银行		12.4%

此外，外资银行还在我国设立了209家代表处。同时，外资金融机构还以参股的方式进入中国银行业。以下是近年上海市中、外资银行部分经营情况对比，见表8-15：

表 8-15　　上海市中、外资银行部分经营情况对比

	2001年末外汇存款市场份额	2001年末外汇贷款市场份额	2002年9月末外币存款增长率
国有商业银行			18%
股份制银行	88%	51%	21%
其他			—
外资银行	12%	49%	25%

资料来源：中国人民银行《外资银行经营与监管月报》（2002年9月）。

但是，外资银行在我国机构数量呈现稳步增长趋势，也并非迅猛发展；外资银行目前主要集中在东部沿海地区，中西部很少，比如某内陆省份（H省）如今仅存在香港汇丰和法国兴业2家外资分行，其他地区更少；外资银行在东部沿海的业务状况良好，并占据了相当市场份额，而在内地却显得微不足道；但是，不管是在沿海还是在内地，如今外资银行业务的发展速度都是大大快于国内同行的。这里以上海和湖北为例（见表8-16）：

表8-16　湖北省中、外资银行部分经营情况对比

	2003年末人民币存款市场份额	2003年末人民币贷款市场份额	2003年末本币贷款相对2002年增长率
国有商业银行			12.76%
股份制银行	99.946%	99.87%	31.71%
其他			—
外资银行	0.054%	0.13%	113.16%

资料来源：根据湖北省银监局统计信息处提供的数据计算。

以上我们介绍了外资银行的准入及其当前的发展状况。尽管如今中外银行竞争不十分激烈，但随着与WTO有关承诺的兑现，中国银行业必将迎来外来资本的逐渐增大的冲击。而根据竞争与稳定关系的原理，中外银行业竞争的加剧，也将直接影响到金融系统的稳定，这是毋庸置疑的事情，也是我们需要思考的难题。

同理，我们还可以将民营资本纳入考虑的范畴。如果我们站在目前中国金融系统状态的角度上，民营资本也将在未来中国银行业中扮演角色，参与竞争，对于当前的中

国金融也将是一大冲击。

8.4.5 利率自由化对竞争与冒险的影响

利率自由化,指政府取消对金融机构设置的利率限制,使利率水平由市场供求决定。其主要标志是金融机构有确定利率的自主权,同时,利率调整频度以及浮动幅度也是衡量利率自由化的重要指标。

利率自由化通常将导致利率水平的上升。萨奇(1996)的实证说明了这一点:在名义利率资料完整的国家或地区中,15个出现了上涨,5个出现下降;在实际利率资料完整的18个国家或地区中,只有波兰在推行该政策后实际利率下降,其余17个国家或地区都有不同程度上涨。

同时,利率自由化后,还很可能出现存贷利差的缩小趋势,下面 D. Lynchi(1996)的研究证实了该规律(见表 8-17):

表 8-17　　利率自由化之后存贷利差的变化

国家或地区	1980 年	1990 年
澳大利亚	4.0	3.3
印度尼西亚	3.6a	2.2
日本	2.0b	1.6
韩国	7.0	4.5
马来西亚	4.0	4.5
菲律宾	0.8	4.1
泰国	3.5	3.2

说　明:a. 1982 年;b. 1981 年。马来西亚和菲律宾由于银行业处于垄断状态,存在买方市场,故利差扩大。

资料来源:D. Lynchi, 1996。

第八章 中国金融系统稳定性的最优福利解释

从表 8-17 可知：贷款利率会上涨，而利差会缩小，可知存款利率的提高幅度大于贷款利率上涨幅度。其中缘由，从银行角度看，银行随着利率的提高，会努力揽储；随着利差的缩小与竞争的加剧，增强了其冒险的激励。从借款人角度看，随着实际利率的升高，偏好风险的借款人将更多地成为银行的客户，产生"逆向选择效应"；而厌恶风险的借款人也倾向于改变自己项目的性质，使之具有更高的风险和收益水平，产生"风险激励效应"。

此时，流动性风险便加大了：如果借款人出现了还贷困难，银行的风险就暴露无遗——一方面是微薄的利差还在减少，另一方面是经营支出在继续。而更为关键的是储户的高利息是固定的，并且储户们在进行或取或存的行为，当存款人发现银行的流动性出现风险加剧或银行发生兑现困难时，银行挤兑便可能发生了。于是变卖资产，价格下跌，可能发生金融传染，金融脆弱性就显现出来，金融危机便可能发生了。中国的利率管制必将会放开，中国同样也将会面临利率自由化所带来的对金融系统稳定性的影响。

以上我们从金融自由化角度对可能影响中国金融脆弱性与稳定性的因素作了一个趋势探讨，我们应该对中国金融脆弱性与稳定性问题有一个宏观的认识。前面我们提出了不少令人担忧的问题，关于防范和应对，不管是强化审慎监管、调控好金融自由化进程，还是想办法提高银行资本金充足率、建立公开的存款保险制度，或是优化银行资产结构等，我们认为，无论什么药方，都一定要坚持最优化原则——至少是在既定环境条件下的最优，追求那一个最优福利解。

第九章

结论与政策建议

9.1 结　论

本书的基本结论是金融系统按帕累托改进的路径进行演化,而解释金融系统的法律,政治经济学解释也同样可以归为福利的改进;参与金融系统中的不同主体按最优福利的原则作出决策,决定了金融系统的形式以及改进金融系统福利水平的路径。

不同的经济学家对金融系统有不同的解释,比较有代表性的是以 LLSV 为代表的法律解释、以 Roe 为代表的政治解释以及以 Allen 和 Gale 为代表的福利经济学解释。以 LLSV 为代表的研究从公司治理开始,对上市公司所有权集中到资本市场的深度和广度从而获得外部融资的途径存在的差异进行分析,这些差异的一个共同解释就是投资者保护,而投资者保护的差异又由于法律起源不一样,法律执行不一样。LLSV 的创新之处在于相比传统的以市场为导向和以银行为导向,法律是一个更为有效的视角,或者说在解释各国金融系统的选择时,法律方面找到了因果关系。然而,该解释并非无懈可击,它也遭到了来自多方面的质疑,这些集中在对法律制度起源的重要性和法律本身的重要性的怀疑两个方面。就前者而言,一般认为,由于法律是不完备的,应根据各法律移植国的国情、习俗不断进行适应和演进。如果移植的法律不适应移植国的国情或者说不是该国已经适应了的原则,那么尽管法律起源国和移植国的法律起源相同,但在投资者保护方面也会大不相同。就后者而言,批评者认为,LLSV 所强调的法律渊源与金融发展之间的因果关系是颠倒的,即法律发展一直是跟随金融发展,而不是法律起源决定了金融发展模式。鉴于法律因素对金融系统的解释力不足,以 Roe 为代表的金融政治经济学家从政治因素的原因来解释了金融系统的结构变化以及金融系统发展模式的转化。政治因素体现在金融垄断者的优势,在金融发展与金融抑制之间进行权衡,导致了对资本市场的开放与封闭。政治因素可以影响金融发展和金融系统的演变,比起其他的经济变量和法律制度,更好地解释了金融系统的形成以及变化。但是这一理论也有一定的局限性,具体表现在以下几方面:我们是否以资本市场的开放和产品市场的竞争来衡量金融发展;是否与法律解释一样出现因果倒置的问题;引起政策变化的原因是内生变量还是外生变量。以 Allen 和 Gale 为代表的金融学家则从福利的角度对不同的金融系统形成和演化的原因进行了解释。福利经济理论解释认为,金融系统的形成和演化的基本脉络是不断进行帕累托改善以至于在理想状态下实现帕累托最优。福利经济学从金融系统的功能出发,从金融系统各种不同的功能角度分别探讨参与者的福利状况,本书论证了这些结论。

9.1.1 已有的法律解释和政治经济学解释的不完善之处

金融系统的法律解释着眼于投资者保护、公司治理，而这仅仅只是金融系统的一个功能，而且应该说只是从金融系统投资和融资这两个基本功能中衍生出来的一个功能，因此法律解释有待完善。金融系统的金融政治经济学解释从政治力量的角度探讨金融系统的形成与演化以及公司资本结构的构成。显然，这样的解释并不深入，因为任何政治力量的形成背后都有经济的影子，将金融系统的演化归结于政治力量无疑有"流于表面"之嫌。相反，福利经济学解释则从社会经济参与者福利的角度入手，其合理性表现在：微观经济主体对商品或者证券的选择遵循的是福利原则，而金融系统是由许多微观经济主体构成的，因此对金融系统的选择也应该遵循福利标准。从福利经济学解释的过程来看，它比政治或者法律解释更加完善。因为它全面审视了金融系统的功能，并从这些功能的角度对经济行为者的福利进行了探讨。

9.1.2 法律解释与政治解释的根本都是福利经济解释

首先，法律的制定本身就是在保护投资者福利。对投资者更好的法律保护使外部融资有更大的发展，促使外部融资增加，利用投资机会的能力提高，抗拒经济危机的能力增强，以及代表更多信息的证券市场价格，使全社会的经济福利增加。相反，法律对投资者保护不力的后果将会是其福利的损失，从而导致全社会福利的损失。其次，政治力量对金融系统的推动也着眼于帕累托改进。当存在金融垄断者时，既得利益者为了维护垄断权力，倾向于建立以信息披露水平低、金融契约难以执行、规章制度为少数人服务等为特征的金融系统。这样的金融系统使融资变得不顺畅，一个只有人力资本而没有抵押的人无法获得资金，而资金只会流向既得利益者，他们可能具有资本，可能是拥有某种权力而获得的信誉，他们有能力担保投入的资金得到偿还。因此，资金进一步向有产者或有权者配置，这意味着增进了他们的福利水平。但金融系统中竞争的加剧并非对既得利益者完全没有益处。竞争的加剧也为他们提供了某种形式的"机会"，因为尽管竞争加剧了，但他们在能力、资本以及关系上有足够的优势，可以利用拥有的巨大资源获得发展，同时竞争者的发展，也为他们的资本找到了更多的投资机会。因此这也是一个帕累托改进。既得利益者在垄断和竞争中进行权衡促进了金融系统的发展。金融系统的演化与其说是政治力量推动的结果，不如说是经济福利作用的结果。

9.1.3 中介与市场的共存能达到个人福利的帕累托改进

在完美的 ADM 模型里，市场是完全的，市场参与是充分的，因而横向风险分担和跨期平滑自动完成。但是这一模型过于简单，无法解释不同的金融系统结构与资产存量累积之间的关系，尤其不能解释以资本市场为主导的金融系统和以中介为主导的金融系统如何通过动态累积路径来平滑资产收益。因此本书首先论证了完全市场与不完全市场的风险分担，然后讨论在没有资本市场竞争的条件下，金融中介提供的跨期平滑功能并讨论了跨期平滑对福利经济的影响，认为实行跨期平滑的组织形式是中介机构。长期存在的中介机构，通过平均不同时期收益水平的高低来为不确定性投保，中介机构可以持有包括安全资产和风险资产在内的所有资产，为每代人提供存款合同。在期初提供代际保险，在随后积累了大量储备以后，不受实际收益如何波动的影响，中介机构向所有代人提供不变的存款收益。这样，绝大多数代人的境况可以变得更好，因此，跨期平滑能对市场配置进行帕累托改进。进一步来说，本书还讨论了复杂金融系统的福利状况，强调市场与中介的共存也能改进市场的缺陷。从理论上讲，中介化的金融系统有可能比市场主导型的金融系统获得更高水平的福利。在现实中，银行持有高额准备金，可以在资产收益低时依赖这些准备金，在减少不可分散风险方面，可以改进竞争性的资本市场福利。

9.1.4 企业资源配置的最优福利

认为在市场主导型的金融系统中，信息的广泛可获得性保证了资源实现优化配置；在银行主导型金融系统中信息的非广泛可获得性使人们对资源能否得到优化配置产生了怀疑，但本书的证明消除了这一疑虑，它说明尽管银行主导型金融系统和市场主导型金融系统在信息获取方面存在巨大差异，但前者在一定条件下也能像后者一样实现资源的优化配置即实现帕累托最优。另外本书还探讨了给新技术融资时不同金融系统的区别。我们认为，风险程度和观点多样化程度是高新技术区别于传统技术的两个最主要的方面，风险程度是观点的多样化和决定市场和中介相对绩效的关键，市场在为那些新的或几乎是不能获得相关资料的产业，即为缺乏信息和投资人持不同意见的一些产业融资时是特别有效的。因此，市场与中介在融资上各有侧重，一个有效的金融系统应保持融资渠道的多样化。公司治理在不同的金融系统中的比较揭示了不同公司治理类型存在的原理，而内部管理者寻求帕累托最优影响了公司治理类型。本书认为，委托-代理和公司治理有十分明显的因果关系，公司治理的目标在于降低代理人的成本。在比较了以美国为代表的市场主导型金融系统和以德国为代表的银行主导型金融系统在公司治理方面的差异后，得出结论：美国公司的代理成本较德国公司高。然而美国发达的公司控制权市场和经理人市场成为监督约束的重要形式，使得尽管内部管理者持股比例比较低，但代理成本将因监督约束支出的发生而有所减少，因此，美、德两国的公司治理均减少了代理成本，两国内部管理者均在非现金收益和从公司中得到财富的权衡中实现了效用最大化，达到了帕累托最优。

9.1.5 金融系统稳定性的福利分析

讨论了一系列有关竞争和金融不稳定的不同模型，包括金融中介和市场的一般均衡模型、机构模型，这里有一系列广泛的可能性来关注竞争和金融稳定之间的关系。在一些情况下竞争被认为是理所当然的，而在另外一些情况下则不是的。例如在一般均衡模型中，效率要求完全竞争和金融不稳定相结合，其结论是最优福利要求有适度的竞争，过度竞争与稳定从福利经济的角度看都是不利的。一个小的流动性冲击会导致资产价格的波动，违约的发生，最终会影响经济福利。这一结论可以解释为金融系统的适当集中可以减少风险，提高稳定性，避免银行的破产和违约是一个次优的选择，而避免银行产生大的流动性冲击可以改善消费者的福利。从金融系统稳定的角度看，在市场和银行的比较中，银行的稳定居于金融系统稳定的核心地位，银行稳定的关键是避免过度竞争产生冒险行为、减少流动性冲击、杜绝银行资金进入资本市场以及向高风险项目贷款。金融系统稳定性的次优选择决定了高额不良资产的存在，因此，化解银行的不良资产，避免产生新的不良资产，便是在既定条件下实现帕累托改进的有效途径。

9.2 政策建议

理论分析之后的逻辑终点自然就是改进中国金融系统现状的政策建议了，为此本书分别从居民风险分担、企业福利和金融稳定性与制度设计等几个方面提出了简要的政策建议。

9.2.1 提高个人福利的重点在于改善个人资产配置水平

提高个人福利的要点在于改善个人资产配置水平，在市场和中介间合理分配资产，其中减少资本市场的风险又是重点。实证分析中国居民在资产选择上的行为，从而研究中国居民实际的风险分担行为以及风险偏好。结果表明，我国的投资者更多地偏好于金融中介的选择。至于中国金融系统存在这一风险配置状况的原因，分析认为主要是由于中国资本市场的不发达造成的。中国资本市场不发达表

第九章 结论与政策建议

现在市场波动剧烈、真实的信息极度缺少、个人投资者的参与成本高昂、上市公司的盈利能力很弱等方面。进一步的实证分析表明，中国居民的投资意向大部分集中在储蓄上，这与中国传统思想重视福利的传承和中国目前存在的较大制度变迁风险等因素有关。因此个人福利的提高首要的是加强资本市场的中小投资者保护，创造一个给投资者持续回报的资本市场；同时，最优个人福利要求有一个法制健全、规范的资本市场和金融中介，以改进投资者的福利水平，在遭受宏观经济波动的影响时，能在市场与中介之间进行风险分担。一个资本市场应该是股票、债券与衍生金融工具并存的市场，它可以减缓市场波动对个人福利的影响，而且随着资本市场的发展，中国的金融系统中市场的作用会进一步加强。

改进个人福利的首要问题在于资本市场，而不在于银行。在引导居民对金融资产进行合理配置的前提下，减少资本市场上的系统性风险，引进以现金派现为主的大盘蓝筹股，给投资者以稳定的回报，引进以新技术为主的中小板，使投资者分享企业的成长性；同时改善风险分担要求在市场主体中有大量的共同基金、养老基金、以及包括外国机构投资者在内的机构投资者，为资本市场稳定健康发展创造条件，吸引更多的投资者参与资本市场，达到个人福利的帕累托改进。

9.2.2 企业资源配置的福利改进在于多元融资

企业资源配置的帕累托改进要求多元融资，改善公司治理以改进福利，发挥市场和中介对不同产业的融资优势。中国企业融资福利分析的实证研究，数据表明银行贷款为公司提供了大部分资金，并组成了公司全部融资需要的绝大部分；自我筹资则包括从地方政府和社会以及从内部融资渠道如留存收益中取得的资本；国家预算和外国投资是另外两个重要的融资来源。接着分别从中国公司股权结构、独立董事制度、监事会和薪酬激励制度四个方面实证分析了中国公司治理状况。从公司股权结构来看，第一大股东占有公司总股本比例如果低于某一值，那么随着其股本比例的提高，公司价值将会提高；但是当第一大股东的持股比例高过这一临界值，则随着股本比例的提高，公司价值将会减少。目前的中国正处于后一种情况，上市公司国有股"一股独大"成为大家关注的焦点。至于独立董事制度、监事会和薪酬激励制度，则由于我国法律制度的不完善等原因，其激励约束效力还不明显。因此，在银行是最大资金来源的背景下，合理的选择是扩大企业的资金来源，同时减少和化解银行的不良资产，改善资源配置。而在企业内部，特别是国有上市公司中，通过适当安排股权结构，寻求中国特色的监督机制，改善公司治理的绩效，以改进股东的福利水平。不同产业的融资则要求资本市场与银行并存，高风险的产业市场融资能克服观点多样性；而成熟产业银行融资更有效，因此从最优福利的角度要求市场与银行各自履行其功能。但发展的步伐、形式可以有差别，新技术、中小企业在发展的初期可以通过IPO融资，待发展成了成熟产业就向银行融资。

　　当前解决融资来源的首要问题是通过减持国有股的比例来吸引不同产权主体的资本到国有企业或国有上市公司，这样做的好处是在现有资本结构的背景下改进了资源配置的帕累托水平；改善了企业的治理结构，减少了代理成本，提高了企业的福利水平；在存在观点多样化的前提下，让不同的产权主体的资本分担高技术产业融资与发展中的风险，从而避免了向国有资本的风险积累，也有利于金融系统的稳定性。

9.2.3 金融系统的稳定主要在于银行稳定

金融系统的稳定核心在于银行稳定，而银行稳定的重点在于减少对国家声誉的依赖，政策在于进行产权改革，吸收不同产权的资本使国有资本适当减少。中国金融系统有别于市场主导型与中介主导型中的任何一种金融系统，具有较好的稳定性，一般情况下不会发生挤兑，也不会发生金融危机。其主要原因在于国家声誉和目前的分业经营制度。然而，中国金融系统在具有稳定性的同时，也表现出较为明显的脆弱性。因此要注意防范金融机构的过度竞争、流动性冲击，避免风险的积累演变成金融危机，损害经济福利。

金融系统稳定性的影响可以从几个方面来考虑。

1. 减少危机发生的可能性，也就是防范金融危机的发生，关注可能发生危机的案件。美国和日本分别为我国提供了成功的经验和失败的教训。美国银行在数量上表现为多，规模上呈现为小，结构上是州际限制、产业分工及垄断程度高，这很好地防范了金融危机的爆发。美国20世纪80年代开始的银行破产，先是加利福尼亚州由于里根废除食品管制制度，导致该州农业丧失竞争力而牵连对农业进行投资的银行，这一波结束后，发生了石油危机而影响了相关银行机构，待问题倾于平静时，冷战又告结束，致使军工产业受到影响。由此可见，问题并不在于美国的经济衰退，而在于美国哪个部分发生了经济衰退，但由于美国银行业的上述优点，而没有波及开去形成金融危机。反观日本，在20世纪90年代高涨的泡沫经济破灭后，银行业巨大的不良贷款不能再隐藏反而进一步增加，流动性问题累积爆发，又由于银行规模大，区域和领域都没有限制，银行破产迅速波及开来造成金融危机局面。有鉴于此，对于我国当前和今后的最优选择，莫过于防止经济过热和泡沫化；不应该依赖经济增长来吸收不良资产而应该积极处理；发展地方性金融机构和产业性金融机构，比如地方性商业银行和农村商业（合作）银行及其他产业性银行机构，而不是一味追求规模和全能；再有是建立全面的存款保险制度，对存款和债权提供尽可能的保险，可以防范挤兑发生的可能性。

2. 想方设法在金融危机已经发生的情况下尽量减少其破坏程度，使其减少到最小。日本在20世纪90年代经济危机和金融危机中，政府的连续策略性失误是危机扩大和持续的重要原因。政府在危机初期奢望地价、股价和景气迅速回升，而没有将银行破产处理提上议事日程，更没有结构性改革的准备，结果当经济危机全面袭来之时，金融危机的局面也已经形成；在危机中期，又没有将金融危机的真相告诉人民来赢得支持，导致公众舆论恶化，政府干预政策无法有效实施；在危机后期，其创造性破坏的"大爆炸"改革及小泉内阁采取的"硬着陆"方式又进一步挫伤了景气，最终导致无法挽回的严重局面。而美国对于破产银行处理采取了很好的方法：一是公开银行援助，国家果断投入资金使银行得以重建；二是鼓励收购和接盘，让经营健康的银行来收购兼并之；三是由存款保险机构保证存款偿付的方法，从而将破坏程度减少到最小。我国曾经在1998年对海南发展银行进行破产处理，1999年对农村合作基金会进行处理，均采取了果断破产和接盘方式，实现了损害最小的目标。面对危机，寻求损害最小化，也就是福利的最大化。

3. 银行稳定是金融稳定的关键，而这一问题又可以理解为危机是由于银行而引起，或者是由银行以外的其他因素引起，最终波及到了银行。因此，提高中国金融系统稳定性：(1)要稳定银行，而目前银行稳定的主要原因是国家信誉的存在，以及居民收入的提高并不断流入银行，抵消了大量不良资产引起的风险暴露。防范这一风险的措施在于在风险发生之前，减少对国家信誉的依赖，有步骤的通过银行的产权改革，扩大不同类型的资本来源，包括吸收居民资本鼓励国有银行公开上市，提高资本充足率，增加抗风险能力，逐步淡化国家信誉的重要性。(2)应该减少银行对股市的风险暴露。银行资金入市有两条主要渠道，一是把钱借给了证券公司或其他机构；二是借给了参与市场的国有企业。加强银行与资本市场之间的壁垒，可以防范资本市场的风险向银行转移，从而造成更大的风险。在中国金融向混业经营发展后，则更应完善金融监管，重视资本市场与货币市场间的防火墙建设。(3)提高呆账准备金，化解不良资产，以改善流动性。竞争的加剧，特别是加入WTO以后外资银行的加入，防范国有银行的冒险行为尤为重要，因此避免向高风险项目投资，特别是向房地产项目过度投资造成的房地产泡沫，这在高速发展的经济体中时常出现，日本的惨痛经历是前车之鉴，而当前我国的投资过热也时隐时现。

9.2.4 中国金融系统的改革之路

中国金融系统改革的思路在于立足于现有的金融系统的特点，达到更高水平的帕累托水平，而不应照搬西方任何一种模式。金融系统的福利分析对中国金融系统设计的参考意义在于，从金融系统变迁的角度看，中国金融系统现在的结构有其逻辑的必然，资本市场的发展、银行的改革以及较为稳定的金融系统，福利经济对其具有一定的解释力，也能解释中国金融系统的独特之处。因此，中国金融系统的设计也就不能简单模仿或照搬西方任何一种金融系统模式，这不是最优的选择，而是要根据中国的国情，改进和发展现有的金融系统，达到更高水平的帕累托最优。

为此，在选择中国金融系统的发展思路时，必须考虑到特定的转轨发展阶段、经济成分的多样性以及面临的国际环境，本书提出中国金融系统的设计原则是：立足现有的中国金融系统现状，存在一个相对发达的银行系统和一个相对不发达的资本市场，而银行业的稳定又是金融稳定的必要条件，但仅仅稳定是不够的，还必须发展，这又要求有适度的竞争，因此最优福利要求这二者之间要有某种"权衡"。鼓励个人资产配置与企业融资的多元化，现阶段居民持有大量的银行存款，同时企业的资金来源也大部分来自银行；而随着发展的深入，资本市场的作用会进一步加强，这要求资本市场从功能上有一个根本的转变，即不再是圈钱和套牢的市场，而是优化资本配置、提供充分流动性、实现价值增值的市场，这一目标的实现，必将增进个人与企业的福利水平。在结构和环境变化的条件下，我国金融系统也应该随之整体"演进"，从而实现既定环境下的福利增进与最优。当前的金融系统改革存在较为明显的滞后性，金融与经济的发展相当不协调，整个金融体系依旧是国有部门垄断，市场竞争不足，占制造业产值70%以上的非国有制造企业享用不到30%的金融资源，国有企业所欠大量坏账与民营企业融资困难并存，储蓄转换为投资困难，经济效率有待提高。在经济改革日益深化，经济成分日益多样化，在进一步开放和全球化进程中，我国有必要发展竞争性的融资渠道，比如国有银行或国有控股银行的股份化改造，尤其是发展民营银行的必要，这可以通过对江浙粤一带的民营金融和地下金融的规范和改造来构建真正意义上的民营银行，从而适度增强行业竞争，满足企业福利需要；这也同样推导出资本市场对于建立创业板的必要，当前中小企业板的完善，对于高新技术企业发展的支持，创业板是一个发展方向；中国的这种系统演变将主要表现为金融自由化趋势，不难想象，金融自由化在相当程度上会激化系统固有的脆弱性，面对股份化改造、混业趋势、居民投资多元化、利率和汇率市场化以及金融的对外开放引发的外来冲击等，系统需要在新的条件新的高度上寻求更高水平的均衡。总之，中国金融系统将在发展变化的环境中，不断"权衡"，不断"演进"，从而实现福利最大化！

参 考 文 献

英文参考文献

[1] Allen, F. and D. Gale(1994), "Liquidity Preference, Market Participation and Asset Price Volatility", American Economic Review, 84:933-955.

[2] Allen, F. and D. Gale(1995), "A welfare comparison of intermediaries and financial markets in Germany and the US", European Economic Review, 39:179-209.

[3] Allen, Franklin & Santomero, Anthony M. "The Theory of Financial Intermediation", Journal of Banking & Finance, 21:1 461-1 485.

——and R. Rajan(2001), "Liquidity Risk, Liquidity Creation and Financial Fragility: A Theory of Banking", Journal of Political Economy ,109: 287-327.

——and—(1998). "Optimal Financial Crises", Journal of Finance, 53: 1 245-1 284.

[4] Allen, F. and D. Gale(1999), "Diversity of Opinion and the Financing of New Technologies", Journal of Financial Intermediation, 8:68-89.

参考文献

[5] Allen, F. and D. Gale(2000a), "Financial Contagion.", Journal of Political Economy, 108:1-33.

[6] Allen, F. and D. Gale (2003a), "Financial Intermediaries and Markets", Working Paper 00-44-C, Wharton Financial Institutions Center. Forthcoming in Econometrica.

[7] Allen, F. and D. Gale(2003b), "Financial Fragility, Liquidity and Asset Prices", Working Paper 01-37-B, Wharton Financial Institutions Center.

[8] Arrow, K. and G. Debreu(1954), "Existence of Equilibrium for a Competitive Economy", Econometrica, 22:265-290.

[9] Bernanke, B. (1983), "Nomonetary Effects of the Financial Crisis in the Propagation of the Great Depression", American Economic Review, (73): 257-276.

[10] Bhattacharya, S. and G. Chiesa(1995), "Financial Intermediation with Property Information", Journal of Financial Intermediation, 4:328-357.

[11] Bodie, Z. & Merton, R. C. (2000), Finance. First Edition, Prentice-Hall, Inc.

[12] Bradley, Daniel J., Bradford D. Jordan, Ivan C. Roten and Ha-Chin Yi (2001), "Venture capital and IPO lockup expiration: An empirical analysis", Journal of Financial Research, 24:465-494.

[13] Brealey, R. and S. Myers(1996), "Principle of Corporate Finance", 5th ed. New York: McGraw-Hill.

[14] Brown, Stephen J., and Jerold B. Warner(1980), " Measuring security price performance", Journal of Finan-

cal Economics,8:205-258.

[15] Carter, Richard B. , and Steven Manaster. (1990), "Initial public offerings and underwriter reputation", Journal of Finance,45:1 045-1 067.

[16] Chen, Hsuan-Chi, and Jay R. Ritter(2000), "The seven percent solution", Journal of Finance,55:1 105-1 131.

[17] Coffee, John C. Jr. (1999), "The Future as History: The Prospects for Global Convergence in Corporate Governance and its Implications", Northwestern Law Review, 93: 631-707.

[18] D. W. Diamond & R. E. Verrecchia(1982), "Optimal managerial contracts and equilibrium security prices", Journal of Finance, 37:275-287.

[19] D. W. Diamond & R. G. Rajan(1998), "Liquidity risk, liquidity creation and financial fragility: A theory of banking", Working Paper No. 476, University of Chicago.

[20] Demiguc-Kunt, Asli, and Vojislav Maksimovic (1998), "Law, Finance, and Firm Growth", Journal of Finance, 53:2 107-2 139.

[21] Diamond, D. W. & Dybvig, P. H. (1983), "Bank Runs, Deposit Insurance, and Liquidity", Journal of Political Economy, 91(3): 401-419.

[22] Diamond,D. (1984), "Financial Intermediation and Delegated Monitoring ", Review of Economic Study, 51:393-414.

[23] Diamond, D. (1997), "Liquidity, Banks and Markets", Journal of Political Economy,105:928-956.

[24] F. Allen & A. M. Santomero(1997), "The theory of financial intermediation", Journal of Banking and Finance, 21:1 461-1 485.

[25] Fama, E. F. (1970), "Efficient Capital Markets: A Review of Theory and Empirical Work", Journal of Finance, 35:383-417.

[26] Fama, E. and M. Jensen(1983a), "Separation of Ownership and Control", Journal of Law and Economics, 26: 327-349.

[27] Field, Laura C., and Gordon Hanka(2001), "The expiration of IPO share lockups", Journal of Finance, 56:417-500.

[28] G. Benston & C. W. Smith(1976), "A transaction cost approach to the theory of financial intermediation", The Journal of Finance, 31:215-231.

[29] Greenwood, J. & Jovanovic, B. (1990), "Financial Development, Growth, and the Distribution of Income", Journal of Political Economy, 98(5, October):1 076-1 107.

[30] Hirshleifer, J. (1971), "The Private and Social Value of Information and the Reward to Inventive Activity", American Economic Review, 61:561-574.

[31] Hoggarth, G. and V. Saporta(2001), "Costs of Banking System Instability: Some Empirical Evidence", Financial Stability Review, June 2001:148-165.

[32] Jacklin, C. and S. Bhattacharya(1988), "Distinguishing Panics and Information-Based Bank Runs: Welfare and

Policy Implications", Journal of Political Economy, 96: 568-592.

[33] J. C. Stein(1988), "Takeover threats and managerial myopia", Journal of Political Economy, 96:61-80.

[34] Jenson, M. C. and W. Meckling(1976), "Theory of Firm: Managerial Behavior, Agency Costs, and Capital Structure", Journal of Financial Economics,3:305-360.

[35] J. Greenwood & B. Jovanovic(1990), "Financial development, growth and distribution of income", Journal of Political Economy, 98(5):1 076-1 107.

[36] Krigman, Laurie, Wayne Shaw, and Kent Womack (2001),"Why do firms switch underwriters?", Journal of Financial Economics,60:245-284.

[37] Keeley, M. (1990), "Deposit Insurance, Risk and Market Power in Banking", American Economic Review,80: 1 183-1 200.

[38] Laffont, J. (1985), "On the Welfare Analysis of Rational Expectations Equilibra with Asymmetric Information", Econometrica,53:1-29.

[39] Leland, H. and D. Pyle(1977), "Information Asymmetries, Financial Structure, and Financial Intermediation", Journal of Finance,32:371-388.

[40] M. C. Jensen & K. J. Murply(1990),"Performance pay and top management incentives", Journal of Political E, 98:225-264.

[41] M. Obstfeld(1994),"Risk-taking, global diversification, and growth", American Economic Review, 84 (5):

1310-1329.

[42] Megginson, William L., and Kathleen Weiss (1991), "Venture capitalist certification in initial public offerings", Journal of Finance, 46:879-903.

[43] Modigliani, F. and M. Miller(1958), "The Cost of Capital, Corporation Finance, and the Theory of Investment", American Economic Review, 48:261-297.

[44] Morris, S. and H. S. Shin(1998), "Unique Equilibrium in a Model of Self-Fulfilling Currency Attacks", American Economic Review, 88: 587-597.

[45] Ofek, Eli, and Mathew Richardson(2003), "Dotcom mania: The rise and fall of Internet stock prices", Journal of Finance, forthcoming.

[46] R. King & R. Levine(1993), "Finance, entrepreneurship, and growth: theory and evidence", Journal of Monetary Economics, 32,513-542.

[47] R. Levine(1991), "Stock markets, growth, and tax policy", Journal of Finance, 46(4):1 445-1 465.

[48] R. Merton, Z. Bodie(1993), "A functional perspective of financial intermediation", Financial Management.

[49] Rajan, R. G. & L. Zingales(1999), "The politics of financial development", OECD WP.

[50] Rajan, Raghuram, and Henri Servaes(1997), "Analyst following of initial public offerings", Journal of Finance, 52:507-529.

[51] Ross Levine and Sara Zervos(1998), "Stock Markets, Banks, and Economic Growth", American Economic

Review, 6:537-555.

[52] S. J. Grossman & J. E. Stiglitz(1980), "On the impossibility of informationally efficient markets", American Economic Review,70(3):393-408.

[53] Schwert, G. W. (1990), "indexes of U. S. Stock Prices from 1802-1987", Journal of Business,63:399-426.

[54] Shleifer, A and R. Vishny(1997), "A Survey of Corporate Governance", Journal of Finance,52:737-783.

[55] Zame, W. (1993), "Efficiency and the Role of Default when Security Markets are Incomplete", American Economic Review, 83:1 142-1 164.

中文参考文献

[1] 富兰克林·艾伦、道格拉斯·盖尔. 比较金融系统[M]. 中国人民大学出版社,2002.

[2] 阿维纳什·迪克西特、罗伯特·平迪克. 不确定条件下的投资[M]. 中国人民大学出版社,2002.

[3] 安德瑞·史莱佛著. 并非有效的市场[M]. 中国人民大学出版社,2003.

[4] 道格拉斯·C·诺思. 经济史中的结构与变迁[M]. 上海三联出版社、上海人民出版社,1994.

[5] R·西拉、R·蒂利、G·托特拉编,吕刚译. 国家、金融体制与经济现代化[M]. 四川人民出版社,2002.

[6] M·宾斯维杰. 股票市场、投机泡沫与经济增长[M]. 上海三联书店,2003.

[7] 黄宪. 市场经济中银行效率和社会成本[M]. 湖北人民出版社,2000.

[8] 叶永刚主编. 金融工程案例与评析[M]. 武汉大学出版社,2000.

[9] 江春. 产权制度与微观金融[M]. 中国物价出版社,1999;产权制度与金融市场[M]. 武汉大学出版社,1997.

[10] 潘敏. 资本结构、金融契约与公司治理[M]. 中国金融出版社,2002.

[11] 何国华. 国际收支调节论[M]. 湖北人民出版社,2002.

[12] 黄金老. 金融自由化与金融脆弱性[M]. 中国城市出版社,2001,(9).

[13] 中国金融学会编. 中国金融年鉴[M]. 中国金融年鉴编辑部,1990-2002.

[14] 国家统计局编. 中国统计年鉴[M]. 中国统计出版社,1995-2003.

[15] 张维迎. 博弈论与信息经济学[M]. 上海三联出版社、上海人民出版社,1996;产权、制度与信誉[M]. 上海三联书店、上海人民出版社,1997.

[16] 臧旭恒. 居民资产与消费选择行为分析[M]. 上海三联书店、上海人民出版社,2001.

[17] 万解秋、郑红亮主编. 资本市场与投资分析[M]. 复旦大学出版社,2002.

[18] 廖理、汪韧、陈璐. 探求智慧之旅,哈佛、麻省理工大学著名经济学家访谈录[M]. 北京大学出版社,2000.

[19] 陈忠阳. 金融风险分析与管理研究——市场和机构的理论、模型与技术[M]. 中国人民大学出版社,2001.

[20] 韩世坤. 20世纪90年代全球企业并购研究——兼论

WTO框架下中国企业的跨国并购策略[M].人民出版社,2002.

[21] 北京奥尔多投资研究中心主编.风险、不确定性与秩序[M].中国财政经济出版社,2001.

[22] 吴敬琏主编.比较[M].中信出版社,2003年第6、7、8、9期.

[23] 洪银兴主编.资本市场:结构调整与资产重组[M].人民出版社,2002.

[24] 杨云红编著.金融经济学[M].武汉大学出版社,2000.

[25] 武汉国有资产经营公司、华锐管理咨询有限公司编著.国有资产经营理论与实践[M].武汉出版社,2003.

[26] 张兴胜.经济转型与金融支持[M].社会科学文献出版社,2002.

[27] 白钦先、郭翠荣主编.各国金融体制比较[M].中国金融出版社,2001.

[28] 方贤明.制度变迁与金融结构调整[M].中国金融出版社,1999.

[29] 唐旭主编.金融理论前沿课题(第二辑)[M].中国金融出版社,2003.

[30] 杨琳.金融发展与实体经济增长[M].中国金融出版社,2002.

[31] 韩志国.中国资本市场的制度缺陷[M].经济科学出版社,2001.

[32] 刘洪.经济混沌管理——理论、方法、应用[M].中国发展出版社,2001.

[33] 施东晖.中国股市微观行为理论与实证[M].上海远

东出版社,2001.

[34] 邹薇. 经济发展理论中的新古典政治经济学——一种分析中国经济改革与发展的理论框架[M]. 武汉大学出版社,2000.

[35] 爱德华·肖. 经济发展中的金融深化[M]. 上海三联书店,1988.

[36] 青木昌彦、钱颖一. 转轨经济中的公司治理结构:内部人控制和银行的作用[M]. 中国经济出版社,1995.

[37] 戈德史密斯. 金融结构与金融发展[M]. 上海三联书店,1994.

[38] 肯尼思·阿罗. 信息经济学[M]. 北京经济学院出版社,1989.

[39] 刘鸿儒、李志玲. 中国融资体制的变革及股票市场的地位[J]. 金融研究,1999,(8).

[40] 罗杰·格斯奈里. 阿罗-德布鲁范式与现代契约理论:涉及信息和时间问题的讨论[M]. 经济科学出版社,1999.

[41] 玛格丽特·M·布莱尔. 所有权与控制权:通向21世纪的公司治理探索[M]. 中国社会科学出版社,1999.

[42] 米什金. 货币金融学(第四版)[M]. 中国人民大学出版社,1998.

[43] 张之骧、严恒元. 最新英国金融体系剖析[M]. 中国金融出版社,1997.

[44] 兹维·博迪、罗伯特·C·莫顿. 金融学[M]. 中国人民大学出版社,2000.

[45] 李维安. 现代公司治理研究[M]. 中国人民大学出版社,2002.

[46] 刘彪. 企业融资机制分析[M]. 中国人民大学出版社, 1995.

[47] 卢福财. 企业融资效率分析[M]. 经济管理出版社, 2001.

[48] 厉以宁. 中国资本市场发展的理论与实践[M]. 北京大学出版社, 1998. 资本主义的起源[M]. 商务印书馆, 2003.

[49] 裴平. 中国上市公司融资研究[M]. 南京大学出版社, 2000.

[50] 梁能主编. 公司治理结构:中国的实践与美国的经验[M]. 中国人民大学出版社, 2000, (4).

[51] 朱从玖主编. 投资者保护——国际经验与中国实践[M]. 复旦大学出版社, 2002, (10).

[52] 吴敬琏. 现代公司与企业改革[M]. 天津人民出版社, 1994.

[53] 郭春来. 上市公司的股权结构、公司治理与经营绩效[J]. 经济管理, 2002, (8).

[54] 梅里特·福克斯、迈克尔·海勒. 公司治理结构:转轨经济改革的教训[J]. 经济社会体制比较, 2000, (2).

[55] 乔炳亚. 银行与证券分业问题研究[J]. 金融研究, 2000, (1).

[56] 王学信. 我国国有商业银行发展与期间政府干预行为演变的经济学分析[J]. 商业研究, 2003, (6).

[57] 张杰. 国有银行的存差:逻辑与性质[J]. 金融研究, 2003, (6).

[58] 张杰. 中国国有银行的资本金谜团[J]. 经济研究, 2003, (1).

[59] 黄金老. 论金融脆弱性[J]. 金融研究,2001,(3).

[60] 黄金老. 金融自由化的最优安排[J]. 国际金融研究, 2001,(1).

[61] 伍志文. 中国银行体系脆弱性状况及其成因实证分析 (1978-2000)[J]. 金融研究,2002,(12).

[62] 孙立坚、牛晓梦、李安心. 金融脆弱性对实体经济影响的实证研究[J]. 金融研究,2004,(1).

[63] 王曙光. 中国经济转轨中的金融自由化[J]. 经济学家,2003,(5).

[64] Nobuhiro Kiyotaki, John Moore. 平衡表的传染问题[J]. 比较,2003,(5).

[65] 欧阳韶辉. 商业银行公司治理存在的问题及对策[J]. 中国金融,2003,(7).

[66] 建阎坤、杨元杰. 我国国有独资商业银行的公司治理问题与框架构[J]. 经济管理,2003,(11).

[67] 吴世农. 中国证券市场效率分析[J]. 经济研究,1996,(4).

[68] 谢平. 我国目前金融风险的各种表现[R]. 经济学消息报,2001,(2).

[69] 袁国良. 我国上市公司融资偏好和融资能力[J]. 管理世界,1999,(10).

[70] 黄少安. 中国上市公司融资偏好分析[J]. 经济研究,2001,(11).

[71] F·法博齐、F·莫迪尼安尼. 资本市场:机构与工具[M]. 经济科学出版社,1998.

[72] 梁伯枢等. 中国金融博导[M]. 中国金融出版社,1998.

[73] 杰里、瑞尼. 高级微观经济理论[M]. 上海财经大学出版社,2002.

[74] 罗斯·M·斯塔尔. 一般均衡理论[M]. 上海财经大学出版社,2003.

[75] 叶中行. 数理金融[M]. 科学出版社,2000.

[76] 程希骏、胡达沙. 金融投资数理分析[M]. 安徽科技出版社,2001.

[77] 毛二万. 金融经济学[M]. 清华大学出版社,2001.

[78] 裴平. 中国上市公司股权融资研究[M]. 南京大学出版社,2000.

[79] 陈国进、林辉. 金融制度设计理论述评[J]. 厦门大学学报,2002(1).

[80] 尼古拉斯·拉迪. 中国的金融体系何时能满足其需要?[J]. 经济社会体制比较,2002(6).

[81] 田晓军. 银行再造与集约化经营:中外银行经营转型的比较和借鉴[J]. 国际金融研究,2003(2).

[82] 黄黎若莲. 福利国家,福利多元化和福利市场化[J]. 社会保障体制,2001(1).

[83] 钱颖一. 企业的治理结构改革和融资结构改革[J]. 经济研究,1995(3).

[84] 邹昊平. 政策性因素对中国股市的影响[J]. 世界经济,2000(11).

[85] 清风. 中国股市风险根源在于一级市场[J]. 经济研究,1998(2).

[86] 赵志君. 金融资产总量、结构与经济增长[J]. 管理世界,2000(3).

[87] 石建民. 股票市场、货币需求与总量经济:一般均衡分

析[J].经济研究,2001(5).
[88] 叶欣等.垄断到竞争:中国商业银行业市场结构的变迁[J].金融研究,2001(11).
[89] 蒋爱玲.中介服务机构和体系功能及其运作特点[J].上海经济研究,2001(9).
[90] 徐 涛.刺激股市对经济增长的影响:中国股市发展的经验分析[J].世界经济,2001(9).

附 表

附表1 问卷调查

1. 您在金融活动中投入的资金占您年收入的比重是多少?
   A. 0~5%　　　　B. 5%~10%　　　C. 10%~20%
   D. 20%~40%　　E. 40%以上

2. 您是通过哪些方式进行投资的?（可多选）
   A. 储蓄　　　　B. 保险　　　　　C. 债券
   D. 股票　　　　E. 基金、信托　　F. 外汇
   G. 期权、期货　H. 黄金、白银

3. 您通过哪些投资方式获利最多?
   A. 储蓄　　　　B. 保险　　　　　C. 债券
   D. 股票　　　　E. 基金　　　　　F. 其他

4. 您的性别：
   A. 男　　　　　B. 女

5. 您的年龄：
   A. 20岁以下　　B. 20~30岁　　　C. 30~40岁
   D. 40~50岁　　 E. 50~60岁　　　F. 60岁以上

6. 您的学历：

A. 初中及以下　B. 高中或高职
C. 大专、本科　　D. 本科以上
7. 您的职业：
A. 学生　　　　B. 工人或公司职员　　C. 农民
D. 干部　　　　E. 公司管理人员　　　F. 教师
G. 离退休人员　H. 自由职业者
8. 请问您的月收入为——？
A. 800 元以下　　B. 800～1 500 元　　C. 1 500～2 500 元
D. 2 500～3 500 元　E. 3 500～5 000 元　F. 5 000 元以上

附表 2　第一大股东持股比例与 Q 值样本

股票名称	股票代码	第一大股东持股比例	Q 值	股票名称	股票代码	第一大股东持股比例	Q 值
浦发银行	600000	0.0644	1.7	新疆天业	600075	0.5714	2.1
齐鲁石化	600002	0.8205	2.0	青鸟华光	600076	0.177	2.0
武钢股份	600005	0.8469	3.0	人福科技	600079	0.2869	2.2
东风汽车	600006	0.7	2.0	金花股份	600080	0.4455	1.7
中国国贸	600007	0.8	2.0	东风科技	600081	0.75	1.9
上海机场	600009	0.6303	2.1	ST 海泰	600082	0.2234	2.1
钢联股份	600010	0.7102	2.0	ST 红光	600083	0.3462	2.5
华能国际	600011	0.4239	2.1	新天国际	600084	0.503	3.0
华厦银行	600015	0.1429	1.8	同仁堂	600085	0.6998	1.6
民生银行	600016	0.074	1.8	南京水运	600087	0.3921	1.2
上港集箱	600018	0.7519	2.0	中视传媒	600088	0.6376	1.8
宝钢股份	600019	0.85	1.9	明天科技	600091	0.2209	2.0

续表

股票名称	股票代码	第一大股东持股比例	Q值	股票名称	股票代码	第一大股东持股比例	Q值
中海发展	600026	0.5051	2.1	禾嘉股份	600093	0.5208	0.8
中国石化	600028	0.5506	2.1	华源股份	600094	0.3151	2.8
中信证券	600030	0.3175	2.0	哈高科	600095	0.2698	2.0
三一重工	600031	0.7242	2.0	云天化	600096	0.7284	2.1
福建高速	600033	0.4748	2.1	广州控股	600098	0.8132	2.0
招商银行	600036	0.1795	1.9	林海股份	600099	0.5838	2.3
歌华有线	600037	0.6648	2.1	清华同方	600100	0.504	2.0
四川路桥	600039	0.5894	2.1	明星电力	600101	0.2814	2.1
中国联通	600050	0.746	2.0	莱钢股份	600102	0.7801	0.6
宁波联合	600051	0.3844	2.1	青山纸业	600103	0.1011	2.1
浙江广厦	600052	0.1787	1.9	上海汽车	600104	0.7	2.0
中技贸易	600056	0.7008	2.0	重庆路桥	600106	0.7097	2.0
厦新电子	600057	0.5638	2.1	美尔雅	600107	0.2437	2.1
五矿发展	600058	0.717	2.0	亚盛集团	600108	0.2251	2.3
古越龙山	600059	0.5427	2.9	中科英华	600110	0.3336	2.9
中纺投资	600061	0.4408	2.6	稀土高科	600111	0.4749	3.1
皖维高新	600063	0.6085	4.0	长征电器	600112	0.4919	1.1
南京高科	600064	0.4669	2.1	浙江东日	600113	0.661	1.6
宇通客车	600066	0.1719	1.9	西宁特钢	600117	0.7013	2.0
福州大通	600067	0.2628	0.9	长江投资	600119	0.5521	2.7
葛洲坝	600068	0.3865	2.0	浙江东方	600120	0.4333	4.0
银鸽投资	600069	0.3926	2.1	郑州煤电	600121	0.7333	0.9

续表

股票名称	股票代码	第一大股东持股比例	Q值	股票名称	股票代码	第一大股东持股比例	Q值
浙江富润	600070	0.3512	2.3	宏图高科	600122	0.2377	2.0
凤凰光学	600071	0.5475	1.6	兰花科创	600123	0.6121	2.1
江南重工	600072	0.5455	2.6	铁龙股份	600125	0.2563	2.0
上海梅林	600073	0.6296	1.5	杭钢股份	600126	0.7432	2.3
南京中达	600074	0.2929	3.0	弘业股份	600128	0.5185	2.4
太极集团	600129	0.5851	2.0	中宝股份	600208	0.11	1.7
波导股份	600130	0.3375	2.0	罗顿发展	600209	0.4071	1.5
重庆啤酒	600132	0.5406	1.9	紫江企业	600210	0.3683	3.3
东湖高新	600133	0.2958	5.0	西藏药业	600211	0.5703	2.3
乐凯胶片	600135	0.6316	2.6	江泉实业	600212	0.2943	0.9
ST长控	600137	0.5711	2.0	长春经开	600215	0.3991	7.9
青旅控股	600138	0.2587	2.5	浙江医药	600216	0.2965	2.0
兴发集团	600141	0.3049	2.1	秦岭水泥	600217	0.3874	2.1
四维瓷业	600145	0.2868	1.9	全柴动力	600218	0.5734	2.2
长春一东	600148	0.43	1.9	南山实业	600219	0.4747	2.3
沪东重机	600150	0.5087	1.9	万杰高科	600223	0.5441	2.9
维科精华	600152	0.297	0.4	天香集团	600225	0.2	1.7
厦门建发	600153	0.5596	4.3	升华拜克	600226	0.481	2.0
宝硕股份	600155	0.631	2.0	赤天化	600227	0.5711	2.0
中体产业	600158	0.4014	2.4	青岛碱业	600229	0.4484	2.3
宁城老窖	600159	0.711	1.8	沧州大化	600230	0.6835	3.0
巨化股份	600160	0.677	1.6	凌钢股份	600231	0.5758	2.8

续表

股票名称	股票代码	第一大股东持股比例	Q 值	股票名称	股票代码	第一大股东持股比例	Q 值
天坛生物	600161	0.6636	2.0	大连创世	600233	0.5455	2.0
山东临工	600162	0.2897	2.1	天龙集团	600234	0.29	1.6
福建南纸	600163	0.7026	2.8	民丰特纸	600235	0.6585	1.5
福田汽车	600166	0.4167	3.1	桂冠电力	600236	0.5368	1.0
沈阳新开	600167	0.6316	3.2	铜峰电子	600237	0.311	2.0
武汉控股	600168	0.711	0.7	海南椰岛	600238	0.2795	2.1
上海建工	600170	0.6747	1.0	青海华鼎	600243	0.3193	2.1
上海贝岭	600171	0.3562	1.0	先锋股份	600246	0.2112	2.1
黄河旋风	600172	0.4161	4.5	秦丰农业	600248	0.3655	3.0
牡丹江	600173	0.5309	3.0	南纺股份	600250	0.4701	2.7
美都控股	600175	0.2823	2.1	冠农股份	600251	0.2698	2.4
雅戈尔	600177	0.2966	2.0	天方药业	600253	0.7112	1.9
黑化股份	600179	0.6406	2.3	广汇股份	600256	0.4508	2.0
九发股份	600180	0.5578	2.0	洞庭水殖	600257	0.2991	1.8
生益科技	600183	0.2605	2.0	首旅股份	600258	0.6914	2.1
海星科技	600185	0.3176	2.1	凯乐科技	600260	0.3849	2.4
吉林森工	600189	0.6441	4.0	浙江阳光	600261	0.4313	3.5
锦州港	600190	0.2713	2.3	北方股份	600262	0.418	2.2
华资实业	600191	0.3789	1.9	路桥建设	600263	0.7142	2.0
长城电工	600192	0.6552	1.9	景谷林业	600265	0.584	2.6
伊力特	600197	0.6009	1.7	北京城建	600266	0.75	2.0
江苏吴中	600200	0.3616	2.0	海正药业	600267	0.5556	2.1

续表

股票名称	股票代码	第一大股东持股比例	Q值	股票名称	股票代码	第一大股东持股比例	Q值
金宇集团	600201	0.1886	2.1	国电南自	600268	0.611	2.3
山东铝业	600205	0.7143	2.1	赣粤高速	600269	0.5955	2.2
有研硅股	600206	0.5517	2.3	外运发展	600270	0.7036	0.9
安彩高科	600207	0.589	4.3	航天信息	600271	0.3926	1.0
开开实业	600272	0.1444	1.4	天通股份	600330	0.1103	2.1
华芳纺织	600273	0.4651	1.3	宏达股份	600331	0.2292	2.0
恒瑞医药	600276	0.2715	6.0	广州药业	600332	0.6326	2.1
亿利科技	600277	0.6163	1.6	长春燃气	600333	0.6022	2.0
东方创业	600278	0.7403	1.3	美克股份	600337	0.328	2.6
重庆港九	600279	0.5254	2.5	天利高新	600339	0.3297	2.5
南京中商	600280	0.296	2.0	国祥股份	600340	0.27	2.6
太化股份	600281	0.6709	1.7	航天动力	600343	0.2378	2.5
南钢股份	600282	0.7095	2.0	长江通信	600345	0.3376	1.9
钱江水利	600283	0.2114	2.3	国阳新能	600348	0.6752	1.5
羚锐股份	600285	0.1895	2.3	山东基建	600350	0.6234	1.3
大恒科技	600288	0.4286	2.6	亚宝药业	600351	0.4557	1.3
亿阳信通	600289	0.4858	2.1	浙江龙盛	600352	0.1793	2.0
苏福马	600290	0.5968	2.0	敦煌种业	600354	0.4505	2.3
西水股份	600291	0.1685	2.0	精伦电子	600355	0.227	2.0
九龙电力	600292	0.2648	2.0	恒丰纸业	600356	0.57	1.9
三峡新材	600293	0.3281	2.1	承德钒钛	600357	0.591	1.9
鄂尔多斯	600295	0.428	2.1	国旅联合	600358	0.235	2.0

续表

股票名称	股票代码	第一大股东持股比例	Q值	股票名称	股票代码	第一大股东持股比例	Q值
兰州铝业	600296	0.5969	1.9	华微电子	600360	0.2858	2.0
美罗药业	600297	0.6339	1.9	江西铜业	600362	0.4788	2.3
星新材料	600299	0.6291	2.0	联创光电	600363	0.3083	2.1
维维股份	600300	0.4444	2.0	通葡萄酒	600365	0.2907	1.8
南化股份	600301	0.5982	2.1	宁波韵升	600366	0.6001	1.8
标准股份	600302	0.6146	1.3	红星发展	600367	0.686	1.2
曙光股份	600303	0.4306	1.9	三房巷	600370	0.5098	1.7
商业城	600306	0.509	2.0	鑫新股份	600373	0.625	1.5
酒钢宏兴	600307	0.7074	2.7	宁沪高速	600377	0.5522	2.4
华泰股份	600308	0.3991	1.7	天科股份	600378	0.2905	2.4
烟台万华	600309	0.6217	1.8	宝光股份	600379	0.3797	2.1
桂东电力	600310	0.7065	2.1	太太药业	600380	0.5563	2.0
荣华实业	600311	0.2953	2.1	广东明珠	600382	0.3083	2.0
平高电气	600312	0.2658	2.3	金地集团	600383	0.241	1.9
上海家化	600315	0.2815	1.9	北京巴士	600386	0.6757	1.8
营口港	600317	0.5944	1.6	龙净环保	600388	0.2695	2.0
巢东股份	600318	0.5963	1.8	江山股份	600389	0.6467	1.9
亚星化学	600319	0.4487	2.3	成发科技	600391	0.5843	1.7
振华港机	600320	0.3517	2.1	东华实业	600393	0.7	2.1
天房发展	600322	0.4212	2.0	金山股份	600396	0.5602	2.1
南海发展	600323	0.3649	2.5	凯诺科技	600398	0.2856	2.0
西藏天路	600326	0.3668	2.4	抚顺特钢	600399	0.5662	1.9

续表

股票名称	股票代码	第一大股东持股比例	Q值	股票名称	股票代码	第一大股东持股比例	Q值
大厦股份	600327	0.5688	1.8	红豆股份	600400	0.7027	1.6
兰太实业	600328	0.5922	2.0	国电南端	600406	0.2659	1.2
中新药业	600329	0.5266	2.0	安泰集团	600408	0.487	1.4
三友化工	600409	0.6352	1.3	中铁二局	600528	0.6951	2.0
湘电股份	600416	0.592	1.3	山东药玻	600529	0.3655	2.1
江淮汽车	600418	0.4345	1.8	交大昂立	600530	0.2	2.2
昆明制药	600422	0.2003	1.9	豫光金铅	600531	0.5693	2.2
柳化股份	600423	0.5708	2.0	栖霞建设	600533	0.4857	2.2
青松建材	600425	0.659	2.0	海通集团	600537	0.2651	2.3
华鲁恒升	600426	0.631	2.0	北海国发	600538	0.2417	2.1
中远航运	600428	0.6036	2.1	狮头股份	600539	0.4548	2.8
三元股份	600429	0.55	2.1	山东黄金	600547	0.6063	3.0
吉恩镍业	600432	0.6378	2.6	天威保变	600550	0.63	3.2
冠豪高科	600433	0.2563	2.7	方兴科技	600552	0.4984	1.0
片仔癀	600436	0.5714	3.1	太行股份	600553	0.5098	1.8
金证科技	600446	0.1757	3.0	茉织华	600555	0.4166	1.8
华纺股份	600448	0.3459	2.0	北生药业	600556	0.2223	1.8
赛马实业	600449	0.5671	1.6	康缘药业	600557	0.2765	1.6
宝钛股份	600456	0.6897	1.4	大西洋	600558	0.5932	1.5
贵研铂业	600459	0.4491	1.4	裕丰股份	600559	0.4699	1.2
石岘纸业	600462	0.4028	1.5	洪城股份	600566	0.3078	1.3
迪康药业	600466	0.5879	2.0	山鹰纸业	600567	0.5807	1.9

续表

股票名称	股票代码	第一大股东持股比例	Q值	股票名称	股票代码	第一大股东持股比例	Q值
风神股份	600469	0.6363	2.0	安阳钢铁	600569	0.647	2.0
华光股份	600475	0.5588	2.1	惠泉啤酒	600573	0.3815	1.9
湘邮科技	600476	0.4092	2.1	芜湖港	600575	0.6081	1.8
力元新材	600478	0.203	2.3	庆丰股份	600576	0.5897	1.5
凌云股份	600480	0.4365	2.0	京能热电	600578	0.4281	3.0
双良股份	600481	0.4431	2.1	黄海股份	600579	0.5645	1.4
天药股份	600488	0.3712	2.0	卧龙科技	600580	0.444	1.7
中金黄金	600489	0.5691	1.9	八一钢铁	600581	0.627	1.8
长江股份	600496	0.6172	1.8	海油工程	600583	0.2478	1.7
中化国际	600500	0.644	1.6	长电科技	600584	0.2394	1.8
航天晨光	600501	0.6029	2.0	海螺水泥	600585	0.4957	1.8
安徽水利	600502	0.2714	2.1	广东榕泰	600589	0.375	1.9
西昌电力	600505	0.2713	2.3	泰豪科技	600590	0.2448	2.0
香梨股份	600506	0.3257	2.5	上海航空	600591	0.4066	2.0
长力股份	600507	0.5673	2.4	龙溪股份	600592	0.3693	1.8
上海能源	600508	0.6805	6.0	中孚实业	600595	0.4418	1.8
天富热电	600509	0.6312	2.0	新安股份	600596	0.2977	1.9
国药股份	600511	0.5867	2.3	光明乳业	600597	0.3078	2.1
滕达建设	600512	0.0614	2.1	北大荒	600598	0.7959	2.3
海龙科技	600516	0.58	0.9	青岛啤酒	600600	0.3772	2.3
贵州茅台	600519	0.6468	2.0	方正科技	600601	0.0702	2.5
华海药业	600521	0.2915	1.7	广电电子	600602	0.3724	2.6
贵航股份	600523	0.5747	1.6	轻工机械	600605	0.299	2.2
菲达环保	600526	0.48	1.4	金丰投资	600606	0.5545	2.0

续表

股票名称	股票代码	第一大股东持股比例	Q值	股票名称	股票代码	第一大股东持股比例	Q值
上实联合	600607	0.2234	2.0	深赛格	58	0.3269	2.1
上海科技	600608	0.2198	2.0	辽通化工	59	0.6926	1.9
金杯汽车	600609	0.2991	2.1	中金岭南	60	0.4666	1.3
ST中纺机	600610	0.29	1.9	深圳华强	62	0.525	2.4
大众交通	600611	0.2338	1.9	中兴通讯	63	0.5285	2.6
第一食品	600616	0.4432	1.5	北方国际	65	0.6626	1.8
氯碱化工	600618	0.5251	1.8	长城电脑	66	0.6047	1.7
海立股份	600619	0.3151	1.8	赛格三星	68	0.2137	2.4
天宸股份	600620	0.2989	1.7	华侨城A	69	0.686	2.5
深发展A	1	0.0708	1.8	特发信息	70	0.2986	2.3
万科A	2	0.1289	1.7	海王生物	78	0.4908	2.3
北大高科	4	0.3794	1.4	盐田港A	88	0.7389	2.3
世纪星源	5	0.3454	1.3	深圳机场	89	0.6399	2.3
深达声A	7	0.28	1.2	深天健	90	0.5069	2.8
深宝安A	9	0.1164	0.9	广聚能源	96	0.4433	5.9
深华新	10	0.2407	1.8	中信海直	99	0.5713	2.0
ST深物业	11	0.5975	0.7	TCL集团	100	0.2522	2.0
南玻科控	12	0.1298	1.9	中成股份	151	0.6081	2.3
沙河股份	14	0.288	1.9	丰原药业	153	0.1888	2.4
深康佳A	16	0.2906	2.0	川化股份	155	0.7234	2.0
深科技A	21	0.5596	0.9	安塑股份	156	0.2985	1.8
深赤湾A	22	0.5884	0.8	中联重科	157	0.4983	1.7
深天地A	23	0.4	4.0	常山股份	158	0.6911	1.7
招商局A	24	0.3043	1.6	国际实业	159	0.5343	1.7

续表

股票名称	股票代码	第一大股东持股比例	Q值	股票名称	股票代码	第一大股东持股比例	Q值
飞亚达A	26	0.5224	2.0	丝绸股份	301	0.6244	1.3
深能源A	27	0.5528	2.1	许继电气	400	0.4564	1.4
一致药业	28	0.4333	2.2	冀东水泥	401	0.6293	1.2
深深房A	29	0.7352	2.2	金融街	402	0.5287	1.8
ST盛润A	30	0.6636	2.2	三九生化	403	0.3811	1.9
深宝恒A	31	0.5963	2.0	石油大明	406	0.2633	2.0
深桑达A	32	0.5653	1.4	胜利股份	407	0.1812	2.0
深信泰丰	34	0.4796	1.7	河北华玉	408	0.2842	2.1
中科健A	35	0.2901	1.8	沈阳机床	410	0.5442	2.0
华联控股	36	0.4015	2.5	宝石A	413	0.6016	2.1
深南电A	37	0.2297	2.0	合肥百货	417	0.2933	2.1
中集集团	39	0.1623	1.9	小天鹅A	418	0.2784	2.1
深鸿基A	40	0.2936	1.5	通程控股	419	0.5592	2.1
深长城A	42	0.628	2.6	吉林化纤	420	0.3894	2.0
光彩建设	46	0.4817	1.3	南京中北	421	0.2856	2.0
ST康达尔	48	0.2636	2.6	湖北宜化	422	0.2816	1.3
深天马A	50	0.5985	1.4	东阿阿胶	423	0.2963	1.6
方大A	55	0.2024	2.0	徐工科技	425	0.3553	1.9
深国商A	56	0.1903	2.0	富龙热力	426	0.6048	2.0
华天酒店	428	0.648	2.8	丽珠集团	513	0.1272	1.1
粤高速A	429	0.3777	2.1	ST渝开发	514	0.5229	1.3
张家界	430	0.3083	1.9	渝钛白	515	0.298	1.2

续表

股票名称	股票代码	第一大股东持股比例	Q值	股票名称	股票代码	第一大股东持股比例	Q值
晨鸣纸业	488	0.314	1.5	陕解放A	516	0.2311	2.0
丹东化纤	498	0.5192	1.6	甬成功	517	0.2729	2.0
鄂武商A	501	0.2975	1.3	四环生物	518	0.1496	2.1
恒大地产	502	0.2689	5.0	银河创新	519	0.2735	2.3
海虹控股	503	0.274	1.7	中国凤凰	520	0.4072	2.4
赛迪传媒	504	0.29	1.9	白云山A	522	0.4432	2.0
珠江控股	505	0.2982	1.8	广州浪奇	523	0.5893	1.9
东泰控股	506	0.1806	1.5	红太阳	525	0.459	1.8
粤富华	507	0.208	1.0	粤美的A	527	0.2219	1.7
天歌科技	509	0.2253	1.0	桂柳工A	528	0.5721	1.7
金路集团	510	0.1464	1.2	粤美雅	529	0.2749	1.8
银基发展	511	0.2592	1.1				

说　明：表中的 Q 值按照如下公式计算：

市值/重置成本 = (流通股市值 + 非流通股和债务账面价值)/账面资产总值

= (流通股数 × 股价 + 非流通股和债务账面价值)/账面资产总值

= (流通股数 × 股价 + 总资产 − 流通股账面价值)/账面资产总值

= (流通股数 × 股价 + 总资产 − 股东权益 × 流通股比例)/账面资产总值

上述公式中，流通股数、总资产、股东权益、流通股比例等指标可以从各上市公司2003年年报中查到，股价以2003年12月31日各只股票收盘价计算。

后　记

本书是在我博士论文的基础上花了一年的时间修改而成，主要是加强了文献综述部分并且更新了数据资料，从而进一步强化了主体。

当我的书完稿的时候，感觉到这是一项前所未有的挑战，困难程度超出了我的想象。选题本身花费了一年半的时间，这期间我不断寻求和求教一个问题：现代金融学研究的问题和方法，同时向本系、本院老师学习，向国内外的老师学习，我试图在这里选择一个问题做一点文章。选题以后，又花费了一年半的时间来完成论文，找出分析问题的逻辑和研究方法，结合中国来做一些实证研究。这一过程中我深深地感受到了学无止境的含义，个人能力的有限，仅仅能做一点事情。因此，与其说这是我的博士学位论文或专著，不如说是我学习金融学在某一方面的心得，其缺憾与不足留待以后的学习中去克服和完善，并请学术界的前辈们、老师们、同仁们批评指正。

在攻读博士学位期间，有幸聆听谭崇台先生的教诲，正好我十年前(1990年)读硕士时，同样选了谭先生的课，十年后(2000年)再次听谭先生的课，深感先生学术上的博大精深与道德风范的崇高，这将使我受益终身。

后 记

在读博士与撰写本书的过程中,始终得到导师江春教授的指导和鼓励,从选题的推敲到全书的形成,没有他的启发要完成此书是难以想象的,我向江老师表示感谢。我还要感谢黄宪教授、叶永刚教授,在学业上给我的启迪和帮助,论文开题中给我提出的宝贵意见,他们先后负责商学院的学科发展,使我加深了对金融的理解,他们对学术与事业的追求,使我深受教育。在读博士期间我选了郭熙保教授的《高级增长理论》,拓展了我的理论基础,郭老师对学问的精益求精使我深受感动。还要感谢何国华教授、潘敏教授、卢汉林教授、刘思跃副教授在论文开题中提出的宝贵意见,何国华教授、潘敏教授给我提供了有益的资料,与他们的讨论使我受益良多。

在博士论文完成以后,得到中国银行国际金融研究所所长王元龙教授、华中科技大学经济学院副院长唐齐鸣教授、湖南大学金融学院院长杨胜刚教授、中南财经政法大学周骏教授、中南财经政法大学金融保险学院院长朱新蓉教授以及武汉大学商学院魏华林教授、胡炳志教授的指点和帮助。他们对论文的肯定以及提出的宝贵意见使我深受鼓舞和启发,使我得以在博士论文的基础上作进一步的修改与完善,我向各位老师深表感谢。

我既是商学院的老师,更是商学院的学生,多年来得到商学院领导、师长与同事的关心与帮助,没有他们的支持,我不可能有这样的一部心得,我应该感谢他们。在教学相长过程中,也得到了我的学生、商学院学生的帮助,受益于与志同道合学生们的讨论,感谢同学们。

我要特别感谢武汉大学出版社沈建英老师与许多同仁,没有他们的鼓励与细致认真的工作,本书的出版是不可能的。

多少年来,我的亲朋好友一直关爱着我,我的每一点进步都离不开他们的支持与帮助,我要向他们表示感谢。

最后,我要感谢我的妻子姚嫒、女儿胡维宁以及我的父母兄弟,他们支持我的事业,使我能集中精力于我的工作。

胡志强

2005年6月于武昌珞珈山